Environmental Psychology

# 環境心理學

Frank T. McAndrew ——— 著
危芷芬 ——————— 譯

五南圖書出版公司 印行

# 原書序

從許多方面來看，講授環境心理學的課程都算是一種挑戰。課堂上的學生由大學二年級到研究生都有，而且他們來自四面八方——例如建築、商學和其他學科。這種多樣性反映出環境心理學的跨學科性質，也使它比其他心理學領域吸引了更廣泛的讀者。由於環境問題迫在眉睫，而且一般人對於環境的興趣也逐漸增長，參與的人不但更多，而且其背景也更豐富。基於這一點，我在寫作這一本書的時候儘可能使它具有適應性。文中的非正式交談風格和非傳統主題（例如盲人探路、季節性情感失常、南極洲和外太空環境以及動物園的環境心理學）使得本書更富有趣味，即使不具有心理學背景的學生也易於入手。同時，本文的內容都經過有關環境和行為的最新實徵研究所證實，其精確的程度足以提供高年級學生和研究生作為調查和取得更深入之原始資料的管道。

我嘗試使內容儘量接近現有的資料。在每一章中，我首先敘述環境心理學家目前已知的成果，然後才介紹抽象的理論問題和爭議。我相信，如果在了解手中的實徵資料之前就面對理論建構，許多大學部學生很快就覺得無聊和混淆不清。因此，理論被放在各章中相關的部分加以討論，而不是單獨成為一章；此外，它們大多數放在實徵發現的討論之後。每章之中都有一些「專欄」，其中大部分都是幫助學生將文中的內容與日常生活連在一起的實驗練習。在每一章結尾處都有專有名詞的解釋；據我自己的學生說，這種排列方式對於閱讀大有幫助。

除此之外，我也嘗試傳達我自己對環境心理學的興奮感受，並且幫助學生找到樂趣所在。如果本書能達到上述目的，我覺得它就是很成功的。

每一章都自成獨立的單元，研讀的順序不拘，但是各章的次序並不是任意決定的。第一章是對這個領域的介紹，包括簡略的歷史和本書中最常提到的研究方法。第二章和第三章所處理的是由環境到個體的感覺訊息轉

換；第二章討論如何貯存和利用環境訊息；第三章則強調環境對個人情緒的衝擊；第四章描述當環境輸入的訊息過於極端、強烈或不尋常時，個人所感受到的壓力。

第五、六、七章集中於人類的空間行為、隱私、領域性和擁擠的問題。這幾章描述個人如何憑藉環境以建立和調整與他人之關係。

第八、九、十章探討人為環境，以及建築物在人類生活中的重要性。這幾章所強調的是人們居住、工作和學習的環境。

第十一章和第十二章是要在自然環境的脈絡中了解人類，第十一章強調自然環境對人類的影響，第十二章則是人類對自然環境的影響。

為了使本書儘可能保有彈性，我避免任何僵化的主題，以免教師陷入特定的觀點或問題序列。不過，任何一本教科書都是由作者綜合了數種理論觀點，而將個別的章節組合成為單一的知識本體。本書也不例外，所以你將會發現：在內文中所討論的各主題之間，最常出現的就是演化觀點。我並不想讓這種取向充塞在整本書中，在某些章節中它占有顯著的地位；但有時候卻只潛伏在表面文字之下。無論如何，讓讀者熟悉作者的偏好總是有好處的。

我所提出的環境心理學研究是基於下列假設，亦即：人類和其他動物一樣，都是在物理和社會環境的壓力之下歷經長時間的演化。環境偏好、行為傾向以及處理訊息的方式都由天擇的力量所塑造，以確保物種生存和成功地繁殖。假定如此，則我們想要了解複雜的人類現象背後的基因基礎還有一段很長的路要走，而且我並不認為人類的感受和行為是以不可避免、預先設定的方式展現。我認為我們帶著既有的演化包袱趨近物理環境。這些演化遺產使我們傾向於選擇某種反應或某一類環境，即使目前我們所面對的情境不同於早先塑造這些傾向的條件。在這種情況下，我相信由動物研究中可以得到許多收穫，因為我們的動物近親也經過同樣的歷程為環境所塑造。因此，在本書中動物研究所占的份量可能多於其他環境心

理學書籍，我也非常重視人類和引導我們發展的自然環境之間的關係。

## 致謝

　　像這種規模浩大的工作必然是靠許多人的共同努力才得以完成的。我會試著不要一再重複說謝謝，但是我感覺有必要公開地答謝他們的協助。首先，我要謝謝我的妻子和兩個孩子的耐心和所有協助；他們是推動我不斷前進的力量。我還要感謝父母親和岳父母的堅定支持。我要謝謝保羅‧卻魯尼克帶領我進入環境心理學的領域中，還有諾克斯學院的同事（尤其是蓋瑞‧法蘭可斯、希瑟‧賀夫曼和約翰‧史陶斯伯格）幫助我維持這一股興趣。保羅‧哈里斯和賈基‧史諾葛拉斯在我寫作時負責教學，彼得‧貝里協助拍攝書中大部分的照片。說來說去，許多好心人帶來的幫助也大大地加速這本書的完成。我特別肯定保羅‧剛普（堪薩斯大學名譽教授）、詹姆斯‧羅素（英屬哥倫比亞大學）和金伯利‧艾瓦德（芝加哥林肯公園附設動物圖）的努力。我要謝謝布魯克斯／柯里出版公司的每一位同仁：菲爾‧柯森幫助我踏出第一步（這很簡單），瑪麗安‧塔夫林格督促我完工（這可是很困難的！）。凱伊‧麥克爾和柯克‧波蒙特鉅細靡遺的慧眼使最後的手稿符合出版的標準，而賴瑞‧摩穆德、卡林‧哈加和凱倫‧伍頓對於取得圖片版權提供了諸多寶貴的建議。最後，我要感謝花費許多時間評論本書最初手稿的學者。他們是：盧傑斯大學的傑克‧艾羅、亞歷桑那大學的羅伯特‧貝區特爾、波以斯大學的凱西‧賀伊特、緬因大學的理察‧萊克曼和亞歷桑那州立大學的艾德華‧薩達拉。本書的內容大多應歸功於他們。

*Frank McAndrew*

# 目錄

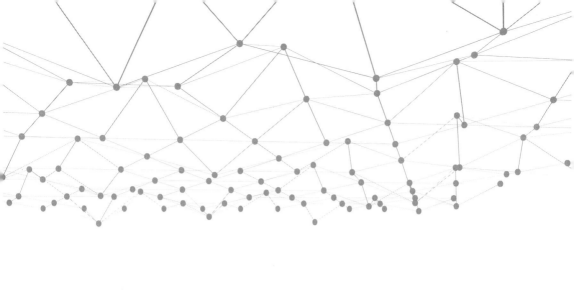

◆ 第一章

# 環境心理學簡介

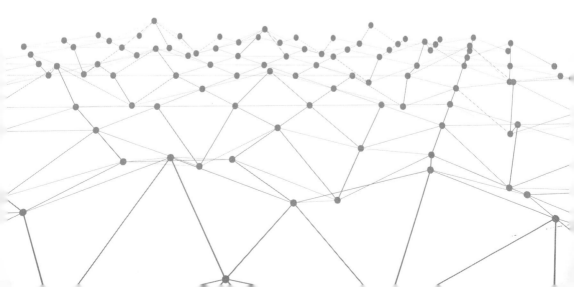

## 本章摘要

環境心理學所關心的是人類行為和物理環境之間的關係。它在60年代開始成為一門獨立的領域，但深受早期心理學發展的影響。社會心理學在環境心理學的成長中扮演尤其重要的角色，其中又以勒溫和他的學生所帶來的影響特別深遠。今天的環境心理學家研究各種不同的主題，但仍以實徵研究為基礎。環境心理學家比其他心理學家更關心如何解決人們在真實環境中遭遇的問題。

環境心理學家依賴許多其他心理學家所使用的相同技術。實驗法必須操弄一個或多個變項，看看它們是否會影響依變項。類實驗設計的許多特徵與實驗法相同，但是用在不可能完全操弄獨變項或進行隨機分派時。相關法是非實驗的研究取向，可用在不能以實驗探討的問題上。雖然相關法有許多優點，但它無法使研究者決定變項間的因果關係。以上的技術都可以用在實驗室和田野環境中。除了標準的研究方法之外，環境心理學家也使用符合其特殊需要的其他技術。其中最普遍的是無妨礙觀察、自我陳述、物理痕跡觀察和檔案資料。

# ❖環境心理學是什麼？❖

你是否曾想過，為何晴天的時候心情比較好？你是否曾察覺自己在某些城市裡總是會迷路，但在其他更大的城市中卻能很快地找到路？或者你曾經苦苦思索家具和裝潢的配置，以營造出恰當的「宴會」氣氛？如果你曾絞盡腦汁想要解決這些問題，那麼你所思考的也正是令環境心理學家感興趣的疑惑。

環境心理學是一門難以用幾個字來界定的學科。事實上，有些心理學家認為要界定它是不可能的，所以只好說：環境心理學就是環境心理學家所做的事（Proshansky, lttelson, & Rivlin, 1970）。然而，就我們的目的而

言，普羅夏斯基（Proshansky, 1990）的描述可能是最好的：**環境心理學是一門關心人與環境之間的互動與關係的學科**。本書的重點雖然在於物理環境，但普羅夏斯基卻指出任何物理環境也都是社會環境，所以有時無法區分這兩者。因此，環境這個概念的複雜性將會不斷出現在本書各章節中。此外，環境心理學的獨特性在於其內容（包括建築、自然和社會環境）以及對於個人（相對於較大的團體或社會而言）對環境之反應的重視。

在傳統上，環境心理學的重點在於人類的行為、感受和身為人類的感覺如何受到物理環境的影響。最早的研究集中於建築物和城市等人為環境如何影響行為，尤其是當這些建築環境導致擁擠或密爾格（Milgram, 1970）所謂的「**感覺超負荷**」（Sensory Overload，意指個人獲得的感覺訊息超過所能有效處理的限度）時。近年來，環境心理學的研究主題已經大為擴展，而且逐漸地重視人類如何受自然環境所影響。目前已有更多研究在探討人類對物理環境的影響，以及人們對於人為與自然環境危害的反應。

## 環境心理學簡史

討論環境心理學的起源可能造成誤導，讓人以為當這個領域中的第一個研究完成時有個開幕典禮。長久以來，地理學家、建築家和許多社會科學家都很關心環境與行為之間的關係。今天的環境心理學家大多可回溯其研究問題至早期著名心理學家的成就。例如，對於環境知覺有興趣的心理學家便深受早期在德國所發展的完形知覺理論所影響，其代表人物包括魏特邁（Max Wertheimer, 1880-1943）、庫勒（Wolfgang Kohler, 1887-1967）和柯夫卡（Kurt Koffka, 1886-1941）。完形心理學家相信，人類有種天賦的傾向，就是盡可能將其知覺世界組織得愈簡單愈好。為了支持這種想法，他們強調：人們必須決定在知覺範圍中，何者會突出於背景之上而構

成清楚的「圖形」。人們以多種不同的方式由背景中確認圖形，例如相似性或空間上的接近性（見圖1-1和1-2），或者將對稱、連續以及與知覺領域中其他部分形成對比的物體排列視為圖形而非背景。

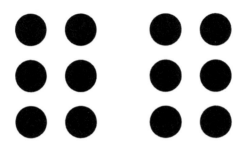

圖1-1　完形的接近律　大部分的人將上述結構分為兩組，每組六個點，而不是三橫列或四直行

後來的知覺理論，亦即布朗斯維（Brunswik, 1956）所提出的「透鏡模型（Lens Model）」，更接近於今日環境心理學家所使用的知覺參考架構。在布朗斯維的理論中假設，在建構對環境的知覺時，人類扮演著非常主動的角色。也就是說，我們依賴過去的經驗，使得每一刻所接收到的訊息都具有意義。根據布朗斯維的想法，我們由外界獲得的感覺線索是未經處理的，其中通常包含錯誤，而且容易令人誤解；感覺訊息必須與過去的經驗相結合，才能有效地據以評估外界的真實狀況。這種一般性的研究取向，以及將人視為主動之訊息處理者的看法，是目前許多專門探討環境訊息處理之理論的起源。

環境心理學亦可回溯其根源至社會心理學。勒溫（Kurt Lewin, 1890-1947）是**完形心理學**（Gestalt Psychology）的早期門徒，其最著名的成就乃是將完形的觀點帶入社會心理學的研究中。勒溫認為，個人的感受和行為是由當時他所察覺到的世界中，所有事物彼此之間的牽引力所決定的。

圖1-2　完形的相似律　大部分的人視上圖為三角形和星形，而不會以上下、左右或其他方式來組織其知覺

勒溫將這些影響稱為**心理事實**（Psychological Facts）。這些心理事實共同組成勒溫所謂的**生活空間**（Life Space）。

　　心理事實可能在一個人身上引發正向的吸引力，或是將個體推往反方向的負向力；不過，有些心理事實則是中性的。個體在生活空間中受到這些正向力和負向力的交互作用而被推拉，其行為的方向是要消除互相衝突的力所造成的緊張。例如，一個大學畢業生可能面臨工作、研究所或居處的抉擇。每一個選擇（即心理事實）對個人而言都是一個產生緊張的力。這些工作或研究所的性質、離家的遠近、娛樂與社交機會以及其他因素共同使得個體產生某些移動，朝向生活空間中的某一部分，而且遠離其他部分。

　　勒溫對於人類行為的研究取向在了解動機與團體動力學等現象時，有相當大的幫助。不僅如此，許多社會心理學中頗具影響力的理論均以

此爲先驅。例如，啓發態度改變之突破性研究的**認知失調理論**（Festinger, 1957），以及社會知覺的基礎——**歸因理論**（Heider, 1958）。勒溫相信，個體對環境的內在表徵是決定生活空間中之移動的關鍵因素。換言之，個體基於自己的想法在心中所描述的環境，比實際上存在的環境更足以影響他的行爲。然而，這種內在表徵終究與個人對物理環境的知覺有關。在第二章中我們將談到，知覺與現實環境極爲相似。因此，對勒溫來說，實際的物理環境是生活空間中有力的生活事實之一。他認爲人類的行爲和物理環境之間有著緊密的關聯。除此之外，他對於可直接應用於「現實環境」的研究也極感興趣，是以他的理論觀點更適合於現代環境心理學家。

勒溫的兩位學生巴克（Roger Barker）和萊特（Herbert Wright）創立

圖1-3　勒溫

了第一個專門探討人類行為如何受現實世界之環境所影響的研究機構。中西心理學**田野研究站**（Midwest Psychological Field Station）於1947年成立於堪薩斯州的奧斯卡路薩鎮，其名稱則為了紀念同名的中西鎮。在它設立的25年間曾提供豐富的訊息以說明人類在真實環境中的生活情形。關於此研究站的詳細紀錄，請參考巴克（1990）、萊特（1979）與剛普（Paul Gump, 1990）的著作。在研究計畫的初期，這群研究者並不清楚該如何研究整個社區的日常行為。他們與社區領袖接觸，說明研究目的（了解孩童及其日常活動），並且描述所使用的研究方法。他們住在鎮上，每晚對白天所觀察的活動做記錄，其中特別著重那一百名兒童的行為。巴克、萊特及其助手沉浸於社區的生活中，並且參與社區組織和活動。巴克退休後在此定居，直到1990年以87歲之齡去世；他的同僚剛普目前仍住在那裡。這些研究者的配偶與兒女是社區生活之訊息的重要來源（Gump, 1990; Schoggen, 1990）。隨著時間的流逝，他們逐漸發展出更為系統化和量化的觀察技術。研究者由數據中清楚地看出地方及背景對行為的影響。剛普（1990）曾說：「兩個小孩在同一地方的行為，比同一個小孩在兩個不同地方的行為更相近。」

巴克和萊特在堪薩斯的工作逐漸發展成為一個新的領域 —— **生態心理學**（Ecological Psychology）。生態一詞隱含生理的觀點（Kaminski, 1989），這對於巴克等人來說相當吻合，因為他們強調在自然背景中自然地發生的行為。生態心理學注重物理環境如何導致行為發生，也激起了研究物理環境對使用者之衝擊的興趣。

在60年代末期到70年代初期，也就是中西心理學田野研究站的最後幾年中，環境心理學發展成為一門獨立的領域。當時出現了第一個環境心理學的研究生課程計畫，並且成立第一個以環境心理學為主的學術刊物和專業組織，許多心理學家也逐漸習慣自稱為環境心理學家。普羅夏斯基（1987）觀察到許多因素促成環境心理學發展成熟。這些原因包括人權、

圖1-4　萊特和巴克，攝於1975年

圖1-5　堪薩斯的奧斯卡路薩鎮，中西心理學田野研究站所在地

圖1-6　在中西心理學田野研究站中，一位觀察者在行為環境中做筆記

環境和婦女運動等激進的社會議題，此外政治活躍份子也轉向社會心理學求取解決社會問題的解答。不幸的是，這些訊問的結果令人失望，因爲這些運動對已有的社會心理學研究和理論毫無幫助。社會心理學相當倚賴精確的人工實驗室研究，因此尚未準備好處理突然面臨的一連串複雜的現實問題。社會改變的強烈壓力要求心理學家放鬆嚴格的傳統實驗取向。環境心理學這個新領域相對而言則是較爲折衷、較不受限於理論，而且較偏向於科際整合的。這似乎是當時所需要的答案，因此最初的環境心理學家多數是對應用有興趣，而且在解決問題時較有彈性的社會心理學家。

在今天的環境心理學中仍處處可見社會心理學的遺跡，因爲許多環境心理學家都接受過社會心理學的訓練。然而，這段「聯姻」之中已存在某些緊張的關係。社會心理學在傳統上非常依賴科學驗證的取向。事實上，

普羅夏斯基（1976）本身雖然接受社會心理學的訓練，但卻認為社會心理學對環境心理學並無貢獻，所以環境心理學家應完全與前者劃清界線。另一方面，阿特曼（Altman, 1976a, 1976b）則主張社會心理學的影響是不可否認的，但是環境／行為研究者受其他領域（發展心理學、藝術、建築、社會學）訓練的人數卻逐漸地增多。

　　雖然理論在環境心理學中是非常重要的，但是沒有任何一個理論足以涵蓋所有的環境議題，因此許多研究都以實用為主，而沒有理論的基礎。的確，環境心理學的主要缺點便在於，缺乏廣為接受的一般性理論。由於研究者對於該問哪些問題以及該如何回答這些問題，並無一致的見解；再者，其優先考慮的是解決特定且緊要的環境／行為問題，所以很少想到要由數據中概化或建立理論（Ittelson, 1989）。同樣地，環境一詞所涵蓋的範圍太廣，使得環境心理學的理論建立格外困難。由於須考慮環境的大小不同（例如起居室和整個城市）而選擇相對應的研究策略，如此一來理論的整合更不易達成（Kaminski, 1989）。

　　環境心理學家之間的差異可能是家常便飯而非例外（請參閱下面的專欄）。

---

世界各地的環境心理學

　　雖然環境心理學的誕生最初主要在北美洲，但有關環境的研究目前正在世界各地進行，而且每一文化都各有其獨特的觀點，在1987年的「環境心理學手冊」中，許多作者組合了一個跨文化的環境和人類行為研究之新趨勢剖面圖。其他國家的環境心理學家和加拿大、美國的同行使用相同的技術，但他們的研究卻受到社會情境脈絡和祖國之需求所感染。因此，我們發現日本的環境心理學家較感興趣的是對地震和洪水等自然災害的知覺。如果在某個國家中，是否可葬在公墓裡得由抽籤來決定，則毫無疑問地，心理學家必然急於探討與人口過多有關的擁擠及汙染等問題。另一方面，瑞典的人口稀少且氣候寒冷，因此促成了對節約能源的重視和自然景觀的研究。在德國有一

---

強烈的研究傳統，亦即源自戰後重建的建築和社區規劃。許多拉丁美洲國家
的環境研究則以伴隨都市化和自然資源枯竭而產生的問題為主。在某些國家
中，此領域因為研究者本身的基本假設不同所引發之競爭而益顯茁壯。在澳
洲，白人和土著對環境之觀點的差異便已造成這種緊張。總結來說，跨文化
研究的持續整合，有助於環境心理學在將來發展成為更豐富也更多元化的事
業。

　　雖然目前參與物理環境與行為之研究的人具有多種不同的背景，
但是各學科之間的溝通仍然是開放的。參與環境研究的社會學家都隸屬
於環境設計研究協會（Environmental Design Research Association，簡稱
EDRA）等科際組織，而且將其成果發表於**環境與行為**（Environment and
Behavior）和**環境心理學學刊**（Journal of Environmental Psychology）等科
際學術刊物上（譯註：此為美國當地之情形）。今天的環境心理學不只是
為了滿足學術的好奇；它也受到日常生活中的環境問題所驅策。環境心理
學家所涉及的問題包括監獄過度擁擠、自然景觀遭受破壞、低收入者住宅
區設計以及節約能源等。環境心理學家也和森林保育員、建築師以及各種
政府機構合作，使得人們與物理環境的配合更加完善。

　　有趣的是，開發中國家的都市計畫者正試圖將環境心理學帶入他們所
面臨的問題中。研究者必須對這些國家的文化，經濟和政治情況有徹底的
了解，才可能有所成果。美國和開發中國家的環境心理學家正藉此而建立
合作關係。

　　這些國家所面臨的問題大多是規劃住宅區、鄉鎮和城市，以符合快
速增加之人口的需要。不幸的是，已開發國家曾出現的許多錯誤又在開發
中國家重現。根據哈迪（Hardie, 1989）的觀察，他們的問題在於完全以
技術的觀點來看待住宅區危機，而毫不考慮將要住在這些新住宅中的人所
擁有的價值觀、行為和偏好。房屋必須反映出居住者的社會價值以及文

化、宗教信仰，才能讓人有「家」的感覺。但這個重要的事實卻常被規劃者所忽略（我們在第十章中將進一步討論這個主題）。世界各地都不乏因為上述原因而令人失望的住宅區方案；更詳細的資料請參閱法斯（Fathy, 1973）和亞歷山大等人（Alexander, Davis, Martinez, & Cornerr, 1985）的文章。

　　環境心理學對於非主修心理學的學生也很有幫助。如果你能從頭至尾讀完這本書，必然會對影響你在日常生活中的感受與行為的某些力量獲得珍貴的領悟。你將會學到建築物和城市的設計如何影響你，以及你和他人之間的關係如何受到環境所控制。我希望在闔上這本書時，你已經獲得了許多實用的知識以解決個人的問題；至少，你對於觀察人類行為和物理環境之間的關係，將更感興趣也更為熟練。

# ❖環境心理學的研究方法❖

　　到目前為止，你已經對於環境心理學有些基本概念，接著將要介紹環境心理學家蒐集資料時所使用的方法。由於多數探討人類行為和物理環境之間關係的研究者都接受心理學的訓練，所以也使用與其他心理學家相同的研究策略。然而，除了一般的心理學技術之外，環境心理學家也發展出特有的方法，以回答環境心理學的問題。

## 實驗法

　　實驗法是二十世紀以來科學心理學的核心。在實驗中，研究者主動改變某些事情，以創造出他們想要研究的狀況。**實驗法**（Experimental Methods）是一種主動介入的研究方法。實驗者操弄一個或多個**獨變項**（Independent Variables），看看它們是否會改變**依變項**（Dependent

Variables）。馬丁（Martin, 1985）指出，要記住這兩者之間的差別其實很簡單，只要你記得獨變項是由實驗者所操弄的，所以獨立於受試者的行為；而依變項則依靠獨變項與受試者的行為而定。依變項就是實驗中所測量的變項。在一個實驗中可以同時操弄數個獨變項，其目的通常是為了了解它們彼此之間的交互作用。下面我將舉出只有一個獨變項的例子。

假設某位研究者想要了解擁擠對血壓的影響，研究者可能設計一個實驗，使受試者體驗不同程度的擁擠狀況（獨變項）。其中一種狀況是，一位受試者單獨坐在一間4公尺見方的房間裡2個小時，解答一系列問題解決的作業；在第二種狀況中，6個人在相同的房間中停留同樣久的時間，且進行相同的作業；最後一種狀況中則是12個人，其他條件都相同。最重要的是，這三組人之間唯一有系統地改變的只有房間裡的人數。如果各組之間存在著其他差異（例如停留在房間中的時間長短或問題解決的作業），則無法區別所觀察到的效果是出於獨變項的改變或其他因素。在這種情形之下，我們說實驗因為獨變項以外的組間差異而受到**混淆**（Confounded）。因此，實驗者必須確保不同組別的受試者儘可能愈相似愈好。

如果其中一組受試者全都是男性，而另一組則全為女性；或者受試者可以自由地選擇參加某一種狀況，則實驗很明顯地被混淆了。最常用來處理這個問題的方法是**隨機分派**（Random Assignment）的程序。在隨機分派中，每位受試者有相同的機會被分到任何一個實驗組，所以受試者被分到任何一組都是由機會決定的。這種程序假設，重要的個別差異（例如智力的差別）會隨機地分布於所有組別，因此任何一組都不會比其他組擁有更多智力較高（或較低）的受試者。隨機分派也使得實驗者得以估計無意中造成組間差異的可能性。無論實驗控制做得多麼好，仍有可能由於偶然的機會而造成組間差異。實驗者可以應用統計技術來分析數據，以估計實驗結果的確出於獨變項之操弄的可能性。因此，如果在實驗中曾使用隨

機分派的程序，則分析受試者血壓（依變項）的數據將可以顯示：整體而言，在擁擠的房間中之受試者血壓是否與較不擁擠的房間中之受試者有所不同。

在研究中使用實驗法有許多好處。第一，實驗法比其他研究技術更能夠控制變項，因此可用來檢驗特定的假說。或許更重要的是，有效的實驗可以使得研究者對於獨變項和依變項之間的因果關係下結論。

另一方面，實驗法也有缺點。其限制通常在於獨變項；有時可能因此而無法使用實驗法。例如，某一研究者可能想知道人們對龍捲風等自然災害的反應，或是人們在家中遭竊後所受到的影響，此時便不太可能採用控制的實驗法來驗證假說。即使有可能操弄所感興趣的變項，環境心理學中的實驗也常是昂貴而且沒有效率的，因此研究者只得被迫採用其他技術。

使用實驗法時必須注意確保實驗的有效性。實驗者必須注意兩種效度：內效度和外效度。**內效度**（Internal Validity）意指實驗中免於被混淆的程度。如果實驗因無法控制外來變項（非實驗者所感興趣的外來因素）而受到混淆，則此實驗缺乏內效度，而無法獲得有意義的結論。**外效度**（External Validity）意指實驗結果可概化到真實世界中其他情境的程度。舉例來說，有一個實驗是關於熱度對攻擊行為的影響。參與實驗的大學生位於溫度很舒適到極燠熱的房間中，並且被要求對其他大學生施以電擊。如果實驗者小心地控制而沒有出現混淆，則此實驗便具有內效度。另一方面，如果本實驗的結果可以用來預測在城市的街道上或家庭中等真實情境中的各種攻擊行為，則我們說它具有外效度。環境心理學家所強調的是解決真實的環境問題，所以比其他領域的心理學家更關心外效度，但是在心理學界中對於外效度的重要性，並無一致的意見。

實驗中所蒐集的數據未必都用來預測真實世界中的行為（McAndrew, 1984）。心理學家可能只是想知道在非常特定的（並不一定是「自然」的）條件之下所發生的行為，在這些情境中外效度便不是問題。穆克

（Mook, 1984）對這一點提出相反的意見，他建議心理學家把效度想成「溫暖、毛茸茸的好東西」，無效度則是「冷酷、令人毛骨悚然的壞東西」。畢竟，誰願意承認自己的研究是無效的呢？穆克也指出，如果可以將結果由實驗情境中概化到真實生活的環境裡──即使這兩種環境並不十分相像──則更令人印象深刻，因為外效度並非實驗的主要目標。

## 準實驗設計

或許在環境心理學家最常應用的資料來自於**居住後評估**（Postoccupancy Evaluation，簡稱POE）（Marcus, 1990; Wener, 1989）。居住後評估是指社會和行為觀點的建築物環境評估，其目的是為了了解它是否合乎在此居住或生活的人們之需要。POEs提供物理環境對行為之影響的回饋，以及未來環境之設計和目前環境之改善的寶貴啟示。不幸的是，在高度複雜的真實環境中所做的POEs很難符合控制良好的實驗所要求的條件；研究者必須依靠其他的技術來蒐集資料。這些技術就是所謂的**準實驗設計**（Quasi-Experimental Design）。

準實驗設計常用於具有某些實驗的成分，但欠缺有效實驗所需之重要特徵的研究中。例如，研究者無法使用隨機分派，或是不能如願地操弄獨變項。這些設計在建立因果關係時較無用處，用在實驗裡也較不精確；但是當自然環境中因狀況多變且缺乏控制，因此無法使用真正的實驗法時便相當有用。由於在環境心理學中經常面臨這個問題，所以比其他心理學領域更廣泛地應用準實驗設計。準實驗設計有多種不同的類型，在卻魯尼克（Cherulnik, 1983）、坎貝爾和史坦利（Campbell & Stanley, 1966）或庫克和坎貝爾（Cook & Campbell, 1979）的著作中有更深入的討論。在此，我將專門介紹一種最常為環境心理學家所使用的技術──**時間序列設計**（Time Series Design）。時間序列設計可用於研究多種環境─行

爲問題。其中的例子包括護理之家的活動室整修對其居民之影響（Bakos, Bozic, Chapin, & Newman, 1980），辦公室設計改變後對員工滿意度的影響（Picasso & White，引自Wener, 1989），都市廣場改善後對徒步交通的影響（Project for Public Space, 1978）以及空氣汙染對汙染區和非汙染區居民之心理狀態和心智功能的效果（Bullinger, 1989）。

在時間序列設計中，研究者在實驗處理或介入之前和之後分別測量同一組受試者的行爲。例如，假設研究者想要知道：在精神病院的休息室整修之後，病房內的住院病人之間的社會互動是否增加。我們可以比較整修之前和之後一小時之內所觀察到的互動次數。上述研究所得到的假設結果以繪圖的方式顯示於圖1-7。

這種技術的問題之一是病房中互動頻率的波動情形是未知的，因此無法得知此數據是否能眞正反映整修前後的一般互動程度。若使用介入式的時間序列設計，亦即在整修之前和之後記錄數次觀察數據，如此可以部分地彌補上述問題。在使用介入式時間序列設計時，便可以更清楚地看出互

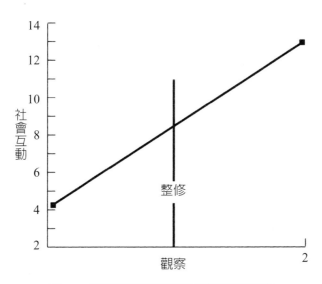

圖1-7　簡單時間序列設計所獲得的數據

動頻率的波動，由此所得的結果更足以說明整修對社會互動的影響（見圖
1-8）。雖然這種方法較佳，但在解釋數據時仍有一些問題，比方說，由
於缺乏控制組的緣故，也有可能因爲其他事件而造成改變。在我所舉的例
子中，可能只是因爲病人彼此間更加熟悉，所以使得互動增多。

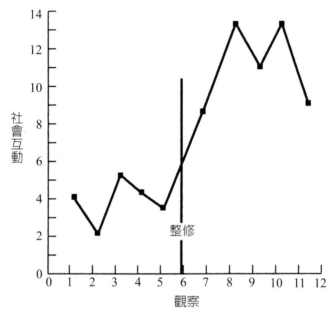

圖1-8 介入式時間序列設計所獲得的數據

　　另一個解決此問題的方法是利用多重時間序列設計。這種設計的目的
是加入控制組，以排除其他可能的解釋。如果在整修之前和之後，分別做
數次觀察，然後將其結果與另一間未整修的醫院之中相似的病人所得的結
果相互比較，則我們可以更有信心地說：任何觀察到的改變都是由整修而
產生，因爲另一間病房的病人並未呈現相同的改變。這些假設結果圖示於
圖1-9。

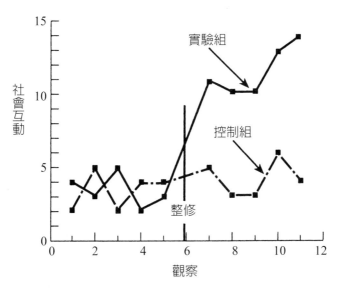

圖1-9 多重時間序列設計所獲得的數據

## 相關性研究

　　**相關性研究**（Correlational Research）是實驗和準實驗設計之外的另一個選擇。在相關性研究中，研究者依原有的方式測量兩個或兩個以上的變項。這是一種非實驗、不介入的研究取向，其中沒有變項的操弄和受試者的隨機分派。相關法的目的在於了解所測量的變項之間是否存在有系統的關係。

　　讓我們回到前面所討論的擁擠的實驗。擁擠和血壓之間是否有關？實驗者試圖以實驗來回答這個問題，但我們也可以用相關法來回答。此時研究者必須找到一群受試者參與研究。每一位受試者的血壓和居住地點的密度（我們對此變項的定義是受試者居住的房屋或公寓裡每間房間所居住的人數）都被記錄下來。在蒐集數據之外，接著便檢視現有變項間是否有一致的關係。如果血壓讀數較高的人通常也住在高密度的居住地點，則我

們說兩者之間有「正向」的關聯。因為若其中任何一個變項的數值較高，則另一個變項也可能較高。反之，若血壓高的人通常住在低密度的生活空間中，則兩者之間的關聯是「負向」的。此時，某一變項的數值較高，通常表示另一變項較低。研究者計算**相關係數**（Correlation Coefficient）以估計關係的強度。相關係數的範圍由-1.0到+1.0。當其數值愈接近-1.0或+1.0時，就表示變項間的關係愈強也愈一致；當數字趨近0的時候，表示兩變項之間的關係較弱。相關係數之前的正號或負號與關係的強度無關，但它可顯示出關係是正向或負向的。無論是正或負，任何較強的關係都可使研究者較正確地由其中一個變項來預測另一個變項。

相關性研究在某些難以進行實驗的情境中很有用。這種方式通常比實驗更快速也更省錢，研究者亦可藉此探討人們對自然災害之反應等難以用實驗來回答的問題。但相關法就像任何一種研究技術一樣亦有其限制。它對於外來變項並無控制，通常使得變項之間的關係變得模糊。即使它可以提供良好的預測力，仍然無法使研究者明確地陳述某一變項造成另一變項的改變。

在上述擁擠和血壓的例子中，強的正相關表示高密度生活空間可能導致高血壓，但這並不能令人完全滿意。由統計上來看，我們也可以說高血壓的人喜歡尋求擁擠的情境。當然也有可能是第三個未測量的變項（例如沒錢付帳單或是換更大的房子）造成兩個被測量變項之間的關聯。雖然相關法有這些缺點，但它仍然經常為環境心理學家所使用，因為這通常是探討此領域中之應用問題的最佳技術。

## 研究場所

大家通常認為實驗就是發生在實驗室裡的，而相關性研究則是在田野背景中完成的。雖然一般情況下的確如此，但研究場所以及技術之間並

沒有一定的關聯。我們也可以在田野中做一個完全有效的實驗，或是在實驗中蒐集相關性研究的數據。因此，研究者在決定進行實驗室或田野研究時，可以不必考慮所使用的技術為何。

**實驗室研究**　實驗室研究的優點是研究者對於環境的控制較大──例如隨機指派受試者、精確地控制獨變項，而且可以確知每位受試者的反應。實驗室的環境也使得研究者可以用最敏感的方法來測量依變項。假設受試者的情緒反應是依變項，則實驗者可以用生理紀錄儀來記錄受試者在該情境中的生理反應。實驗室研究的主要缺點是受試者知道自己正在進行實驗，因此可能產生反應性效果（Reactive Effect），亦即受試者會有意地改變其行為以影響實驗結果。參加心理學實驗的受試者通常會猜測實驗的目的和假說，偶而也會想要「幫助」實驗者或干擾其結果。更有甚者，受試者傾向於表現自己好的一面；他們不希望在心理學實驗中顯得愚蠢或無能。

我們把可能向受試者透露研究假說的線索稱為**必要特徵**（Demand Characteristics, Orne, 1962）；除非將它們小心地控制，否則實驗效度令人懷疑。除了必要特徵之外，實驗室研究還有其他的問題。在實驗室中可以做到的操弄很有限，而且所得的結果是否能概化到真實世界中也不無疑問。儘管如此，實驗室研究在環境心理學中仍是重要的工具。

**田野研究**　在真實情境中對真正的人所進行的田野研究可以彌補實驗室研究所面臨的許多問題。由於受試者通常不知道自己正參與研究，較不容易引起懷疑，所以研究者可以獲得較為「真實」的結果。再者，田野研究可以同時包括多種不同的對象（不只是大學生），也可以研究無法在實驗室中有效地操弄的變項。相反地，田野研究無法提供實驗室中的控制，我們不可能將受試者隨機地分派至各情況或是控制外來變項。此外，在田野研究中通常較難以測量到「純粹」的依變項。假設受試者的情緒反應是依變項，則研究者必須由其他行為（例如面部表情或姿勢）來推論其情緒

狀態，而不能像在實驗室中一樣直接地測量。田野研究通常很不方便，而且比實驗室研究更昂貴。其原因是必須把研究者和裝備送到不同的地點、研究者的人數眾多，還必須獲得研究者以外的其他人合作。

實驗室和田野研究都可以提供豐富的訊息，但研究者必須就本身研究的問題來考慮其相對的優點。

## 環境心理學中其他資料來源

瑞索（Zeisel, 1981）和魏勃等人（Webb, Campbell, Schwartz, & Sechvest, 1966; Webb et al., 1981）曾對環境心理學家使用的幾項較特殊的研究技術做一詳盡的敘述。以下將大略地介紹其中最重要的部分。

**自我陳述** 問卷或重點式晤談的調查法是環境心理學中常用的工具。在調查或晤談等自我陳述之中，受試者以文字或口語回答研究者的問題。在建構問題時必須格外地注意，而且必須在書面的問卷和面對面或電話晤談之間權衡。晤談的回收率和正確性較高，但通常較昂貴，而且難以保持匿名性。研究者也應注意問題的措詞和格式（例如開放式或封閉式的問題何者較為適當）。開放式問題可以讓受試者依自己的意思來回答，而不必受到長度等限制。封閉式問題較結構化，而且是強迫選擇的，受試者必須由多個答案中挑選一個，或是在一數字量尺上表示其同意或不同意的程度。偶爾在封閉式問題中會要求受試者只可回答「是」或「否」、「同意」或「不同意」。封閉式問題較容易計分或分析，但開放式問卷可以提供較多有用的訊息，使得研究者了解受試者在想什麼，而且受試者對其回答也較為滿意（Cozby, 1989）。

在環境心理學中有一種常用的自我陳述工具，是由使用者來評量環境的品質。此工具稱為**主觀環境品質指標**（Perceived Environmental Quality Index，簡稱PEQI），其目的在於以量化的方式來測量個人對環境的主觀

評量。PEQI是自我陳述的問卷，通常用來測量人為和自然環境的主觀品質。在判斷環境保護計畫的有效性、評估建築物或開發計畫對環境的衝擊，以及向制定環境政策之機構傳播環境品質之訊息時，都可應用PEQI（Craik, 1983）。

晤談、問卷和其他自我陳述工具的共同問題之一是，其答案所隱含的意義對受試者而言相當明顯；因此，他們可能會有所隱瞞或扭曲。例如，在研究南非的自力造屋者時，哈特和哈迪（Hart & Hardie, 1987）發現女性為首的家庭之收入平均而言只有男性為首之家庭的一半；但他們所能負擔的房屋大小卻都相同。這使得研究者猜測女性為首的家庭為何有豐富的資源。直到後續研究中才發現，許多女性在自裁縫或釀啤酒等事業中賺取額外的金錢。由於這些買賣是非法的，所以她們在先前的研究中加以隱瞞。

大部分的自我陳述工具都是反應性的，當受試者想要隱瞞或扭曲訊息時可能造成問題。在這種狀況下，採用非反應性的（使受試者不知道自己參與研究）技術是必須的。下面就介紹非反應性的工具。

**檔案研究**　檔案研究意指利用非學術性資料來檢驗假說或尋找變項間的關係（Webb et al., 1966）。檔案的來源通常是書面文件，也有可能是民意調查資料、保險精算紀錄（例如出生、死亡或婚姻）、字典、報紙或者過去的調查結果。檔案資料也可能來自私人來源，例如日記、信件或公司的銷售紀錄。環境心理學家曾經成功地利用檔案研究來探討由擁擠和健康問題之關係（Fleming, Baum, & Weiss, 1987; Paulus, McCain, & Cox, 1978）到溫度和城市中的暴力行為之關聯（Anderson, 1987; Anderson & Anderson, 1987）等主題。

雖然檔案資料可符合多種目的，但要注意這些資料並不具有代表性。所有資訊被保存的可能性並不相同（亦即選擇性累積〔selective deposit〕），而且所保存的資料也未必完整地**涵蓋所有時間**（即選擇性保

存〔selective survival〕）（Webb et al., 1966）。環境心理學家在使用檔案資料時必須清楚這些限制，並且判斷這是否會影響到所獲致的結論。在「試試看」的專欄中將請你嘗試由檔案資料中導出結論。

---

試試看：解讀檔案資料

　　柏恩斯坦（Bernstein, 1991）所發展的練習顯示出，普通的檔案紀錄——個人的支票紀錄——可以提供有關個人每天的行蹤、消費的偏好和習慣、重大生活事件以及生活中重要人物的訊息。你可以要求班上同學志願提供支票紀錄做一調查。你可以將全班分為幾組，分別檢查不同的支票簿。在理想的狀況下，支票簿的主人應保持匿名。每組都有15分鐘的討論時間，然後提出報告。如果支票簿的主人願意出面證實或否認小組的結論則會更有幫助。

---

　　**無妨礙觀察**　在無妨礙（或非反應性）觀察（Unobstrusive Observation）中，數據的產生是藉由在特定背景下觀察人們的實際行為，通常被觀察者自己並不知情。觀察者可以使用多種不同的方法記錄資料，包括檢索表、地圖，甚至錄影帶。無論使用哪種方法，都必須特別注意要完整地描述背景、行為和人的細節，以便於分析重要的因素。觀察者必須更著重於環境和使用的人，如此一來可以更了解發生在該環境中的事件彼此之間的關聯。這種研究法比晤談或問卷更能忠實地記錄人們實際的行為。同樣地，觀察者也必須排除主觀性和個人感受對客觀記錄的干擾。如果觀察者的出現可能打斷所欲研究的行為或產生反應性效果，則需留意不要使觀察者過於顯眼。在這些情境中，可能要將觀察者隱藏在人群中，或是將他完全與情境分離（例如使用隱藏式攝影機）。

　　**觀察物理痕跡**　在觀察物理痕跡（Physical Traces）時，環境心理學家有系統地檢查環境中因人們的活動而產生的殘留物或影像。研究者所尋

圖1-10　物理痕跡是「行為的化石」，它能提供人們如何使用環境的啓發

找的痕跡完全依其旨趣而定，但通常要創造出適於讓人們做出實際行為的環境。例如，在我所任教的大學中，校園草地上被踐踏的過道往往是新人行道地點的指標。只要仔細地觀察人們重新安排家具和其他裝飾品的方式、他們所丟棄的垃圾種類以及環境中的**附著**（Accrection，意指在環境中堆積的物質）和**磨損**（Erosion，意指在環境中某些部分的選擇性耗損），它們就能告訴你：人們在這個環境中做些什麼、沒有做什麼，以及環境是否完成了原先設計的目的。通常我們可以確定這些地方何時被使用的最頻繁，以及利用環境的方式是否出乎意料。在觀察過人們如何重新安排環境之後，環境心理學家可以學會如何建構更令人滿意而有效的環境。

　　魏勃等人（1966）曾舉出很多例子說明如何利用物理痕跡來做研究。他們發現，磨損、裂縫和修理率可以作為圖書館書籍使用程度的指標，正如博物館陳列品周圍的地毯和地板瓷磚的磨損情形可以使人看出它的受歡迎程度。魏勃等人也指出，廣播電台的受歡迎程度可以由停車場和修車廠中車輛的選台器來估計。

　　柯南‧道爾爵士筆下著名的偵探福爾摩斯，最擅於利用物理痕跡以了

解出現在其冒險中的人和地點。在「斑紋綵帶」的故事中，福爾摩斯必須解決一連串的神祕謀殺案，物理痕跡的觀察幫助他查出：殺人犯利用訓練過的毒蛇殺死被害人。在最初接觸此案件時，福爾摩斯推論這位女性訪客是搭乘火車旅行的，因為她的手中握有票根；他又由外套上的泥濘痕跡推測她曾躲在雙輪馬車的左側。此案件的重要線索是他在檢查座椅是否被人踩過的時候所發現的。他注意到發生謀殺案的房間中之家具和其他東西的布置，以及雪茄菸所遺留的氣味。

「斑紋綵帶」的精彩例子說明了如何將物理痕跡視為「行為的化石」。它們提供研究者豐富的印象，並且使他們了解環境的成功與失敗之處以及使用者的特徵。研究者可以由這些痕跡中追問：是什麼東西導致這些痕跡？弄出這些痕跡的人意圖為何？導致痕跡產生的事件次序為何？觀察物理痕跡也可預先避免必要特徵的問題，因為它不會影響被觀察者的行為；而且物理痕跡可以持久，所以在觀察和記錄上既簡單又經濟。

## 專有名詞解釋

附著（Accretion）　由於人們使用環境而造成的物質累積。

混淆（Cofounding）　當獨變項以外的事物隨著不同的實驗組變化時所產生的現象。

相關係數（Correlation Coefficient）　在相關性研究中所計算的統計值，可表示關係的強度和方向。

相關性研究（Correlational Research）　一種非介入式的研究型態，研究者測量現有的兩個或兩個以上的變項，其研究目的是找出變項間是否存在有系統的關係。

必要特徵（Demand Characteristics）　在實驗中可能向受試者透露實驗假說的線索。

依變項（Dependent Variable）　在實驗中所測量的變項。

生態心理學（Ecological Psychology）　現代環境心理學的先驅，起源於中

西心理學田野研究站的工作。

環境心理學（Environmental Psychology）　著重於人與環境之間的互動與關係之學科。

磨損（Erosion）　環境中某些部分的選擇性耗損。

實驗法（Experimental Methods）　一種介入式的研究型態，研究者操弄一個或多個獨變項，看看它們是否影響依變項。

外效度（External Validity）　實驗結果可概化到其他環境中的程度。

完形心理學（Gestalt Psychology）　1900年代初期在德國所發展的心理學支派，對後來的心理學理論有相當大的影響力，尤其是知覺理論。

獨變項（Independent Variable）　在實驗中所操弄的變項。

內效度（Internal Validity）　實驗中免於被混淆的程度。

勒溫（Kurt Lewin, 1890-1947）　他將完形的觀點帶入社會心理學。他的行為理論及其學生的成果對環境心理學的發展相當重要。

生活空間（Life Space）　在勒溫的理論中，這表示目前個人所體驗到的所有心理事實的整體。

中西心理學田野研究站（The Midwest Psychological Field Station）　1947年成立於堪薩斯的奧斯卡路薩鎮，這是第一個完全用於探討真實環境中之人類行為的研究機構。

物理痕跡觀察（Observing Physical Traces）　研究技術之一，其中研究者檢查環境中人們活動後的殘留物或影像。

主觀環境品質指標（Perceived Environmental Quality Index，簡稱PEQI）　對環境之主觀評量的量化指標。

居住後評估（Postoccupancy Evaluation, POE）　社會和行為觀點的建築環境評估。

心理事實（Psychological Facts）　在勒溫的研究中，它意指在個人的生活中任何時刻所能察覺的影響。

準實驗設計（Quasi-Experimental Design）　與實驗法部分相同的研究設計，但欠缺一個或多個好的實驗所必須具備的特性。

隨機分派（Random Assignment）　實驗法中所使用的一種防止混淆的策

略。在隨機分派中,每位受試者被分派到任何一種實驗狀況的機率是相等的。

反應性效果(Reactive Effects) 當人們發覺自己被研究時所產生的行為效果。

選擇性累積(Selective Deposit) 表示在檔案研究中並非所有的訊息被記錄的可能性都相同。

選擇性保存(Selective Survival) 在記錄之後,並非所有檔案訊息被長期保留的可能性都相同。

感覺超負荷(Sensory Overload) 呈現給個人的感覺訊息多於所能處理的上限。

時間序列設計(Time Series Design) 最常用的準實驗設計之一;在實驗處理或介入之前和之後檢驗同一組受試者的行為。這種技術又可細分為三種不同的形式,簡單時間序列、介入式時間序列和多重時間序列設計。

無妨礙觀察(Unobtrusive Observation) 在特定環境中觀察人們的行為,通常不使他們察覺。

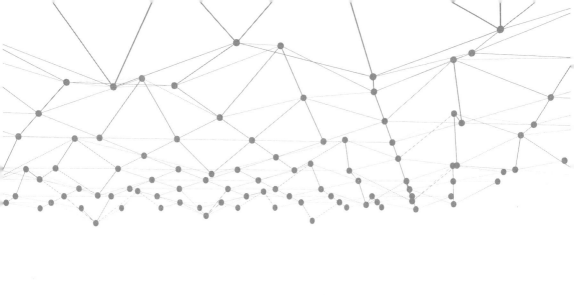

◆ 第二章

# 環境認知

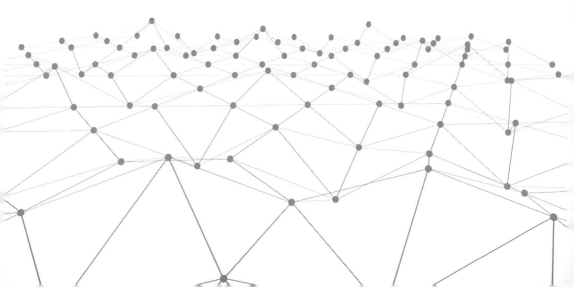

# 本章摘要

　　了解和操弄環境的心智能力稱為空間認知能力。這種能力使我們能理解空間環境，並且成功地在其間行進。環境知覺是環境訊息的原始來源。知覺歷程是以感覺訊息和來自過去經驗之預期綜合而成的。雖然物體知覺的理論有許多種，但只有少數是集中於整體環境的知覺。布朗斯維的透鏡模型和吉卜生的生態知覺理論對環境心理學的影響力最大。

　　環境認知主要是指環境之心理表徵的形成（認知繪圖能力）和在其間找路（探路）。雖然研究者仍舊意見不一，但許多人都認為我們利用視覺記憶編碼來完成這些作業。

　　一般而言，我們對環境愈熟悉，則認知圖就愈詳盡和正確。多數認知圖研究是關於城市的認知。過去研究已肯定林區（1960）所指出的五種向度在了解城市結構時格外重要。這五個向度是地標、通道、邊線、區域和節點。由於擷取和注意、回憶的錯誤，認知圖與現實相當不同。認知圖中最常見的錯誤是不完整、扭曲和增添。

　　許多人口變項（包括年齡、性別和普通空間能力）都與認知繪圖和探路能力有關。環境認知的發展自兒童時期起經過一連串的階段。年幼的兒童最初對空間只有片斷的、自我中心的觀點，隨著時間過去才能建構更普遍和抽象的空間環境表徵。

　　你是否曾研究過從未去過之城市的街道圖，以便往後開車到那裡時，可以毫不困難地找到目的地？或者你曾有下列這種經驗，就是回到已離開多年的地方後，又驚訝地發現自己仍能認得那些地標和街道的位置？

　　我們處理、貯存和提取空間及地理訊息之能力令人印象深刻。當然，空間能力之所以發展的如此敏銳，其實有著演化上的原因。人類只有在與環境適當地互動時才能生存。我們必須學著認清，在環境中所遭遇之不同物體的價值及其方位。這些物體（例如掠食者、同伴、食物、遮蔽處和危險）分布在不同的地點，所以我們必須具有認知和身體的技能才可以

穿梭在這些地方，以避免或接近這些物體。根據李（Lee, 1978）的說法，我們由過去的經驗中建構出環境的影像，然後又喚起和檢驗這些影像以「計畫」眼前。這些計畫不只協助我們在環境中移動，而且深深地影響我們在環境中的情感性經驗，以及我們離開之後所能回想起的訊息（Ward, Snodgrass, Chew, & Russell, 1988）。

　　簡言之，成功地預期下一步的能力在演化史上來說是生存的重要關鍵。而這種能力完全依賴正確地貯存關於物理環境之訊息的能力。空間記憶使我們得以生活在超乎目前感官所及的世界中。帕西尼、普羅克斯和瑞維里（Passini, Proulx, & Rainville, 1990）指出，在環境中找路是一種相當複雜的活動。它涉及了計畫、決策和訊息處理，這些都倚賴了解和操弄環境的心智能力。這種能力通常被稱為空間認知能力（Spatio-Cognitive Abilily）。在這一章中，我們將探討人們認識和了解周遭物理空間的方式。

## ❖環境知覺❖

　　知覺歷程是環境行為的核心，因為它是所有環境訊息的來源。環境可刺激感官，提供個人多於其所能有效處理的訊息。因此，知覺與感覺不同，它可以說是個人之過濾歷程的結果。伊特森（Ittelson, 1976）指出，事實上個人是其所知覺之系統的一部分。在知覺歷程中有時很難將個人與環境分離，因為兩者之間永遠在互動，而且知覺是由個人在環境中所做的事來決定。知覺也是速度和正確性兩者之間彼消我長的交易。然而，它們都是知覺歷程中所欲達到的目標。我們的心理表徵系統有助於軟化這種必要的交易，也就是在透視點或概略的感覺訊息改變時，仍能辨認「可能」的物體（Kaplan, 1978a）。例如，假設你正在公路上開車經過一座農場，則任何在遠處移動的大型深色物體都可能很快被辨認為牛、馬或豬，因為

這些刺激是在環境中「可能」出現的。在這種情形下，辨認速度通常不會干擾其正確性。這種歷程被研究模式辨認的認知心理學家稱為**由上而下處理**（Top-Down Processing，有時也稱為概念所啓動的處理）（Glass and Holyoak, 1986）。在由上而下處理時，辨認歷程是由對特定環境中可能發現之物體的預期所驅使。如果只需考慮一小群刺激，則可有效地縮小搜尋符合輸入模式之項目的範圍。由上而下處理使我們在接收到感覺訊息之前，便可尋找屬於農場中的特定知覺（例如馬或牛）！雖然由上而下處理常可加速知覺歷程，但如果遇到「不可能」的刺激時也會使之延緩。在穀倉旁的章魚就比牛更容易被誤認或是要花費更長的時間才能辨認。

　　知覺預期以經驗為基礎的說法，在許多因文化而定的視錯覺中得到證實。也就是說，人們只會被包含在日常生活中的熟悉圖形和建築物所愚弄（Allport & Pettigrew, 1957; Altman & Chemers, 1980）。

　　另一種互補的處理是在知覺者並未預期「可能刺激」時較為活躍。這種處理稱為**由下而上處理**（Bottom-Up Processing，或稱做資料所啓動的處理）。在由下而上處理中，知覺歷程完全由感覺輸入的性質所決定，而不受先入為主的觀念或預期所支配。如果在完全沒有「可能刺激」的情境中，辨認時間必然較長。然而大多數情況下，知覺是由下而上處理和由上而下處理的綜合。

## 環境知覺的理論

　　**布朗斯維的機率模型**　心理學家在知覺研究中多半集中於物體知覺，而忽略更明顯而重要的知覺問題：對整體環境的知覺及其對個人功能的重要性（Garling & Golledge, 1989; Ittelson, 1976）。我在第一章之中曾經提過布朗斯維的**透鏡模型**（Lens Model）；這是強調整體環境知覺的心理學模型。布朗斯維的理論假設，感覺訊息不可能正確地反映真實世界，因此

它在本質上是曖昧的。個體必須利用這些可能有錯的訊息對環境的眞正性質做機率判斷。在透鏡模型中，人們的知覺歷程正像是眼睛或攝影機前的透鏡（見圖2-1）。

　　就像透鏡可捕捉光線而匯聚在網膜（或底片）上的某一點，在布朗斯維的透鏡模型中，知覺歷程接收散亂的環境訊息（見圖2-1左半部），經過過濾和重新組合而成爲有規則而統合的知覺（圖2-1右半部）。個人由經驗中學會：哪些刺激最能正確地反映眞實環境，在組織知覺時便給予較大的比重。由布朗斯維的觀點來看，世界是由可靠性不一的線索所「推論」而來的，而非由觀察所得的（Carling & Golledge, 1989）。布朗斯維的模型清楚地將個人描繪爲主動的訊息處理者，他由當前感覺和過去經驗的交互作用中建構知覺。

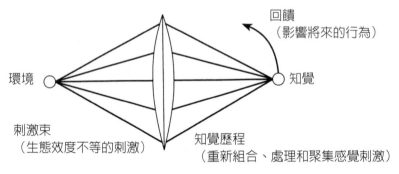

圖2-1　布朗斯維的透鏡模型

來源：Holahan, 1982。

　　**吉卜生的生態模型**　與布朗斯維的模型相對的是吉卜生的**生態知覺理論**（Ecological Theory of Perception）（Gibson, 1957a, 1958, 1960, 1966, 1979）。雖然多數環境心理學家認爲布朗斯維的機率模型對環境知覺的影響力較大（Craik, 1983; Holahan, 1982; Saegert & Winkel, 1990），但吉卜生的模型吸引了對於演化觀點的新興趣，亦及強調有機體在環境中的適應與

功能。

　　吉卜生的取向之所以被稱爲生態的，是因爲它強調與種族之生物適應最有關聯的環境事實，例如成功的移動、避免受傷死亡以及重要資源和性伴侶的所在地點（Lombardo, 1987）。吉卜生不同意布朗斯維的看法，因爲他無法了解如何在「可能物體所組成的世界」中生存（Gibson, 1987）。吉卜生的知覺取向比布朗斯維更不傾向於現象學，它假定感覺訊息確實提供了世界的眞實紀錄。對吉卜生而言，感官是因演進而對環境的適應，而且環境中的重力、日夜循環和天地對比等重要部分在進化史上都是不變的。不變的環境帶來穩定性，並且提供了生活的參考架構。因此，演化的成功需仰賴能正確地反映出環境的感覺系統。吉卜生認爲，問題不在於「事物看來如何？」，而是「那裡有什麼可看的？」（Lombardo, 1987）。由生態的觀點來看，知覺是環境向知覺者顯露的歷程；神經系統並非建構知覺，而是萃取它們。

　　吉卜生的理論縮減了學習在知覺中的角色，並且假設知覺反應是天生的。這種主張與新生動物的深度知覺研究是一致的（Gibson & Walk, 1960; Walk & Gibson, 1961）。它也符合視覺皮層單一細胞對特定視覺刺激有所反應的發現相符（Ewert, 1974, 1980; Hubel & Wiesel, 1962; Perrett & Rolls, 1983）。雖然吉卜生相信感覺訊息在本質上是正確的，但他也認爲其他知覺活動能夠使得這些訊息成爲有效的刺激，例如探查、調整感覺輸入和選擇性注意等。這些活動使個體得以善加利用環境中物體的有效功能（例如提供食物、安全、舒適和娛樂）。吉卜生（1986）將這些功能稱爲**可利用性**（Affordance）。例如，一座湖泊所能提供的可利用性包括釣魚、游泳或划船，但不包括睡眠或步行。環境之中事物的可利用性只可透過探查和有效的注意力分配才能被發現。

# ❖環境中的認知圖和探路❖

環境認知對於有機體的重要性不言可喻，因為它是有機體得以在各地通行的基礎，許多種動物都已演進出在環境中探路（Wayflnding）的機制，有些綠海龜能從巴西游到南大西洋的一個小島上產卵。牠們橫越1500哩的海洋，毫無錯誤地找到這個5哩大的小島（Carr, 1965）。鯡魚（Leggett, 1973）和鮭魚（Hasler & Larsen, 1955）等魚類也可以利用氣味和水溫等線索作為穿越海洋的指引。候鳥在旅行中常用到各種線索，包括太陽的位置；而歐洲的知更鳥和家鴿則具有偵測磁場的能力（Ganzhorn, 1990; Keeton, Sandberg, & Alerstam, 1991）。埃倫（Emlen, 1975）記述了一系列證實夜行候鳥利用星辰的位置來探路的實驗。靛藍彩鵐像所有候鳥一樣，在春秋移居的季節裡活動量便增加，即使飼養在籠中也不例外。靛藍彩鵐通常夏季停留在北美洲東部，冬季則在巴哈馬群島和中美洲度過。埃倫把他的鳥放在環型籠中。籠子由白色吸墨紙捲成一個漏斗（見圖2-2）。籠子上覆蓋著一張網或透明的塑膠板，底下則是墨水台。在籠裡的鳥只能看到頭頂上的東西。每次鳥一跳上吸墨紙便會滑下來，在跳過的地方留下墨水印。墨水足印的累積提供了鳥兒活動量和方向的記錄。實驗在晴天的夜晚進行，若在室內則放在天文館中。埃倫所研究的鳥總是依季節而跳向北方或南方。其他有關天文館的研究顯示出，鳥兒以北極星周圍的幾個星座來定向：春天時朝向它們而飛，秋季時則遠離。

人類也像鳥兒一樣利用視覺訊息以了解環境的結構。雖然我們對人類的環境認知所知不多，但有一點是很清楚的：對圖片和其他視覺訊息的記憶不同於其他種類的記憶。事實上，據研究顯示，我們保存圖片訊息的能力令人印象深刻。尼可森（Nickerson, 1965）在視覺記憶的實驗中向受試者展示200張圖片，每張呈現5秒鐘。之後受試者再看400張圖片——其中一半是原先的圖片，另一半則是新的。受試者認出舊圖片的平均正確率約

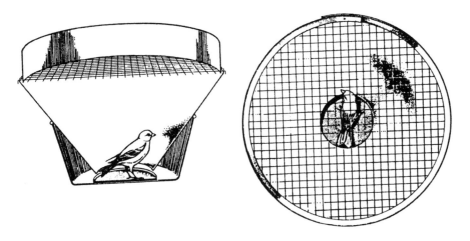

圖2-2　環型測試籠，可決定靛藍彩鵐的方向偏好。左圖為橫切面，右圖為俯瞰
　　　圖。籠子的漏斗部分是由白色的吸墨紙所做的。鳥兒站在墨水台上，每
　　　次跳到斜的漏斗壁上就會留下黑色的足印。鳥兒的視野限於仰角140度以
　　　外的天空。

為95%。其他實驗也顯示出，在使用256張圖片時，再認的正確率仍接近
95%（Standing, Conezio, & Haber, 1970）；尼可森（1968）則發現在受試
者第一次看過圖片五秒鐘之後約一年，長期再認正確率仍有63%左右！視
覺記憶優於文字記憶的現象在許多研究中也都得到證實（Lutz & Sheirer,
1974; Nelson, Reed, & Walling, 1976; Shepard, 1967）。

　　除非我們假定視覺訊息的編碼與非視覺訊息不同，否則難以說明前者
的優越性。現代心理學的奠基者普遍相信視覺心像的存在（Galton, 1883;
James, 1890; Titchner, 1910）。但到1960年代，視覺記憶的想法已經名譽
掃地（Wingfield & Brynes, 1981），有些心理學家反對任何以視覺為基礎
的記憶編碼（Anderson, 1978; Pylyshyn, 1973, 1978, 1984）。儘管如此，多
數研究者目前相信：視覺記憶編碼是1960年代早期以來許多研究的最佳解
釋，因此這個概念可能在心理學中再度復活。視覺記憶編碼被推測為建構

物理環境之心理表徵的工具。

環境的心理表徵稱爲**認知圖**（Cognitive Map）。這個名詞由深具影響力的學習論者托爾曼（Tolman, 1978; Tolman, Ritchie, & Kalish, 1946）所提出，用以解釋老鼠如何在通道改變的情況下學會位置的酬賞。認知圖可提供環境的有效模型。模型必然只抽取有用的部分訊息。因此，抽取以及注意、知覺和回憶錯誤都會使得認知圖與現實不同。認知圖可能是詳盡或概略的；它們的範圍可能大到整個地球或小至後院。無論如何，認知圖可以如個人所相信的那樣去呈現世界（Matlin, 1989）（見圖2-3）。對個人而言，他是否去過那個環境決定刺激是否醒目（Sherman, Croxton, & Smith, 1979），因爲在這些情境中搜尋環境的意義格外重要。能增進心理地圖形成的背景特別受到偏好（Evans, 1980; Kaplan, 1975, 1978b）。

在此我們要區分兩種不同的空間知識：路徑知識和俯瞰知識（Shemyakin, 1962; Thorndyke & Hayes-Roth, 1982）。路徑知識（也叫做探路）意指個人在環境中的一連串活動，它依靠直接的探測經驗而定。另一方面，俯瞰知識較類似於地圖，它傳達地點之間的整體關係，也可以靠研讀地圖而獲得。有證據顯示，探測經驗比學習地圖能產生更有彈性的空間知識，因爲地圖本身難以改變個人對環境的觀點和定向（Evans & Pezdek, 1980; Gale, Gollege, Pellegrino, 1990）。

## 認知圖的性質

多數研究者同意，我們對大環境的認知圖來源有：由地圖而來的空間知識、直接的個人經驗和其他不同來源的訊息（Evans, Pecdek, 1980; Spoehr & Lehmkuhle, 1982）。我們的認知圖包括空間和語文／命題式兩種訊息（例如，「我住的房子」），以及高度等其他特性，還有我們賦予地圖上各位置的名稱（Garling, Book, & Lindberg, 1985; Garling, Book,

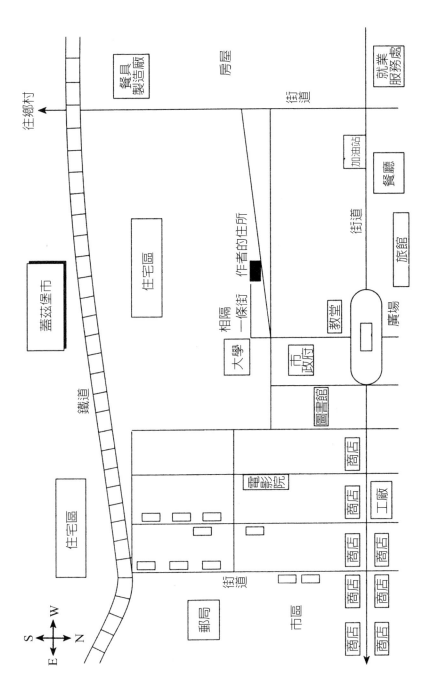

圖2-3

Lindberg, & Arce, 1990; Russell & Ward, 1982）。

地理位置通常以距離和方向加以描述，但歐特曼和卻摩斯（Altman & Chemers, 1980）指出：美國東北部和加州市區的人常用行進時間來表示距離。唐斯和史提（Downs & Stea, 1973）發現，人們在爲別人指引方向，常將距離、方向和估計的行進時間混在一起，這一點支持了行進時間在某些人的認知圖中相當重要。

許多研究顯示人們對已熟悉環境的認知圖相當正確（Appleyard, 1970; Evans, 1980; Evans, Marrero, & Butler, 1981; Foley & Cohen, 1984; Garling, Lindberg, Carreiras, & Book, 1986; Holahan, 1978; Holaman & Dobrowolny, 1978; Kaplan, 1976; Moore, 1974）。在估計兩地之間的距離時，所花費的時間與其實際距離同時增加，顯示出物理距離與認知圖中之距離有很強的關係（Baum & Jonides, 1977）。

人們在繪製其認知圖的時候，常會誇大最熟悉的地方之大小和細節，並且將它們置於圖中央。例如，全世界的學生在描繪世界地圖時，都將自己的國家畫在中間（Saarinen, 1973），表示最熟悉的領域被當作整張圖的參考點（見圖2-4）。

## 城市的認知圖

許多認知圖的研究都與城市的認知有關（Appleyard, 1969, 1970, 1973; Lynch, 1960; Milgram, 1977）。顯然，這個領域中最具影響力的工作是出於名叫林區（Kevin Lynch, 1960, 1965, 1977）的都市規劃者。他的著作《城市映像》（The Image of the City）是以一種專業的眼光來思考城市的空間組織。對林區來說，城市的最重要特徵之一是它的**識別性**（Legibility）。識別性意指此城市之特性易於被辨認、組織和識別的程度。人們通常偏好易於「閱讀」和了解的環境，可能由於在進化史上這些

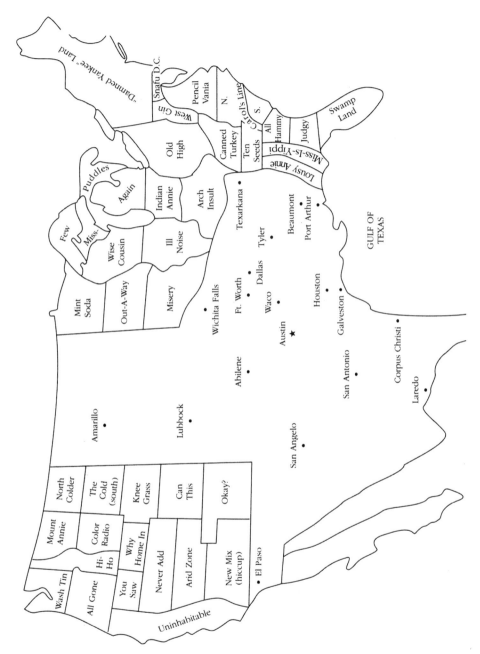

圖2-4　德州人對美國的觀感（中央部分為德州，其餘為美國其他各州）。我們
　　　的認知圖傾向於誇大自己所熟悉之地區的大小。

環境具有價值（Kaplan, 1987）。就這一點來說，城市與其他環境並無不同。

　　林區的研究指出，人們在建構城市影像時使用五種關鍵向度。**通道**（Paths）是人們移動的路徑或媒介——街道、河流和地下鐵道都是普遍的例子。城市的街道網中包含愈多直角的十字路口，則人們愈容易認識和記住方向，而且也愈快學會特定地方的位置（Montello, 1991）。**邊線**（Edges）是線形元素，但未必是通道；它們通常用來區分環境的不同部分。海岸、牆壁、籬笆和法律界線都是邊線的典型例子。注意有時通道（例如河流或鐵路）也是認知圖中的邊線。**區域**（Districts）是個人可「置身其中」的中到大型區間，例如華埠、「紅燈」區等。**節點**（Nodes）是城市中的重要據點，通常是來往的轉運點。主要的十字路口、公共廣場和地下鐵的車站都可以做為節點。**地標**（Landmark）則是

圖2-5　地標因其獨特性和在背景中突出的程度而顯示出其區別

建築物、雕像或噴泉等物體，其主要特徵在於獨特性、顯著性和重要性。地標是你在指引別人方向時，常用來描述的東西，而且你還會加上一句：「你絕對不會錯過！」

　　由「以符號為地標」的專欄中你可以看出，有些著名的地標甚至已成為當地的代表圖案。

---

**試試看：以符號為地標**

　　唐斯和史提（1977）編了一張著名地標的表。這些地標已成為該城市的視覺符號。為了證明這些符號和城市已被視為一體，你可以試著將左行的地標和右行的城市配對。

| | |
|---|---|
| 自由鐘 | 哥本哈根 |
| 自由女神像 | 西雅圖 |
| 金門大橋 | 聖路易 |
| 小美人魚雕像 | 芝加哥 |
| 艾菲爾鐵塔 | 羅馬 |
| 帕德嫩神廟 | 雪梨 |
| 太空尖塔 | 紐約 |
| 入口拱門 | 費城 |
| 美國國會議廳 | 巴黎 |
| 巨峰 | 華盛頓 |
| 港橋 | 倫敦 |
| 大競技場 | 舊金山 |
| 西爾斯塔 | 雅典 |

---

　　唐斯和史提也指出視覺影像如何巧妙地融入城市名稱中，以傳達當地的特性。唐斯和史提舉出一些「字的影像」作為例證。

　　薩達拉、伯羅斯和史坦普林（Sadalla, Burroughs, & Staplin, 1980）相信地標的認知地位不同於空間中其他的點。地標是環境之空間表徵的參照點。我們的認知圖常圍繞著它們而定，而且人們在了解城市的街道網之前，便早已學會地標的所在地（Cohen & Cohen, 1985; Evans, Marrero, & Butler, 1981; Evans & Pezdek, 1980; Garling, Book, Lindberg, & Nilsson, 1981; Golledge, 1987; Schouela, Steinberg, Leveton, & Wapner, 1980）。我們的距離估計大多數是針對地標之間（或目標所在位置和地標之間）。薩達拉、伯羅斯和史坦普林（1980）發現人們傾向於低估觀察點到地標的距離；但有趣的是，如果由反方向（由地標到觀察點）估計則不會如此。他們也發現地標之間的距離估計比不涉及地標時更快。史密斯（Smith, 1984）發現，地標間距離判斷的正確性隨著地標「令人喜愛的程度」之增加而上

升。

　　許多研究（例如Aragones & Arredondo, 1985）已證實林區的五個向度對於了解城市認知圖的重要性。

## 認知圖中的扭曲和錯誤

　　認知圖有多種不同的研究方式。有些研究者要求人們畫出其居住城市或鄰近地區的簡圖（Lynch, 1960）；另外有些人則要求受試者辨認環境中的地標或其他地點的圖片（Lynch, 1960; Milgram & Jodelet, 1976）。這些技術各有其缺點，因爲它們會受到個人的繪圖能力、接觸地圖的經驗以及對其他試驗程序之熟悉度所影響（Beck & Wood, 1976; Blaut & Stea, 1974; Dart & Pradham, 1967）。儘管如此，這些方法卻一致地找出我們在建立認知圖時所犯的錯誤。

　　如圖2-3和2-4所示，我們通常誇大熟悉地點的相對大小（Saarinen, 1973）。這對於我們在熟悉和不熟悉之領域中所犯的錯誤有重大意義。唐斯和史提（1973）將認知圖的錯誤分類爲不完整、扭曲或增添。**不完整**（Incompleteness）表示環境中的某物體漏失或未被完整地表示。**扭曲**（Distortions）發生在環境中的幾何、方向或距離之表達不正確時。**增添**（Augmentation）則是加入環境中不存在的東西。有一個常被引用的例子出現在艾坡亞（Appleyard, 1976）的研究中，一位暫時住在蓋亞那的歐洲工程師，在認知圖中的鋼鐵廠和港口之間加入一條不存在的鐵路，因爲他的經驗使他預期如此。

　　羅素和渥德（Russell & Ward, 1982）指出，人們在判斷東西方向時，比南北方向更困難，但在不熟悉地區中兩者都不容易，在認知圖中估計兩地之間的距離之實際距離也是一個問題。許多研究顯示，關於兩點間通道的訊息貯存量是一個重要因素。根據薩達拉、史坦普林和伯羅斯（1979）

的說法，當人們通過一條路徑時，他們會注意、編譯和貯存有關這條路徑的訊息。他們能提取愈多相關訊息，則所判斷的路徑長度便愈長。所以提供促進回憶的提示或線索會增加受試者的估計距離。同樣地，如果在路徑中有愈多的轉彎或十字路口，則它也會顯得更長。尤其當通道和十字路口被標上熟悉的名字時更是如此（Sadalla & Magel, 1980; Sadalla & Staplin, 1980）。此外，當城市之間有許多其他城市時，距離估計會增加；而若兩地間沒有什麼城市，或是有直接的通路相連時，則距離估計會降低（Thorndyke, 1981）。距離的一種有趣扭曲發生在購物者偏好，位於由居住地點往市區方向的商店，即使出城方向的商店更接近時也是如此。這種有趣的現象叫做布瑞納法則（Brennen's Law）（Lee, 1962; Smith & Sargent, 1948）。布瑞納是英格蘭的一位城鎮規劃者，他在一次規劃調查中觀察到：接受晤談的家庭主婦偏好光顧「進城」方向的商店。在這種情形下，在決定購物地點時，方向顯然比接近性更重要。李（1978）認為這種效果可能是因為人們高估由市中心向外的距離，而且低估回程的距離。李也相信，或許朝向市中心的路程較複雜也較有趣（亦即有較多東西可看），所以使得此一方向的行程似乎比實際上更短。

　　認知圖的錯誤也可能是幾何錯誤。人們傾向於調整認知圖中通道的角度，使它更接近90度角；所以，90度角的地點最不容易被扭曲，回憶也最正確（Moar & Bower, 1983; Sadalla & Montello, 1989）。為了測試你自己的認知圖，請閱讀「試試看：你的認知圖有多好？」的專欄。

試試看：你的認知圖有多好？

史帝芬斯和寇普（Stevens & Coupe, 1978）以及托渥斯基（Tversky, 1981）認為，認知圖中的許多錯誤都是由於我們傾向於以符合先入為主觀念的方式去貯存訊息所造成的。因此，我們記得的事物多半都是排列成一直線或垂直水平的。他們也假定，我們傾向以「認知上層組織」的方式來主導思考，亦即我們對大地方（例如國家或大陸）的記憶可能會扭曲對城市或其他較小地方的想法。他們發展出一系列巧妙的地理問題，以點明這些錯誤多麼容易產生。下面每個問題的答案似乎都很簡單。在你回答之後，可以查閱地圖以確定自己的答案是否正確。

1. 哪一個城市比較偏北：羅馬（義大利）或費城（美國）？
2. 哪一個城市比較偏東：洛杉磯（加州）或雷諾（內華達州）？
3. 巴拿馬海峽的哪一端比較偏西：大西洋端或太平洋端？
4. 如果你要從底特律向南旅行，則當你離開美國之後所碰到的第一個國家是哪裡？
5. 如果你由芝加哥向南旅行，則離開北美洲之後所接觸的第一片大陸是什麼地方？
6. 哪一個城市比較偏南：西雅圖（美國）或蒙特婁（加拿大）？

赫門、米勒和薛拉奇（Herman, Miller, & Shiraki, 1987）的研究證實，與地方相連的情緒也可能影響距離估計。在他們的研究中，大一學生低估引發正面情緒之地點的距離，甚於引發負面情緒的地點。但高年級學生並不會如此，表示與地方相連的情緒在不熟悉的環境中影響較大。

建築的識別性（亦即你是否易於在它周圍找路的程度）對人們的日常生活很重要，特別是醫院、機場和政府機構等建築。建築物中的樓板規劃比其他因素更能影響識別性：簡單而可預測的樓板規劃，當然是最容易學習和記憶的（O'Nell, 1986; Peponis, Zimring, & Choi, 1990; Weisman, 1981）。

過去我們曾假設，建築物的認知圖可能會隨著經驗而自動地發展出

來，但莫瑟（Moeser, 1988）的研究卻指出並不一定如此。莫瑟的研究集中於一幢令人混淆、不易識別的五層樓醫院。她比較曾記誦建築物樓板規劃圖的受試者和在醫院中工作兩年的護士之認知圖。雖然護士可以在醫院中找到路，但卻未能形成有效的「俯瞰型」認知圖。另一組受試者在認知圖的幾個客觀指標上都優於護士。此研究指出：在複雜環境中，俯瞰圖的心理表徵並不會自動地發展出來，而且它對於在環境中正確地找路並不是必要的。

## 認知繪圖能力的發展

利用認知圖在環境中探路的能力，由嬰兒期到成年期之間有重大的變化，但是要了解環境認知在一生中的發展又更加複雜。許多環境認知發展的理論取向都深受瑞士的心理學家皮亞傑（Piaget, 1954; Piaget & Inhelder, 1967; Piaget, Inhelder, & Szeminska, 1960）之工作成果的影響。根據皮亞傑的模型，兒童對空間關係的理解需通過一連串可預測的發展階段。這些階段（其摘要列於表2-1）是學習和成熟共同造成的結果，也可以想成是兒童之基因潛能的開展。

表2-1　皮亞傑的發展階段和環境認知

| 發展階段 | 環境認知 |
|---|---|
| 感覺動作期（出生至2歲） | 完全的自我中心；以和自己身體的關係來定義地方和位置 |
| 直覺期或運思前期（2歲至7歲） | 仍是自我中心的；但開始建立周遭環境之粗略的符號表徵 |
| 具體運思期（7歲至12歲） | 可以將物體和地方視為與自己分離的概念；更擅於利用地標來定位物體和地方 |
| 形式運思期（12歲至成年） | 可使用符號和抽象概念來代表空間；可形成更大、更統合的認知圖 |

在皮亞傑的第一個階段，**感覺動作期**（Sensorimotor Period）（自出生至2歲）中，兒童完全以自己的身體來定義空間和物體的位置；對兒童來說，空間的世界完全是自我中心的。直到第二年，他們才能產生和維持不在場物體的影像，並將它們連在一起。

第二個階段稱為**直覺期或運思前期**（Period of Intuitive or Preoperational Thought）（自2歲至7或8歲）。在這一時期中，兒童仍是自我中心的，而且難以建立與自己身體分離之地方的複雜心像。然而，運思前期的兒童能夠對直接環繞在四周之環境形成粗略的表徵。

**具體運思期**（Concrete Operations Period）大約為7歲至12歲之間。此時，兒童開始打破自我中心主義，而且將地方和物體視為與自己身體分離之概念。他們也開始逐漸擅於利用地標作為物體和方向的參考點。

皮亞傑模型的最後一個階段是**形式運思期**（Formal Operations Period），由青春期開始。現在個體可以輕鬆地利用符號和羅盤方向等抽象概念，而且也開始形成比以往更大、更統合的認知圖。

儘管其他理論已將皮亞傑的模型擴展為空間能力發展的模型，但前者仍是了解認知發展之基礎。例如，西格和懷特（Siegel & White, 1975）發展出關於實際空間行為的模型，因此較偏向於探路的理論。根據西格和懷特的說法，兒童最初利用地標只是為了標明路徑的起點和終點，以及評估前進的程度。當他們熟悉沿路的地標之後，也逐漸學會兩地之間的路程。在西格和懷特的模型中，空間知識是經由在環境中的移動而衍生的。只有在最後一個階段中，也就是當他們完全了解路徑和地標之後，才能發展出路徑排列或集群的表徵，亦即真正的認知圖。

哈特和摩爾（Hart & Moore, 1973; Moore, 1979）也發展出另一相似的模型。他們提出兒童在了解空間世界時所通過的三種參考架構：自我中心的、固定的和統合的。他們和皮亞傑一樣，認為兒童必然由片斷的自我中心印象開始，而後才發展出圍繞著環境中「固定」地點的片斷心理地圖。

這些片斷的地圖是「統合的」俯瞰型認知圖之先決條件，後者整合了環境中較大的部分。

雖然這些模型多少有點不同，但他們都同意下列重要的想法：

1.兒童對空間環境的了解會經過一連串可預測的發展階段。

2.在所有例子中，感覺動作的「探路」技能都早於更抽象的認知繪圖能力。

3.地標是最早學會的環境向度，接著是通道、通道網路，而最後則是整體環境的心理結構。

這些模型符合海夫特和莫威爾（Heft & Mohlwill, 1987）的想法，亦即兒童最初是以非常功能性的方式來了解環境。以吉卜生之生態模型的術語來說，海夫特和莫威爾認為兒童學習的是環境的可利用性。他們很快就知道那些令人提心弔膽的地方、賣糖果的地方和到朋友家的捷徑。這些可利用性顯示出地標的重要性，因而成為組織認知圖的焦點。

實徵研究大多支持兒童對環境的了解需經過一系列階段的想法（Hazen, Lockman, & Pick, 1978; Herman & Siegel, 1978; Siegel, Kirasic, & Kail, 1978）。關於嬰兒的研究也指出，他們對空間的了解起初確實是自我中心的，而後才逐漸減輕。然而，其發展並不像皮亞傑的理論所說的那樣僵化固定，而且探索可以加速其進步，尤其是在高度分化的環境中（Acredolo, 1978, 1982; Acredolo & Evans, 1980; Bremner, 1978; Bremner & Bryant, 1977, 1981; Hart, 1979, 1981; Heft & Wohlwill, 1987; Presson & Somerville, 1985; Reiser, 1979）。

較大兒童的研究也得到相似的結論。年幼的兒童只能閱讀方向正確而且有明顯地標的地圖（Blades & Spencer, 1987）。當他們由自我中心的參考點（如自己的家）估計距離時，比估計其他距離時更為正確（Biel, 1982），而且年幼的兒童在估計任何距離時都比年長者更差（Anooshian & Wilson, 1977; Kosslyn, Pick, & Fariello, 1974）。雖然以地標為準的探路

明顯地早於結構化的俯瞰知識，但年幼兒童的結構性表徵仍優於理論之預測（Acredolo, Pick, & Olson, 1975; Cousibs, Siegel, & Maxwell, 1983; Herman & Siegel, 1978; Liben, Moore, & Golbeck, 1982）。

　　許多研究者認為：不易了解兒童如何建構環境訊息的原因是，用來測量兒童之表徵技能的方法並不適當，尤其是對非常年幼的兒童而言。兒童沒有成人那種繪圖、閱讀和測驗技巧，但是他們在實驗作業中表現不佳，卻被解釋為缺乏認知的空間能力，這可能不是有效的解釋。因此，兒童真正的空間能力可能被低估了（Heft & Wohlwill, 1987; Mathews, 1985）。

　　目前在這個領域中的看法是，發展階段的理論或許正確地確認兒童在了解環境時所經過的階段，但卻過度高估兒童通過各階段所需的時間，而且低估了兒童使用抽象環境表徵的程度。

## 在環境中的探路

　　認知圖是環境的心理表徵，探路則是人們實際上在環境中通行的過程。帕西尼（1984）將探路描述為，需要利用貯存的環境訊息以進行的一系列問題解決作業。在探路時，個人必須決定路徑、運輸方法和其他為完成旅程所必需的事項。有關探路的研究仍屬初期，目前的研究方法由電腦模型（Leiser & Zilbershatz, 1989）到要求人們在實物大小的迷陣中找路（Passini, Proulx, & Rainville, 1990）都有。即使如此，我們也很清楚人們在學習路徑時，所使用的策略很有彈性。大多數人偏好利用地標，當地標位於十字路口或其他抉擇點時則特別有效（Heft, 1979）。

　　任何能促使認知圖更清晰的事也同樣有助於探路（O'Nell, 1991a; Rovine & Weisman, 1989）。迦令、布克和林博格（Garling, Book, & Lindberg, 1986）描述了數種影響探路的環境特徵。**分化**（Diffrentiation）是指環境中各部分看來相似或可區分的程度。例如，高度分化的大學校

園中有各種不同的地帶和建築物，由老舊而爬滿常春藤的房子到後現代的玻璃和金屬結構。高度分化的環境比所有事物看來都相似的環境更容易通行。**視覺接近度**（Degree of Visual Access）表示由其他觀測點可看到背景中不同部分的程度，高視覺接近度也能促進探路。空間配置的**複雜度**（Complexity of Spatial Layout）反映出在環境中移動時，所需處理之訊息的數量和困難度。歐尼爾（O'Nell, 1991b）的研究證實，複雜的樓板規劃增加了在建築物中探路的困難度。

有關探路的研究有希望應用在現實環境中，使得人們所使用的環境更令人感到舒適，它能使佈景旅行或經由幻燈片所呈現的模擬旅遊更為有效，在人們接觸新環境之前提供初步的認知圖，使得他們更熟悉新環境而不致感到威脅。環境的預先勘查已被用來協助幼稚園小朋友適應學校（Cohen, Evans, Stokols, & Krantz, 1986）、老兵適應新的護理之家（Hunt, 1984）以及幫助老人找出到購物中心的路（Kirasic & Mathes, 1990）。用在娛樂方面的三度空間圖可以使腳踏車騎士和獵人預習在野外活動時需穿過的地帶（Hiss, 1990）。

## 認知繪圖能力和探路的個別差異

認知繪圖能力和探路技能就像其他能力一樣，會隨著不同的人而改變。以心理測驗所測得的普通空間能力似乎與許多探路和繪圖的活動有關。空間能力和某些環境知識的指標有所關聯，例如尋找地標和記憶路徑的能力（Pearson & lalongo, 1986），以及為別人指引方向的能力（Vanetti & Allen, 1988）。科羅斯基和布萊恩特（Kozlowski & Bryant, 1977）發現，相信自己的方向感很好的人確實在記憶地理和方向訊息時較為正確。科羅斯基和布萊恩特也發現這些人在下列兩種作業中正確性較高，那就是在大城市中由自己的位置指出方向和記憶曾走過的地下道系統。桑代克和

史塔茲（Thorndyke & Stasz, 1980）研究以地圖來學習環境訊息的個別差異。他們發現成功的學習者會將地圖分成許多小部分，而且有系統地研究每個部分。成功的學習者也傾向於以空間、地圖似的術語而非字彙來思考。而且他們在複誦已知材料時所花費的時間較短，而在編譯新材料時則花費較多的時間。

　　許多人口變項已知與探路和認知繪圖能力有關。成人的認知圖較兒童為佳（Cohen, 1985; Olsen & Bialystok, 1983），而教育水準和社經地位較高者所建立的認知圖較廣泛也較正確，或許因為他們有較多旅行的機會（Appleyard, 1970, 1976; Goodchild, 1974; Karen, Bladen, & Singh, 1980; Orleans, 1973）。

　　大多數研究未發現整體認知能力有任何性別差異（Evans, 1980; Evans, Brennan, Skorpanich, & Held, 1984），但男性和女性使用不同的取向來了解環境。例如，女性強調認知圖中的區域和地標，男性則是路徑。男性的地圖始於組織道路；女性則先組合地標、建立距離，然後再填入道路。男性在為別人指引方向時，也較常加入距離估計或羅盤方向（McGuiness & Sparks, 1979; Pearce 1977）。安提斯、麥柏來和考林斯（Antes, McBride, & Collins, 1988）比較北達科塔州法果的居民在新陸橋建好之前和之後的認知圖。他們發現，陸橋使女性居民對城市中兩點之間的距離估計改善，但對男性沒有任何效果。安提斯等人的結論是，女性以行進的通道為推論的基礎，男性則較倚賴心理表徵。這與男童的認知繪圖能力較優的證據相符，但顯然是由於男孩的探索環境機會較多之故（Moore & Young, 1978; Munroe & Munroe, 1971; Webley & Whalley, 1987）。

## 盲人的認知繪圖能力和探路

　　瓊斯（Jones, 1875）在文獻回顧中指出，回音、碰觸，甚至眼球運

動的肌肉回饋都可以提供物體所在位置和距離估計的重要線索。雖然如此，失明和視覺受損的人在了解環境和探路時似乎較吃虧，唐斯和史提（1977）發現先天失明者也能形成認知圖，但他們的結論是：這些訊息貯存的方式是一系列的行動而非視覺影像。

由於空間認知與視覺和視覺影像息息相關，了解盲人之空間認知能力有助於詳細說明這些技能在探路和認知繪圖中的重要性。據研究顯示，盲人的認知繪圖能力欠佳（Casey, 1978），有些研究者認爲這是由於他們沒有適當的空間認知能力（Hatwell, 1966）。另一方面，也有研究指出：盲人具有和明眼人相當的空間表徵能力（Bymes & Salter, 1983; Fletcher, 1980, 1981a, 1981b; Hollyfield & Foulke, 1983; Jones, 1975; Kerr, 1983; Leonard & Newman, 1967; Passini & Proulx, 1988）。例如，帕西尼和普羅克斯（1988）比較失明和明眼受試者經過兩次帶領之後，在一大型複雜建築物中找路的能力。雖然盲人組的錯誤較多，但他們對於背景空間的了解良好，而且其表現接近明眼人。帕西尼和普羅克斯發現盲人在行程開始前準備得較充分，而且他們會利用扶手和建築物的觸覺特性等線索。明眼人幾乎完全依賴視覺線索，因而忽略了這些特性。同樣地，里歐納和紐曼（Leonard & Newman, 1967）發現失明的男童能由記憶觸覺地圖而在不熟悉的領域中找路。他們也能解決繞道的問題，表示他們能抓住各地點之間的空間關係。

在較近期的研究中，帕西尼、普羅克斯和瑞維里（1990）比較先天失明者、三歲後才失明的盲人、視覺受損者、曾戴過眼罩的明眼人和未曾戴過眼罩的明眼人（控制組）之探路能力。探路作業的內容是在實驗室中實物大小的迷宮裡進行一連串的活動。受試者必須學習迷宮中的新路徑、折回原來的路、重新組合原先學習的路以及將迷宮模型中的訊息轉換到大的迷宮裡。帕西尼等人發現，盲眼受試者在大多數作業中的表現都和其他組相當。他們認爲，視力受損者——尤其是先天失明者——也能表現出探路

所需的認知運作。雖然盲人有視力缺陷，但其空間認知能力卻是正常的。
這表示先天失明者可能以觸覺來代替視覺。

## 專有名詞解釋

可利用性（Affordance）　源自吉卜生的生態知覺理論。意指環境中物體能
　提供個人的最有效功能。

增添（Augmentation）　認知圖的錯誤之一，意指加入實際上並不存在於環
　境中的東西。

由下而上處理（Bottom-Up Processing）　也稱為由資料所啓動的處理，一
　種完全依靠感覺訊息分析的知覺歷程。

布瑞納的購物行為法則（Brennen's Law of Shopping Behavior）　人們偏好
　由家中往「進城」方向的商店，即使另一方向的商店較近仍然如此。

認知圖（Cognitive Map）　個人對環境的心理表徵。

空間配置的複雜度（Complexity of Spatial Layout）　在環境中需處理之訊
　息的數量和複雜度。

具體運思期（Concrete Operations Period）　皮亞傑的發展階段之一（7歲到
　12歲），此時兒童開始打破自我中心主義，將地方視為獨立於自己而存
　在的概念。

視覺接近度（Degree of Visual Access）　背景中不同部分可由其他觀測點
　被看到的程度。

分化（Diffrentiation）　環境的不同部分看來相似或不同的程度。

扭曲（Distortions）　認知圖的錯誤之一，意指距離、方向和幾何的表徵錯
　誤。

區域（Districts）　個人可置身其中之城市的一部分。

邊線（Edges）　認知圖中區分環境為不同部分的線形元素。

形式運思期（Formal Operations Period）　皮亞傑的發展階段之一（始於青
　春期），此時個人可使用符號和抽象概念以形成認知圖。

吉卜生的生態知覺理論（Gibson's Ecological Theory of Perception）　環境

知覺的理論之一，強調個體對環境的適應。吉卜生的理論假定感覺訊息正確地代表真實環境。

**不完整（Incompleteness）** 認知圖的錯誤之一，意指環境中的物體被省略或表徵不完整。

**地標（Landmark）** 環境中之獨特而顯著的物體。

**識別性（Legibility）** 環境易於被辨認、組織和回憶的程度。

**透鏡模型（Lens Model）** 布朗斯維的環境知覺模型，他假定人類的知覺歷程像是透鏡，將分散的一連串環境刺激結合為統合的知覺。

**節點（Nodes）** 在城市中作為一地到另一地之轉運處的抉擇點。

**通道（Paths）** 人們在環境中通行的路徑。

**直覺期或運思前期（Period of Intuitive or Preoperational Thought）** 皮亞傑的發展階段之一（自2歲到7歲），此時兒童開始形成粗略的環境表徵，但仍然相當地自我中心。

**感覺動作期（Sensorimotor Period）** 皮亞傑的發展階段之一（自出生至2歲），此時兒童對空間的了解完全是自我中心的。

**空間認知能力（Spatio-Cognitive Ability）** 了解與操弄空間的心智能力。

**由上而下處理（Top-Down Processing）** 也稱為由概念所啟動的處理，它是由環境中「應該」出現的認知預期所驅使的知覺歷程。

**探路（Wayfinding）** 人們在環境中探索的歷程。也稱為路徑知識。

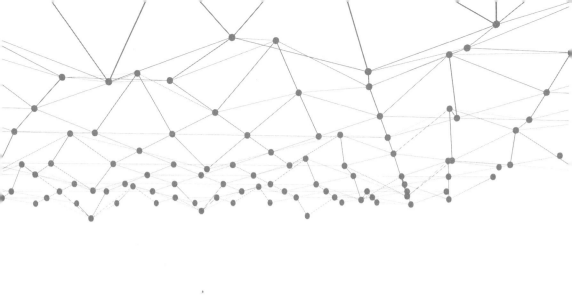

◆ 第三章

# 潛在環境

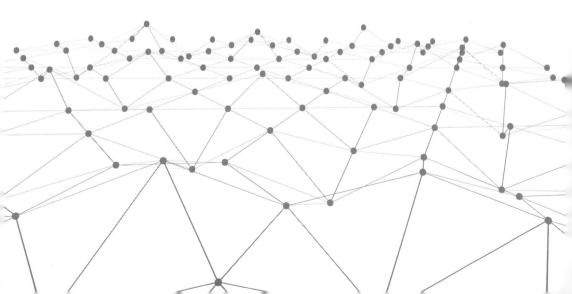

## 本章摘要

　　潛在環境意指物理環境中的非視覺部分。本章中所提到的潛在因素包括氣候、高度、溫度、光線、顏色和噪音。這些環境因素都對人類的行為和感受有著強烈而可預測的效果。

　　人們所體驗到的心情和情緒大部分都是潛在環境的產物。心情通常受到生理激發狀態和個人的長期情緒傾向所影響。

　　對環境的反應可以描述為趨近或逃避，其程度則依環境所引發的愉快程度而定。莫拉比安和羅素（1974）假設激發／未激發、愉快／生氣和支配／順從等三個向度可以預測心情及對環境的反應。他們的模型稱為情緒的三因理論。

　　莫拉比安（1976）引入環境負荷的概念，以描述不同環境的感覺訊息率。高負荷環境充滿訊息，易於使人激發；低負荷環境則否。環境的強度、新奇性和複雜度是決定其負荷的主要因素。

　　個人的性格，尤其是與激發狀態之變化有關的反應，強烈地影響人們對潛在環境的反應。感覺追求和刺激過濾是兩種重要的性格特質。

　　**潛在環境**（Ambient Environment）意指環境中的聲音、溫度、氣味和照明等非視覺的部分。這些因素是穩定的環境特質，我們可能不會意識到。雖然我們通常未曾察覺潛在環境，但它卻對我們所做的每一件事都有深遠的影響。我們的心情、工作表現，甚至生理健康都與來自潛在環境中的感覺輸入有關。在本章中將探討人類對潛在環境的反應，首先是潛在環境與感受之間的關係。

## ❖潛在環境對情緒的影響❖

　　請先放鬆自己，閱讀下列兩則有關情緒的敘述。試著捕捉每種情境下的心情。假如可能的話，嘗試想像你自己就在那裡。注意你在閱讀這些經

驗時的感受（Mehrabian and Russell, 1974a）：

　　情境A：你在山中的一座湖泊裡，跟隨在遊艇之後滑水。當你經過時，可以看到陽光在水面上閃閃發光。你注視著湖邊快速移動的木頭支柱。只有幾艘船停靠在別處的岸邊。水面光滑如鏡，溫暖的微風輕輕拂過。

　　情境B：你在一位遠親的葬禮上。儀式在殯儀館內舉行，每個人都穿著深色服裝。司儀的聲音單調。在這個空曠的房間中唯有棺木前方有著唯一的裝飾。

　　在想像每一種情境之後，你可能像其他參與研究的受試者一樣，發現它們分別喚起了極為不同的情緒反應。他們所體驗的情緒如此強烈，似乎是潛在環境的產物。事實上，羅素和史諾葛拉斯（Russell and Snodgrass, 1987）認為在人與環境的關係之中，最重要的部分便是環境的情緒和情感性，因為它是決定與環境有關之心情與記憶的主要因素，因此也連帶地影響個人的健康和幸福。情緒包括行為、生理變化和主觀體驗。過去一百年以來，心理學家始終在爭論：這些成分是否真正地反映出「真實的」情緒？雖然情緒是一個複雜的構念，難以明確地定義，但最近的情緒理論已將升高的**生理激發狀態**（也稱為活化水準〔Activation Level〕）視為情緒經驗中重要的一部分。博林（Berlyne, 1960a）認為激發狀態或活化是連續性的，也就是說，激發狀態並非截然的二分。個人總是處於某種程度的激發狀態中，其中一個極端是昏昏欲睡，另一端則是狂亂的興奮狀態。活化水準反映出個人因血液中的腎上腺素、心跳加快和認知活動而興奮的程度。然而，許多環境心理學家認為激發狀態是單方向改變的因素，只有其程度會在一連續的尺度上有所變化。換言之，他們相信只有一種普遍的自主激發狀態，活化狀態的不同只在於量的差異，而非個人經驗之種類不

同。這種主張與多數環境心理學研究是一致的，而且也是本書所採取的觀點。不過我必須指出，有些研究者（Eksenck, 1982; Lacey, 1967）並不同意。他們認為必須區分不同的活化狀態，才能正確地描述激發狀態的效果。他們尤其相信，由個人主動引起的激發狀態（例如注意困難的作業），在性質上不同於接觸興奮劑、噪音或其他外界因素所造成的被動狀態。

　　情緒激發狀態的測量方法有許多種，其範圍由問卷到腦波和皮膚電阻（GSR）等生理指標。這些測量方法都曾被成功地使用過，但激發狀態在情緒經驗中的確實角色迄今仍無定論。

　　羅素和史諾葛拉斯（1987）嘗試正式地定義本章中所使用的幾個詞，以便於釐清混淆的概念。根據他們的說法，心情（Mood）代表個人在任何特定時刻之主觀情緒狀態的核心感受。心情隨著環境中的事件而波動，日夜週期和其他生理規律（例如月經週期）所產生的激發狀態變化也有所影響（Backctrom et al., 1983; Boyle, 1985; Lacoste & Wirz-Jus-tice, 1989; Sanders, Warner, Backstrom, & Bancroft, 1983; Thayer, 1987, 1989; Thayer, Takahashi, & Pauli, 1988）。心情最終可追溯到神經突觸的化學活動：正腎上腺素、多巴胺和Serotonin據信是在決定心情之過程中扮演重要角色的三種神經傳導素。然而，目前所得的證據只是初步的，許多心情的神經生化基礎仍屬推測（Thayer, 1989）。

　　羅素和史諾葛拉斯（1987）將特定地點、物體和事件所帶來的極端心情稱為**情緒片段**（Emotion Episodes）。個人對激發情緒之情境的長期穩定反應傾向則稱為**情緒傾向**（Emotion Disposition）。最後，**情感評估**（Affective Appraisal）是將情感的性質（例如厭惡、愉快或煩悶）歸於某件事或某個地方。

　　換句話說，情感評估意指事物或環境轉變心情的能力。無論何時，心情都是在個人內心的；而情感評估則在於物理世界中的事物或地方。

　　對環境的反應可以用趨近或逃避來加以描述（Mshrabian, 1976b）。如果以置身於環境當中的實際狀況來說，則同樣的詞可用來描述我們是否探索環境或者自其間退縮，以及我們親近或遠離所遇見的人。我們對地方的感情評估指引著這種趨近／逃避的行為。這些評估有時候只是基於記憶、他人的權威或由片斷訊息所組成的估計。我們的情感評估會影響心情，因此而左右行為。例如，研究者知道，當我們離開環境之後，它仍然能影響心情；情緒也能影響記憶以及認知和創造性作業（Bower, 1981; Laird, Wagender, Halal, & Szegda, 1982; Snyder & White, Teasdale & Taylor, 1981）。吉佛德（Gifford, 1980）指出，情感評估和心情彼此之間會相互影響。他說明：處在先前被評估為愉快背景中的人，比置身在較不愉快之環境中的人更快樂。這一點證實了任何能影響心情的事情，也會影響對環境的反應。

## 情緒的三因理論

　　心情是主觀的經驗，因此必須藉由自我陳述的方法來測量。許多問卷都可用來測量心情。曾在研究中被廣泛使用的包括諾利斯（Nowlis, 1965）所發明的心情形容詞檢索表（Mood Adjective Checklist，簡稱MACL）、心情狀態剖面圖（Profile of Mood States，簡稱POMS）（McNair, Lorr, Droppleman, 1971），柯倫和卡泰爾（Curran & Cattell, 1976）的八種狀態問卷（Eight State Questionnaire，簡稱8SQ）以及多重情感形容詞檢索表（Multiple Affect Adjective Checklist，簡稱MAACL）（Zuckerman & Lubin, 1985）。許多情緒測量工具都使用奧斯古等人（Osgood, Suci, & Tannenbaum, 1957）所發明的**語意差別法**（Semantic Differential）。語意差別法是由成對的**雙極形容詞**（Bipolar Adjectives）所組成。例如，好——壞、愉快——不愉快，都是典型的雙極形容詞。每一

對形容詞固定了量尺的兩個端點。通常量尺的長度為5點至7點之間。受試者針對一個抽象的概念，例如水、教堂、獵人或者特定的東西或地方（你目前的心情、這間教室），在一連串雙極量尺上加以評分。受試者在每個量尺上標示其評分，由標示處到各形容詞的距離反映出個人對於所討論之事物的感受。量尺上的每一點都可轉換為分數，以進行量的分析。圖3-1是一個7點量尺的例子，可以用來評定你的教室。

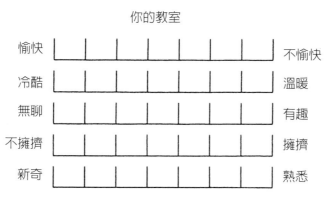

圖3-1　用以評估教室的語意差別量尺

　　心情通常可用語意差別法加以測量。環境心理學家莫拉比安和羅素（Mehrabian & Russell, 1974a; Russell & Mehrabian, 1974, 1977; Mehrabian, 1976b, 1980）曾經根據這種研究取向提出了情緒的三因理論（Three-Factor Theory of Emotion）。人們對環境的情緒反應有許多種不同的方式。根據他們的理論，在預測環境行為時，有三種向度似乎特別有效：愉快／生氣、激發／未激發以及支配／順從。莫拉比安和羅素（1974a）發展出一種測量情緒的語意差別法，包括18對雙極形容詞，可以由這三個向度來衡量情緒。

　　激發／未激發向度可以被想成是活動（興奮對平靜）以及警覺性（完全清醒對昏昏欲睡）的綜合。激發向度上的高分表示活動和警覺性兩者都

很高。當兩者之中一高一低時則此向度為中等分數；而當活動及警覺性兩者均低時，此向度亦為低分。支配／順從向度反映出個人認為自己在某一情境中是否有控制力、自由且無拘無束，而不會感到被他人限制、威脅和控制。愉快／生氣的向度相當直接：它反映出個人是否感到快樂和滿足，或是覺得不高興和不滿意。

這些向度彼此之間是互相獨立的。因此，即使其中兩個向度維持一定，第三個向度上的感受仍有可能變化。激發、愉快和支配的不同組合形成不同的情緒經驗。例如，不愉快、低度激發和高支配的感受可能導致煩悶；而不愉快、高度激發和低支配的感受卻反映出焦慮。這些向度可以用來描述情緒狀態，還有地點的情感評估。圖3-2是羅素和藍尼斯（Russell & Lanius, 1984）的研究結果。其中橫軸代表愉快的向度，縱軸則是激發狀態的向度。受試者以這兩個向度為準，分別評量各個描述地方的形容詞。

三因理論不只可用來預測人們對大環境的反應，也可以預測對於較特定之人事物的偏好（Amato & McInnes, 1983; Hines & Mehrabian, in Mehrabian, 1980）。有些探討兒童對電視遊樂器之偏好的研究顯示出，遊戲所帶來的激發、愉快和支配感愈強，則愈受到喜愛。不幸的是，大多數遊戲的激發和不愉快同時增加，因此導致攻擊、憤怒和敵意，使得遊戲之後的攻擊行為增加（Greenfield, 1984; Mehrabian & Wixen, 1986; Silvern, Williamson, & Countermine, 1983）。

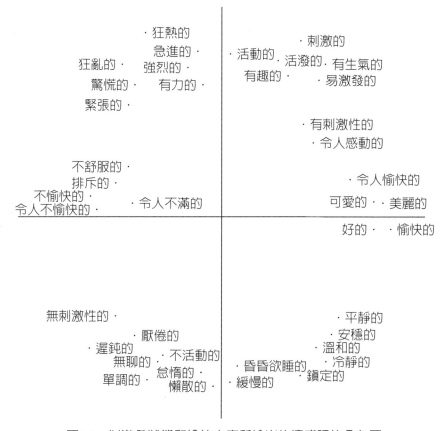

圖3-2　以激發狀態和愉快向度所繪出的情感評估分布圖

來源：Russell & Lanius, 1984

## 環境負荷的概念

　　任何環境都會引起感官刺激，無論是視覺、聽覺或觸覺。這些感覺訊息可能是強烈又有變化或是溫和而反覆的。潛在環境所產生的感官刺激使自主神經系統處於普遍的激發狀態；因此，個人的感受落在激發向度上的哪一點與其所接受的感覺訊息率有關。莫拉比安（1976b）指出，環境可以用它所傳達給個人的訊息率加以描述——這也就是他所謂的**環境負荷**

（Environmental Load）的概念。在此，「高負荷」的環境是指傳達許多環境訊息的環境，而「低負荷」的環境之訊息傳遞率則比較低，如果其他條件都相等，則高負荷環境較易激發，而且會引起在環境中之個人較高的活化水準。

根據莫拉比安的說法，環境中的訊息有三個特徵與環境負荷有關。強度意指感覺刺激的幅度。例如，85分貝的音樂比60分貝的音樂更強，因此前者的環境負荷較高。新奇性是由個人對訊息的熟悉程度所決定。任何較陌生或不同的事物都需要更多的注意力和「認知活動」。這種認知的喚起會導致較高的激發水準。如果你面對的是微積分而不是簡單的小學三年級算術問題，則激發水準也會較高。同理，當你正檢查從未見過的圖畫或照片時，比看著已見過千百次的圖片時，處於更高的激發水準。複雜度的影響方式也是相同的，在環境中包含的訊息種類愈多，則我們要了解它時就必須付出更大的認知努力。如果一間教室裡懸掛著幾幅圖畫，就比牆上空無一物時複雜；假如教室中有圖畫，而且又排滿桌椅，則會變得更加複雜；再加上視聽設備又會增加其複雜度。但有趣的是，複雜的環境會鼓勵探索活動並刺激注意力，所以在鄉村和城市中的健行者都極為喜好這一類的環境（Rapoport, 1990）。

強度、新奇性和複雜度之所以會增加環境負荷以及對刺激的注意，可能有著合理的演化原因。由演化的觀點來看，我們目前的系統對環境的適應是出於長時間天擇的結果。我們對外在刺激的心理反應是由於在演化史上適應不斷出現的刺激所形成的（Tooby & Cosmides, 1990）。如果有機體想要有長久生存的機會，則必須迅速地理解：環境中強烈或新奇的刺激究竟代表可能的威脅或可以利用的資源？這對於人類來說，一直都是正確的。由生存的觀點來看，衝刺中的掠奪者和急速通過的卡車並沒有什麼不同。同樣地，複雜的刺激使得好奇而有耐心地利用它的有機體得到很大的酬賞。因此，個體對強烈、新奇而複雜的刺激產生較強的活化反應，如此

便能夠生存得更久，也能更成功地繁殖。

# ❖潛在環境的特殊性質❖

大部分關於環境對人類之影響的普通常識，實際上都沒有基礎。例如，目前並無證據可以支持月圓導致瘋狂或不尋常行為的普遍想法（Campbell & Beets, 1978; Rotton & Kelly, 1985）。在這一節中將回顧潛在環境對人類之作用的實徵證據。

## 氣候與高度

居住和工作地點的氣候、高度和地形足以用來描繪你所穿的衣服，一直到你所遭遇的交通問題。你發展出來的技能和塑造生活的經驗大部分都決定於環境。畢竟，沒有多少曲棍球員來自佛羅里達州。儘管日常生活中的氣候、地形和高度如此地重要，我們對其效果實際上卻所知甚少。

佛瑞山可（Frisancho, 1979）曾在回顧有關人們如何適應高海拔之研究時，解釋了多種高度影響人們的方式。居住在氣壓較低、氧氣較稀薄的高地會產生許多短期效果。例如，心臟可能會擴大；紅血球的數目增加；血紅素濃度增加，原因是血漿體積減少；而且，網膜對光的敏感度會降低。住在高海拔地區的人通常會比較喜歡吃糖；他們的腎上腺活動會增加，甲狀腺活動則反而下降；男性體內製造的睪固酮和精子較少，女性在月經週期中會感覺比平時更不舒服。無論如何，在高地待上6個月之後，這些症狀都會減輕很多。當然，高海拔也會帶來長期效果，高地出生的居民之肺活量和胸部大小都大於平地居民，而且血壓的變化情形也不相同。他們出生時的重量較輕，生長和性成熟的速率都較慢。此外，心臟的某些部分也可能會擴大（Frisancho, 1979）。

氣候和海拔一樣重要。的確，有些人認為氣候是塑造文化價值和「性格」的唯一重要因素（Tetsuro, 1961）。學者常提出，涼爽或溫和的氣候是技術和文明發展的必要條件，因為人類的生存必須克服氣候的問題（Huntington, 1915, 1945; Markham, 1947）。然而，並沒有任何嚴格的證據可以支持這種極端的立場，只不過氣候確實對人類行為有預測效果。梭摩和穆斯（Sommer & Moos, 1976）曾指出，長年受制於乾燥熱風的居民將憂鬱、疼痛、易怒，甚至交通意外都歸咎於風的影響。瑞士和以色列的研究暗示，這種關聯事實上可能是真的（Moos, 1964; Rim, 1975）。同樣地，氣壓的變化也和自殺率（Digon & Block, 1966; Sanborn, Casey, & Niswander, 1970）以及學校中的破壞行為有關（Auliciens, 1972; Russell & Bernal, 1977）。

有些證據顯示，即使大氣中的電荷也會影響人的行為和感受。空氣中的離子數目決定大氣中的電荷。帶有正電荷或負電荷的離子是由於空氣分子受到光、風和其他大氣中的事件所影響而形成的。長久以來，心理學家一直相信空氣中的電可能與人類社會行為之改變有關；檔案資料也證實，當大氣中的電荷數目較多時，自殺、意外和犯罪都變得較為頻繁（Muecher & Ungeheuer, 1961; Sulman et al., 1974; Baron & Byrne, 1987）。

最近，心理學家拜朗（Robert A. Baron）的研究已經率先使用能產生大氣中電荷的儀器，在實驗室中研究離子化對行為的效果。這些研究發現，高濃度的正離子會影響心情和激發水準（Charry & Hawkinshire, 1981）。負離子影響之行為範圍較廣，可能因為它會增強激發狀態，因此能促進任何當時最強勢的行為或感受（Baron, 1987b）。事實上，增加負離子濃度可以增強任何正在發生的事，無論是愉快或不愉快的。因此，拜朗等人已發現：負離子可強化心情狀態（Baron, Russell, & Arms, 1985）和影響記憶（Baron, 1987a）以及增強已有攻擊傾向者之攻擊行為（Baron, Russell, & Arms, 1985）。拜朗（1987b）在最近的一個研究中，要求大學

女生與另一位喜歡或不喜歡的人進行互動。他發現這些感受在負離子濃度較高的情況下更爲增強。

## 溫度

　　極熱或極冷會改變激發水準而造成不舒服；溫度下降會降低手的靈巧度和觸覺敏銳度，並延長反應時間。高溫與低溫都會干擾許多作業的表現，例如打字或開車（Bell, 1981, 1982; Bell & Greene, 1982; Buck & McAlpine, 1981; Fox, 1967; Provins, 1958; Wyon, 1974）也就不足爲奇了。溫度和作業表現之間的關係相當複雜，其細節仍舊不明朗。這種複雜性部分是出於其他因素的影響，像是溼度、空氣運動、適應水準和作業類型。

　　極端的溫度會影響健康（Bell & Greene, 1982; Folk, 1974）、攻擊和人際吸引等社會行爲（Baron, 1978; Bell & Baron, 1977; Cunningham, 1979）。大多數研究所關心的是**潛在溫度**（Ambient Temperature），意指當時周遭環境中的溫度。**有效溫度**（Effective Temperature）則是指個人對潛在溫度的知覺，它會受到空氣中的溼度所影響。一般而言，溼度高使人們覺得溫度比實際上更熱。溼度與活力和其他正向心情之間有負相關（Howarth & Hoffman, 1984; Sanders & Brizzolara, 1982）。來自空調、交通工具引擎和工業來源的熱，使得城市裡的溫度比四周的鄉鎮高出華氏10到20度（Fisher, Bell, & Baum, 1984），而且健康和社會問題也被歸咎於城市中的高溫，所以大多數田野研究都將注意力集中在高溫對城市居民的影響。北美洲城市中的熱浪對應於死亡率的增加（Buechley, Van Bruggen, & Truppi, 1972; Oechali & Buechley, 1970）（Schuman, 1972），而高溫壓力的持續效果由精疲力竭、頭痛、易怒、昏昏欲睡到精神錯亂、心臟病和昏睡。羅頓、夏茲和史丹德斯（Rorron, Shats, & Standers, 1990）發現行人在較熱或較冷的溫度下都比平時走路更快。

　　許多種社會行為都受到溫度的影響。安德森（Anderson, 1987）利用
美國各地的檔案資料來蒐集謀殺、強暴、搶劫、偷竊和偷車等犯罪的發生
率。他證實暴力犯罪隨著溫度的上升而增加，但非暴力犯罪則否。在實驗
室中接觸到極溫暖之狀況的受試者較不會幫助他人，即使實驗結束後亦然
（Page, 1978）；田野研究也指出，冬夏兩季的極端溫度使人們較不願意
幫助他人（Cunningham, 1979）。此外，高溫使人的吸引力降低，尤其當
熱伴隨著擁擠時（Griffit, 1970；Griffit & Veitch, 1971）。

　　熱和攻擊之間的關係可能是最複雜的。在1960年代，夏天時發生在美
國城市中的群眾騷擾和暴動事件帶來了「漫長而狂熱之夏季」的印象。這
種印象反映出：一般人相信，炎熱的天氣使人做出攻擊行為，暴力活動的
多寡取決於溫度。許多實驗室研究想要指明溫度和攻擊行為之間的關係，
以驗證上述的信念。這類研究多半都將受試者置於人工的環境中，使他們
做出攻擊他人的行為。通常研究者使用**假電擊**（Sham-Shock）的程序，
使受試者以為他們正在對另一個人施以電擊（Buss, 1961）。電擊之數目
和強度是依變項，溫度、憤怒的程度和其他因素則是研究者所操弄的獨
變項。拜朗和博恩（Baron & Byrne, 1987）在回顧文獻後所下的結論是，
「倒U形」關係得到強烈的支持；亦即在溫度上升到某一點之前，攻擊
性會隨之增加，之後溫度若繼續升高則攻擊性反而會下降（Baron & Bell,
1975, 1976; Bell & Baron, 1976, 1981; Palamarek & Rule, 1979）。

　　然而，這些實驗室研究的結論與最近的田野調查結果不符：後者
支持線形關係，亦即溫度的上升總是伴隨著暴力行為（謀殺、強暴、襲
擊）的增加（Anderson, 1987, 1989; Anderson & Anderson, 1984; De-Fronzo,
1984; Cotton, 1986; Kenrick & MacFarlane, 1986; Harris & Stadler, 1988）。
世界上較熱的地區和較熱的年分、季節、月分和日期也都與攻擊行為有關
（Anderson, 1989）。有一研究甚至指出，棒球投手在炎熱的天氣中投球
也較具攻擊性（Reifman, Larrick, & Fein, 1991）。貝爾和法斯科（Bell &

Fusco, 1989）仍相信曲線模型是正確的。由於在田野研究中未能控制觀察時刻等重要因素，因此模糊了溫度——攻擊性的關係。在這一點上，唯一可下的結論是：熱和攻擊性之間必然有關係。但現在描述關係的性質還為時過早。

　　上述討論只集中在高溫的效果，因為關於低溫的研究較少，而且多半與作業表現有關。雖然有些研究指出，低溫也會增加攻擊性（Bell & Baron, 1977），但沒有多少研究可以導出低溫對社會行為之影響的結論。

# 光

　　在歷史上，人們一直相信陽光有助於減輕昏睡和憂鬱感。事實上，最近的研究已經證實陽光和明亮的人工照明的確對憂鬱症患者有抗憂鬱作用（Kripke, Gillin, Mullaney, Risch, & Janowsky, 1987; Kripke, Risch, & Janowsy, 1983; Rosenthal & Blehar, 1989; Wehr, 1989）。定期曝曬似乎對患有**季節性情感失常**（Seasonal Affective Disorder，簡稱SAD），也就是在秋冬兩季日照時間減少時感到憂鬱的人特別重要。羅森索等人（Rosenthal et al., 1984）稱患有SAD的人為「光飢渴」。光飢渴的人在冬季通常會增加體重、嗜睡、社交退縮，而且表現出較低的活動水準，但他們偶爾在夏季也會感到憂鬱（Rosenthal et al., 1984; Wehr, et al., 1989）。當然，光飢渴的人比未罹患SAD的人更偏好照明良好的房間（Heerwagen, 1990）。光治療（Phototherapy，在冬季以明亮的光線加以治療）似乎是SAD的**有效治療法**（Heerwagen, 1990; Hellekson, Kline, & Rosenthal, 1986; James, Wehr, Sack, Parry, & Rosenthal, 1985; Rosenthal et al., 1985; Rosenthal, Sack, Skwerer, Jacobson, & Wehr, 1989; Kasper et al., 1989）。照明的亮度和曝曬的持續時間是最重要的因素。神經傳導素Serotonin也被證實可以有效地治療SAD（Jacobson, Murphy, & Rosenthal, 1989）。

　　個人所偏好的照明水準也依情境而定。當你在使用縫紉機的時候就比浪漫的約會需要更多的光。已有研究證實情況的確如此（Biner, Butler, Fischer, & Westergren, 1989; Butler & Biner, 1987）。一般而言，人們對自然光線的偏好遠超過人工光線；有證據顯示，全光譜的燈泡散放出較接近自然陽光的光線，所以可促進小學生在學校的表現，而冷白的日光燈則會增加兒童的活動水準（Colman, Frankel, Ritvo, & Freeman, 1976; Mayron, Ott, Nations, & Mayron, 1974; Munson & Ferguson, reported in Gifford, 1987; Painter, 1976-1977）。然而有些研究者卻懷疑這種效果，他們相信在全光譜燈泡和日光燈照明之下的作業差異太小，所以沒有應用的意義（Boray, Gifford, & Rosenthal, 1989）。最近，維區、吉佛德和海恩（Veitch, Gifford, & Hine, 1991）試圖解決此一爭議。他們操弄受試者對全光譜照明的想法：他們告訴其中一組受試者，它會增進表現和減輕疲勞；另一組則被告知，沒有證據可支持光線影響的說法；最後一組則只獲得關於全光譜照明的中性訊息。其結果顯示，受試者在實驗期間自我陳述的激發狀態變化和閱讀作業表現的改善，可能是出於必要特徵（請見第一章）而非全光譜照明的任何效果。

　　較明亮的光線會提高個人的激發水準（Mehrabian, 1976b）。假設我們在演化史上是一種白晝時較活躍的生物，則活動水準隨著增加生存機會之刺激而上升是合理的。研究者也發現，像猴子等日間活動的動物確實會因光線而造成激發狀態升高，但是貓和老鼠等非日間活動的動物反而因光線的增強而降低活動水準（Alexander & lssac, 1965; lssac & DeVito, 1958; lssac & Kendall, 1967; lssac & Reed, 1961）。

　　即使明亮的房間較容易使人興奮，但黑暗卻會放鬆社會抑制。人們在黑暗的掩飾之下較容易進行親密、攻擊或衝動的行為（Gergen, Gergen, & Baron, 1973; Zimbardo, 1969）。在下面的專欄中將舉例說明黑暗中所產生的消除抑制作用。

---

黑暗中的偏差行為

　　格爾根、格爾根和巴頓（Gergen, Gergen, & Barton, 1972）進行了一項有趣的研究，以證實黑暗如何使社會行為失去抑制。受試者（大多數是大學生）志願參加環境心理學實驗。每個人都被分別帶到一間完全黑暗的小房間中。他們被除去鞋子、掏空皮夾，然後和其他受試者一起被留在黑暗的房間中。每一組都有四位男性和四位女性。他們被告知：他們不會留在這房間中超過一小時以上，而且他們會各自被送到其他房間中，所以不會再和其他參加者碰面。控制組的小房間完全相同，只有一個重要的差異：此時燈光是明亮的。問題在於：在完全黑暗的房間，而且和不會再遇見的人同處一室的受試者是否覺得可以更自在地「卸下防衛」，而且較不會受到陌生人之互動規則所阻礙？

---

　　工作環境中的照明水準會直接地影響作業表現，例如改善或妨礙工作者的能力；或者其影響是間接的，亦即創造不舒服或令人分心的狀況（Boyce, 1975）。較亮的光線能增進視覺敏銳度和舒適性，使得工作者易於表現，除非他直視著光線而感到目眩（Bennett, 1977; Biyce, 1975; McCormick & Sanders, 1982）。工作者的年齡也是設定工作照明量的重要考慮。由於眼睛水晶體的彈性隨年齡而遞減，所以年長者在辦公室工作（Hughes & McNeils, 1978）、夜間駕車（Sivak, Olson, & Pastalan, 1981）以及由背景中分辨物體時（Blackwell & Blackwell, 1971）時需要更多光線。

## 顏色

　　關於鮮明的顏色如何影響個人的感受和表現，已有許多一般大眾和專家的推測（Birren, 1965）。不幸的是，這些推測多半未能得到實徵研究的支持。不過心理學家還是對於人們對色彩的反應多少有些了解。

顏色有三種向度：明度、色調和飽和度。**明度**（Brightness）意指來自有色刺激之光線強度。**色調**（Hue）意指顏色的種類，是由刺激之反射光的波長所決定的。**飽和度**（Saturation）意指顏色中所包含白光的量；白色光愈少，則顏色愈趨於飽和。莫拉比安和羅素（1974a）在文獻回顧中提到：一般而言，明度及飽和度都和愉快有正相關。大多數研究發現，人們偏好較淺、較飽和以及在光譜中偏向寒冷的顏色（綠、藍）（Bennett, 1977; Child & Iwao, 1969; Mehrabian & Russell, 1974a）。我們對顏色的反應受到顏色出現時的情境脈絡所影響。例如，馬藍多、巴克爾和巴克爾（Malandro, Barker, & Barker, 1989）提出有關女性對洗衣粉中有色顆粒的顏色反應：

有一家清潔劑製造商在洗衣粉中加入紅色顆粒，結果家庭主婦抱怨洗潔劑太粗糙。他將顆粒改為黃色，結果女性顧客說它的感覺較平滑，但衣服似乎洗不乾淨。最後，他將顆粒改為藍色，她們說這就對了。其實，除了顆粒的顏色之外，什麼事都沒有改變。

雖然房間顏色的變化可能影響血壓和呼吸速率等生理反應（Acking 65 & Kuller, 1972），但它會改變室溫知覺的普遍想法卻似乎未得到支持（Green & Bell, 1980）。

人們常會將不同的心情歸於顏色。在魏斯納（Wexner, 1954）的研究中，受試者大多同意顏色和心情具有下列的關聯：

藍色—安全、舒適、溫和、鎮定、平靜、冷靜

紅色—刺激、保護、反抗

橙色—煩惱、沮喪

黑色—消沉、有力

紫色—高貴

黃色—快活

　　這些情感的聯結隱含著人們知覺環境的方式。顏色較淺的房間看來較大也較寬敞，但是深色的房間令人感到較貴重（Acking & Kuller, 1972; Baum & Davis, 1976）。斯里瓦塔瓦和皮爾（Srivastava & Peel, 1968）在藝術陳列館的地毯下藏有一套開關系統，以記錄參觀者的移動。他們比較牆壁和地毯為淺灰褐色和巧克力色時的情形。結果他們發現，當展覽館是深褐色時，人們徘徊的時間較長。

　　或許迄今最一致的結果是測量受激發水準變化所影響的行為。顏色之激發能力各不相同，紅色是特別顯得高度激發的顏色。在實驗中，紅色一致地比較冷的綠色和藍色引發更高的激發狀態（Gerard, 1958; Mehrabian & Russell, 1974a; Wilson, 1966）。納科先（Nakshian, 1964）指出，參與追蹤作業的受試者坐在紅色牆壁前，比面對灰色牆壁時出現更多顫抖和快速移動；灰色比綠色引發更快的追蹤。與上述發現一致的是，西登（Seaton, 1968）發現人們在漆成暖色（紅色或橙色）的走廊上走路較快；在普羅富斯克和瑞尼（Profusek & Rainey, 1987）的研究中，粉紅色的房間比紅色的房間更能降低焦慮。

　　由這些研究成果中所產生的假說是，個人在進行測驗時所看到的顏色能夠影響身體的力量。蕭斯（Schauss, 1979）相信，粉紅色能導致放鬆，因此可用來減少攻擊。沛勒格林尼等人（Pellegrini & Schauss, 1980; Pellegrini, Schauss, & Birk, 1980）發現，受試者注視藍色卡紙時，比看著紅色卡紙時能使手腳伸展更大的力量。然而，這些研究中存在著幾個問題。當作刺激的顏色（粉紅和藍色）有很強的性別聯結，所以也同時反映出受試者的偏好和愉快感受的差異（Child, Hansen, & Hornbeck, 1968）。歐康尼爾、哈波和麥安德魯（O'Connell, Harper, & McAndrew, 1985）控制

這些因素之後，檢驗40位男大學生接觸紅、綠視覺刺激時的握力。他們的結果顯示出，這些學生在接觸紅色刺激時，的確有較強的握力。

格登斯坦（Golddstein, 1942）曾在1942年進行了一項有趣的研究。在實驗中，受試者坐在有色燈光下估計時間間距的長度以及判斷重物的重量。在紅色燈光下，受試者一致地高估時間和重量。綠色和藍色燈光的效果相反，它們使得受試者低估時間和重量。此研究顯示出，顏色可以影響心智作業和身體作業。

# 噪音

聲音的產生是由於物體振動導致空氣分子波動，因而使得氣壓有所變化，聲波可由其頻率和振幅加以描述；這些特徵決定我們所聽到的聲音之音調和強度。強度是聲音的物理特徵，對應於響度的心理經驗，其單位是對數數尺的分貝（Decibels，簡稱dB）。每增加3分貝就表示聲音強度增為兩倍。分貝量尺的底端（0分貝）代表聽覺未受損者在絕對安靜的環境中所能聽到的最微弱聲音。在量尺的另一端，125到140分貝代表聲音過強而產生痛覺的那一點。分貝水準對應於日常生活中聲音的例子列於圖3-3。

雖然聲音是物理實體，但**噪音**（Noise）卻是心理概念。它的定義是不想要的聲音，因此你可能會說：「任何聲音都可能是噪音。」大聲、高頻率、不可預測和間歇的聲音最容易被認為是噪音，尤其當它們干擾了進行中的活動時。有些因素本身並不是噪音，但會使得不同的人因而判定它是否令人困擾，例如聲音是否被認為是不正常或不可避免的（Levy-Leboyer & Natural, 1991）。吵鬧且不可預測的噪音像其他潛在刺激一樣具有激發效果。噪音的敏感度則是因人而異的（Cohen & Weinstein, 1982; Glass & Singer, 1972; Topf, 1989; Weinstein, 1978）。

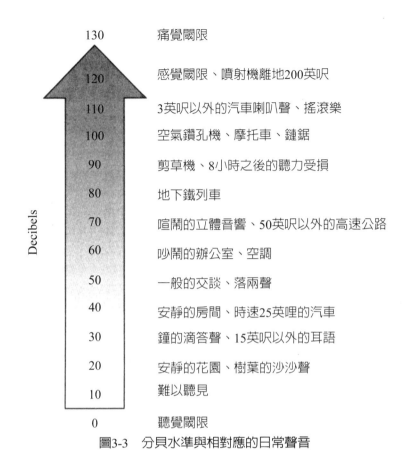

圖3-3　分貝水準與相對應的日常聲音

長期暴露於家庭或工作場所中的噪音與聽力受損（Alexander, 1968; Lebo & Oilphant, 1968）以及許多健康問題有關，尤其是高血壓和中風（Cameron, Robertson, & Zaks, 1972; Cohen, Evans, Krantz, Stokols, & Kelly, 1981; Cohen & Weinstein, 1980; Colligan & Murphy, 1982; Dellinger, 1979; Peterson, Augenstein, Tanis, & Augenstein, 1981）。有些研究者甚至假設高度噪音與精神病院的入院率有關（Napp, 1977）。

噪音和學習、作業表現之間的關係很複雜，研究者對於噪音為何有所影響也意見不一（Broadbent 1978; Poulton, 1977, 1978, 1979），許多解

釋集中於噪音令人激發和分心的特質，但其他研究者相信：個人在情境中的控制感也一樣重要（Glass & Singer, 1972；Sherrod, Hage, Halpem, & Moore, 1977）。所有的解釋都同意：間歇、不可預測的噪音是最令人感到厭惡和受干擾的。葛拉斯、辛格和弗瑞曼（Glass, Singer, & Friedman, 1969）指出，這種噪音對作業表現的影響甚至可以延續到個人不再接觸噪音之後。

噪音對學習的影響多少受到個人的性別、年齡和學業能力而定（Christie & Glickman, 1980; Zentall, 1983）。同樣地，作業的性質也決定它受噪音影響的方式。新奇、不尋常或具有「心理意義」的噪音幾乎會干擾所有的作業（Cohen & Weinstein, 1982; Kryter, 1976, 1980），但是有些作業特別容易因噪音而中斷。需要集中注意力、記誦、同時注意多件事情或保持警覺的作業最容易被影響。另一方面，視覺判斷作業、搜尋作業和需要力氣和靈巧度的重複手工作業，相對上來說較不受噪音影響（Broadbent, 1958; Cohen & Weinstein, 1982; Glass & Singer, 1972; Kryter, 1970; Poulton, 1970; Smith, 1991; Theologus, Wheaton, & Fleishman, 1974）。在某些狀況下，噪音可能會改善表現，尤其是當它能幫助個人集中注意或保持清醒的時候（Corcoran, 1962; Poulton, 1976; Warner, 1969）。伊凡斯和柯亨（Evans & Cohen, 1987）推測，雖然噪音會降低整體的記憶力，但它也會加速工作記憶中的訊息處理，並且促進某些作業的表現。

許多有關噪音對表現之影響的研究都是實驗室研究，但在日常環境中的田野研究也和許多實驗室的數據一致。著名的噪音影響之田野研究是由柯亨等人（Cohen, Evans, Krantz, & Stokols, 1980; Cohen et al., 1981, 1986）所進行的洛杉磯噪音計畫。這些研究是以住在洛杉磯國際機場之航道附近的小學生為對象。所有兒童日夜都暴露在非常嘈雜的飛機噪音之下。在研究中發現，這些兒童比種族和社會地位相近、但不住在機場附近的兒童更容易罹患高血壓；他們的數學成績較低，問題解決能力較差也較不持久。

其他研究也證實，如果兒童的住家或學校靠近吵鬧的高架鐵路或交通繁忙的街道，則亦有類似的情形（Bronzaft, 1981; Bronzaft & McCarthy, 1975; Cohen, Glass, & Singer, 1973; Crook & Langdon, 1974）。所有研究都肯定，學校噪音和學業成就之間存在著負向關係，當教室位於大樓中較吵的一側時，則兒童的表現會比較差。往樂觀的一面來看，當這些兒童由吵鬧的教室移到較安靜的教室之後，其表現便逐漸有所改善。雖然過去關於工作場所噪音的研究很少能達到良好的控制，但已有研究指出：工業環境中的噪音水準降低能使生產量增加（Broadbent & Little, 1960; Hockey & Hamilton, 1970）。

噪音也會影響社會行為。艾坡亞和林特爾（Appleyard & Lintell, 1972）發現，住在吵鬧地區的人很少與鄰居來往。其他研究則顯示，在吵鬧的環境中我們較不願意幫助陌生人（Mathews & Canon, 1975; Page, 1977）。最後，許多實驗將噪音與實驗室中的攻擊性連在一起。

## ❖個體對潛在環境的反應：<br>刺激過濾和感覺追求❖

從前面的討論中可以清楚地看出，潛在環境的激發情緒性質是人類行為的重要決定因素。然而，並非所有的人對環境的反應都相同。有些人似乎不斷地追求刺激，在生活中填滿了喧鬧的宴會和活動，另外有一些人則比較喜歡安靜地過日子，在週末夜晚觀看費城的幻燈片已經是他們所能做的最大冒險行為。毫無疑問地，你必然有些朋友可以在一間擠滿了人的房間中，一邊聽著音樂一邊讀書；另外一些朋友在工作時卻要獨自待在安靜的地方。你憑直覺就可以了解，個人的情緒傾向各有不同，而這一點會影響他們對環境的反應。

環境心理學家已嘗試使用明尼蘇達多相性格量表（MMPI）

（Hathaway & McKinley, 1951）和加州性格量表（CPI）（Gough, 1975）等一般性格量表來預測與環境有關的行為，例如對環境的關心程度和方向感（Borden & Francis, 1978; Bryant, 1982）；然而，這些量表主要是為了臨床用途而發展的，因此對環境心理學家來說用處有限。目前，許多性格測量工具可以用來更直接地衡鑑環境心理學家所感興趣的特質（Sonnenfeld, 1969; McKechnie, 1974; Kaplan, 1977; Bunting & Cousins, 1983）。其中大部分是關於人們與環境互動之多種不同傾向的「綜合」指標。有一種量表稱為**環境反應量表**（Environmental Response Inventory，簡稱ERI），由麥凱尼（McKechnie, 1974）所發展。ERI經過長時期的精心編製，包含多種不同的份量表。如果你想要更進一步地了解這個量表，請參閱「試試看：環境反應量表」的專欄。

---

**試試看：環境反應量表**

　　麥凱尼（1974）的環境反應量表是首次以多向度的性格量來描述，個人之性格傾向如何影響他們處理環境的方式。環境反應量表的發展，經過數年的時間，直到麥凱尼最終完成包含184道題目的問卷，用以衡鑑個人在9個向度上的落點。個人與物理環境的互動方式，由這9個向度所組成的反應模式所共同決定。如你所知，這9個向度有許多種可能的組合方式。邦廷和考森（Bunting & Cousins, 1983）已發展出兒童適用的版本，稱為兒童環境反應量表（Children's Environmental Response Inventory，簡稱CERT）。下面是環境反應量表中的9個向度，你可以嘗試找出自己的環境取向。

對古物的愛好　測量個人對具有歷史性的地方和事物，以及具有懷舊感之所在地的欣賞和興趣。

群居性　測量個人接觸他人的需要，以及與朋友和鄰居進行社交往來的程度

環境適應　測量個人願意為了人類福祉而改變物理環境之程度，以及對科技進步給予正面評價的程度。

---

---

環境信任　測量個人在利用新環境時覺得舒適的程度，以及在缺乏人類影響
　　　　　的環境中覺得自在和安全的程度。
機械取向　測量個人了解機械運轉之興趣和喜歡手工工作的程度。
隱私需求　測量個人喜歡隔離和獨處的程度。
田園主義　測量個人希望保存自然和發展自然環境的程度。
刺激追求　與本章中討論的感覺追求非常相似，刺激追求反映出個人探索環
　　　　　境和享受強烈物理刺激的傾向。
都市生活　測量個人喜歡城市和高密度生活的程度。

---

　　吉佛德（1980）使用ERI以預測人們如何評量建築物的內部。ERI
的分數可以區分在都會區或是在郊區和鄉村執業的驗光師（Kegel-Flom,
1976）。ERI也成功地辨認出保守的政黨成員、政府官員和狂熱運動者之
自然環境取向的差異（McKechnie, 1977）。

　　許多性格量表只用來測量單一特質或傾向。注重對潛在環境之反應
的環境心理學家最關心如何預測個人對環境刺激之反應。這些特質的核心
是所謂的**定向反應**（Orienting Response，簡稱OR）。想像晚上你單獨待
在一間大房子裡。當你聽見房子裡有隱約的神祕聲音時會怎麼做？十之
八九，你的肌肉會變得緊張，並把頭轉向聲音的方向，仔細地看和聽，就
像你要在黑暗中探索訊息一樣；你的心跳加快，而且你竭力想控制呼吸。
此時你所表現的正是定向反應。定向反應是所有有機體集中注意力去感覺
環境中新奇刺激的方法。在定向反應中，感覺閾限降低，腦部活動增加，
心跳和呼吸率改變，流向四肢的血流也改變了，就像個體準備對新刺激作
出適當的反應（Weiss & Baum, 1989）。定向反應會因為刺激重複出現而
習慣化（強度減弱），趨使個體探查或趨向刺激。定向反應與驚嚇反應不
同，後者發生在突然出現強烈刺激時，而且會導致僵立或逃跑的行為。

　　定向反應可以用最初的反應強度和習慣化的速度來測量。定向反應的

強度因人而異。馬茲曼和賴斯金（Maltzman & Raskin, 1965）認為，定向反應的個別差異相當穩定（亦即在不同情境中都一致）。若果真如此，則對於環境刺激之反應差異強烈地暗示了人們所偏好的環境種類以及對環境負荷的處理方式。

定向反應起於新奇、不可預測的刺激。個人之定向反應強度反映出他是否易於被環境刺激所激發。我們可以明顯地看出，環境刺激的重要性各不相同。個人想要在環境中有效地發揮功能，則必須將感覺輸入依其重要性排序，注意最有關係的刺激而排除較不相關的。莫拉比安（1977a, 1977b）發展出一種性格量表，**測量刺激過濾**（Stimuli Screening）或「可激發性」，亦即個人是否能有效地過濾無關的環境刺激。莫拉比安稱其能有效地過濾環境中不重要訊息的人為過濾者（Screeners）。過濾者較不容易被激發，他們在充滿騷動和噪音的環境中照樣能工作。可以在擁擠、充滿音樂的房間中讀書的人可能就是過濾者。另一方面，**非過濾者**（Nonscreeners）較不能排除不必要的刺激。他們的神經系統容易接受過多的感覺訊息，也比過濾者更容易被激發，而且感受到更大的環境負荷。非過濾者的定向反應較強且持續較久，只要環境中的訊息量增加就會使他們的激發水準上升。前例中需要安靜、獨立之讀書環境的人可能就是非過濾者。莫拉比安（1976b）描述，在許多情境中，刺激過濾都是預測人們之問題和偏好的絕佳指標。他相信，非過濾者比過濾者更容易受到愉快、激發情境之吸引，而且較可能避免不愉快、高度激發的情境。到目前為止，此一預測所獲得的支持不一（Hines & Mehrabian, 1979; Mehrabian, 1978, 1980; McAndrew & Clark, 1983; McAndrew & Thornton, 1987）。

除了易於被激發的程度之外，人們所希望維持的激發水準也各不相同。有些人偏好較高的活化水準，因此尋求能產生這種條件的環境；另外有些人則需要較低的活化水準。目前已有數種測量活化水準偏好的工具。這種特質通常被稱為刺激追求（McKechnie, 1974）、感覺追求

（Zuckerman, Kolin, Price, & Zoob, 1964; Zuckerman, 1971, 1974, 1979）或激發狀態追求（Mehrabian, 1973）。這些量表都在測量相同的特質，只是方法稍有不同。在此，這幾個詞將會交替著使用；在討論特質時通常稱為感覺追求，因為札克曼（Zuckerman）的量表是最著名，在應用上也最廣泛的。

　　**感覺追求**（Sensation Seeking）是一種包含多種成分的複雜特質。例如，札克曼的感覺追求量表包括四個份量表。這些份量表分別評量個人的身體冒險活動、對於新的感覺和心理經驗的追求、不受限制地追求快樂和易於感到無聊的程度。這些份量表彼此之間有正相關，所以在某一向度上得到高分，很可能在另一向度上也是如此。

　　感覺追求和激發狀態追求量表之信度和效度都已經建立，而且已將此特質與一連串行為相連。高感覺追求者有較強的定向反應（Neary & Zuckerman, 1976; Zuckerman, Eysenck, & Eysenck, 1978），而且認為高度激發狀態較令人愉快（Ridgeway, Hare, Waters, & Russell, 1984; Zuckerman, 1980）。高感覺追求者較可能吸菸和嘗試嗑藥，而且較容易受到愉快環境所吸引（Mehrabian, 1978, 1980; Newcomb & McGee, 1991; Segal & Singer, 1976; Zuckerman, Neary, & Brustman, 1970; Zuckerman, Bone, Neary, Mangelsdorff, & Brustman, 1972）。低感覺追求者較可能罹患恐懼症（Mellstrom, Cicala, & Zuckerman, 1976），高感覺追求者經常從事冒險、有變化或具有感官和社會刺激性的行為。他們較可能參與滑翔翼飛行和攀岩（Hymbaugh & Garrett, 1974; Levenson, 1990）、騎摩托車以及違反交通規則（Brown, Ruder, Ruder, & Young, 1974）。高感覺追求者也可能志願參加不尋常的實驗或面對團體（Stanton, 1976; Zuckerman, Schultz, & Hopkins, 1967），以及表示願意服用會產生奇怪副作用或幻覺的藥物（Carroll, Zuckerman, & Vogel, 1982; Neary, 1975）。

　　感覺追求也會影響社會行為。高感覺追求者較能與陌生人保持眼神

接觸（McAndrew & Warner, 1986），而且也比低感覺追求者更容易受不相似的人所吸引（Mehrabian, 1975; Williams, Ryckman, Gold, & Lenny, 1982）。他們有較多的性伴侶和性經驗，而且對於看色情影片也較感興趣（Brown, Ruder, Ruder, & Young, 1974; Zuckerman et al., 1972; Zuckerman, Neary, & Brustman, 1970; Zuckerman, Tushup, & Fimmer, 1976）。賈可布斯和柯沛爾（Jacobs & Koeppel, 1974）以及札克曼（1979）都提到，高感覺追求者較可能變換場所，而且懷有逛色情場所的念頭，儘管這樣做可能會冒險。布科維茲（Berkowitz, 1967）甚至發現，高感覺追求者偏好紅色和橙色等暖色。瑞尤（Raju, 1980）也發現這種特質與下列的消費行為有關，例如改變品牌和蒐集更多新產品的訊息。

圖3-4　高感覺追求者以增加激發水準的方式與環境互動

　　當然，感覺追求也和個人的職業選擇有關。高感覺追求者比低感覺尋求者更可能選擇冒險性的職業，例如消防隊員、警察、賽車選手、潛水夫等（Bacon, in Zuckerman, 1979; Kusyszyn, Steinberg, & Elliot, in Zuckerman, 1979）。感覺追求量表的分數與職業偏好測驗中的科學和社會專業工作（例如心理學家、內科醫生、社工人員和牧師）的職業興趣分數有正相關；它們也和音樂家的興趣呈正相關。感覺追求和商業或文書工作（如

簿記、會計）之職業興趣呈負相關；對女性而言，想成爲家庭主婦、小學老師或營養師的興趣通常與低感覺尋求分數有關（Kish & Donnenwerth, 1969, 1972; Kish & Leahy, 1970）。強暴事故諮商員在感覺追求測驗中通常得到高分（Best & Kilpatrick, 1977）。有趣的是，感覺追求的程度在人們年老時會降低（Brownfield, 1966; Coursey, Buchsbaum, & Frankel, 1975; Zuckerman, Eysenck, & Eysenck, 1978）。

札克曼（1979）指出，中等的感覺追求顯然對於欲獲得和維持訊息的有機體來說有適應的價值。因爲它能增加有機體發現新的食物來源和其他資源的機會。許多種動物的感覺追求傾向和行爲都有個別差異。這種傾向似乎有基因的基礎（Hall, Rappaport, Hopkins, Griffin, & Silverman, 1970; Lukas & Siegal, 1977; McLearn, 1959; Redmond & Murphy, 1975）。

愈來愈多的證據顯示出，人類的感覺追求也有生物和基因的成分（Fulker, Eysenck, & Zuckerman, 1980; Zuckerman, 1979, 1983, 1990; Zuckerman, Buchsbaum, & Murphy, 1980）。與之類似的性格特質——內／外向已建立起基因的基礎（Eysenck, 1967），而且高、低感覺追求者之間有一致的生理差異。血液中高濃度的性荷爾蒙和男、女性的高感覺追求傾向都有關（Daitzman, Zuckerman, Sammelwitz, & Ganjam, 1978）。

MAO（Monoamine Oxidase）是在人類和動物腦中所發現的一種酵素。每個人腦中MAO的濃度都是穩定的。抑制MAO產生的藥物可以大幅度地增加嚙齒類動物的活動（Murphy, 1977a, 1977b），並且在人類身上產生陶醉感、攻擊和幻覺。人類的低MAO濃度與不休息、無法抑制的行爲有關，而且很有可能導致犯罪、藥物濫用和精神疾病（Ellis, 1991）。當然，高MAO濃度與感覺追求呈負相關（Ellis, 1991; Schooler, Zahn, Murphy, & Buchsbaum, 1978）。而且高感覺追求分數與青少年和成年初期的違法和犯罪行爲有關（Newcomb & McGee, 1991）。雖然沒有確實的證據，但札克曼（1979, 1983）仍相信：感覺尋求的特質，至少與腦中邊緣系統之

酬賞部位的神經傳導素正腎上腺素和多巴胺有部分關聯。

　　雖然感覺追求似乎有生理基礎，但學習會影響它所表現的程度。有些研究指出，某些感覺剝奪增強了動物（Butler & Alexander, 1955）和人類（Jones, 1969; Persky, Zuckerman, Basu, & Thornton, 1966）的刺激追求行為；然而，在極端的社會和感覺剝奪下飼養的猴子卻不願意接觸新環境（Sackett, 1972）。

　　如果你想要更進一步了解人類的性格與物理環境之間的關係，可以參考利特爾（Little, 1987）在環境心理學手冊中所撰寫的章節。

## 專有名詞解釋

活化水準（Activation Level）　個人目前的一般自主神經系統激發水準。

情感評估（Affective Appraisal）　將情緒特質歸於事物或地方。

潛在環境（Ambient Environment）　環境的非視覺部分，例如噪音、溫度、氣候和照明。

潛在溫度（Ambient Temperature）　環境中的客觀氣溫。

雙極形容詞（Bipolar Adjectives）　一對彼此意義相反的形容詞。

明度（Brightness）　來自刺激的光線強度。

分貝（Decibel）　測量響度的單位。

有效溫度（Effective Temperature）　個人對潛在溫度的知覺。

情緒傾向（Emotional Disposition）　對激發情緒之環境的穩定、長期反應傾向。

情緒插曲（Emotional Episode）　由特定地方、物體或事件所帶來的極端心情。

環境負荷（Environmental Load）　環境的感覺訊息率。

環境反應量表（Environmental Response Inventory，簡稱ERI）　由麥凱尼（1974）所發展的性格量表，用以預測環境行為。

色調（Hue）　刺激的顏色。

離子（Ion）　因空氣分子分裂而形成帶正或負電荷的粒子。

心情（Mood）　個人在任何特定時刻之主觀情緒狀態的核心感受。

噪音（Noise）　對於不想要的聲音之心理經驗。

非過濾者（Nonscreener）　易於被激發且不能有效地過濾不必要之環境刺激的人。

定向反應（Orienting Response，簡稱OR）　對新奇、強烈或複雜刺激的反射性注意集中。

光治療（Phototherapy）　在冬季時照射明亮光線的抗憂鬱治療法。

飽和度（Saturation）　顏色中所含白光的量。

過濾者（Screener）　可激發性低、能夠有效地過濾不必要之環境刺激的人。

季節性情感失常（Seasonal Affective Disorderm，簡稱SAD）　發生在秋冬季節日光照射時間減少時的憂鬱症。

語意差別法（Semantic Differential）　一種以雙極形容詞為基礎的問卷，通常用作情緒的自我陳述工具。

感覺追求（Sensation Seeking）　札克曼所發展的性格指標，用以衡量個人追求和享受刺激的程度。

假電擊程序（Sham-Shock Procedure）　研究攻擊的實驗室技術之一，受試者相信自己正對另一個人施以電擊。

刺激過濾（Stimulus Screening）　莫拉比安所發展的可激發性指標。

情緒的三因理論（Three-Factor Theory of Emotion）　莫拉比安和羅素的情緒理論。他們假設激發狀態、支配性和愉快的向度能夠解釋環境和事件的情緒反應。

◆ 第四章

# 環境壓力

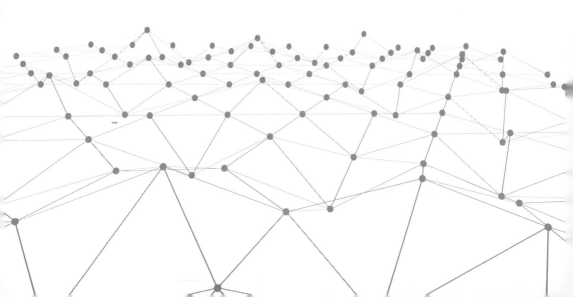

## 本章摘要

環境壓力發生在環境的要求超出個人所能因應的範圍時。壓力會產生生理和心理效果，也能干擾工作表現。

環境壓力源的種類包括下列4種：大型的變動事件、壓力性生活事件、日常瑣事和潛在環境中之壓力源的過度刺激。本章的重點在於伴隨著環境災害和經歷極端或不尋常之潛在環境刺激所形成的壓力。

自然環境是許多災害的來源。不幸的是，人類經常忽視這些風險，當災害發生之後才加以處理，而不是事前準備。環境災害的嚴重後果之一是長期壓力。這種壓力可能使生還者產生生理和心理問題。

關於人類對極端和不尋常環境之反應的研究剛剛展開。這類研究集中於在水中、極地和外太空中的小型獨立團體之表現。實驗室研究使用所謂限制性環境模擬技術（REST）的感覺剝奪技術，以觀察人們對異常的低度感覺訊息之反應。

有一種獨特的主觀經驗與不尋常環境有關，亦即存在感應現象。雖然觀察者敘述有另一個人存在，但就客觀上來說並不是事實。

# ❖壓力的性質❖

想像你曾看過的好萊塢式折磨。在許多這類影片中，囚犯在強光下接受訊問，或是被囚禁在黑暗、狹小、單調的房間中。雖然這只是戲劇的誇大手法，但卻正確地指出：物理環境具有引發人類壓力的潛在可能。當個人長期經驗過高或過低的環境負荷時，便產生了環境壓力。大多數**環境壓力**（Stress）的定義都暗示，當環境加諸人們身上的要求與因應這些要求的能力不調和時便產生壓力（Evans & Cohen, 1987; Lazarus, 1966; Lazarus & Launier, 1978）。有時，環境壓力的產生可追溯至訊息負荷超出個人有限的注意力。這種心理疲倦可能最終會造成生理的後果（Cohen, 1978,

1980; Cohen & Spacapan, 1978; Cohen & Williamson, 1991）。在其他狀況下，壓力反應似乎是面對環境之不可預測性和不可控制性的反應，因為它使個人覺得無助，而且無法因應此情境（Cohen, 1980; Mechanic, 1978; Seligman, 1975; Sherrod, 1974; Stokols, 1972）。許多研究與第二種解釋是一致的，也就是當個人認為自己對壓力情境應負責任時，比怪罪他人或認為壓力來源完全不受控制時更能適應良好（Baum. Fleming, & Singer, 1983; Tennen, Affleck, Allen, McGrade, & Ratzan, 1985; Timko & Janoff-Bulman, 1985）。

　　薛里（Selye, 1956）最早提出身體對長期壓力的一般性描述。他稱之為**一般適應症候群**（General Adaptation Syndrome，簡稱GAS），其中包括三個階段。第一個階段是一般的警覺和興奮時期，此時身體聚集「對抗或逃走」的資源來處理導致環境訊息負荷過高的事物。這種生理激發狀態可經由一般的管道來測量，例如心跳和呼吸率、血壓、肌肉張力和皮膚導電度。第一個階段只持續短暫的時間，接下來第二個階段的特徵是疲倦、鬱悶，而且可能會生病。如果壓力繼續持續下去，則個體終究會面臨完全枯竭的狀況（即第三個階段）。長期壓力可能導致的疾病和生理不適，由高血壓到中風都有（Cox, Paulus, McCain, & Karlovac, 1982; Sundstro, 1978; Welch, 1979），此外還有藥物濫用、憂鬱症和性格違常等心理問題（Keane & Wolf, 1990）。柯亨和威廉森（Cohen & Williamson, 1991）也相信，壓力是傷風、流行性感冒和細菌感染等疾病的原因。柯亨和威廉森認為，其直接原因是壓力干擾了免疫系統的功能，間接原因則是壓力使得人們更加依賴社會網路，而且與他人的互動變得更頻繁也更親近。柯亨等人（Cohen, Tyrrell, & Smith, 1991）最近的研究證實，在長期壓力之下，人們罹患感冒的機率增為兩倍。

　　格林（Green, 1990）列出壓力歷程的三個主要部分（見圖4-1）。首先，必須有一外在事件發生，例如洪水、入獄服刑或者親近的人去世。

第二，個人必須察覺和評估此一事件。接下來第三個步驟則是心理反應。因此，壓力源於外在事件、認知和情緒反應之間的互動。任何一個人所體驗到的壓力性質多少都會受到它是長期或短期壓力所影響。**長期壓力**（Chronic Stress）持續得較久，通常其成因比導致**短期壓力**（Acute Stress）的原因更長久（Baum, O'AKeefe, & Davidson, 1990）。但是要定義壓力源為長期或短期，實際上極為複雜。在格林的模型中，每一個階段都可以區分為短期或長期的。例如，地震或嚴重的車禍只持續幾秒鐘，所以可歸類為短期的，但人們對這件事的心理反應卻是長久的。因此，假如受害者一直反覆回想壓力事件，則短期壓力源的持續時間也可能會延長（Baum, O'Keefe, & Davidson, 1990）。短期和長期壓力都會延長激發狀態升高及內分泌失調的持續時間，並導致許多腦部機制的永久改變（Ver Ellen & van Kammen, 1990）。短期和長期壓力也可能使性荷爾蒙濃度改變、腎上腺皮層的脂肪減少，並且使淋巴細胞的活動降低（Weiss & Baum, 1989）。

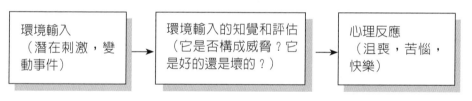

圖4-1　壓力歷程的三個階段

來源：Green, 1990

　　壓力事件的部分反應會隨著時間而習慣化。動物研究顯示，壓力源的新奇性是決定習慣化何時產生的重要因素。這些研究指出，持續多日接觸相同的壓力源通常會導致習慣化，但在相同的時間內接觸一連串不同的壓力源卻不會如此（Kant et al., 1985）。因此，壓力不只是薛里的模型中所說的生化改變或心理耗竭而已，還必須將個人對壓力源的知覺和評估考慮

在內（Aldwin & Stokols, 1988; Baum, O'Keefe, & Davidson, 1990）。包姆等人觀察到，重複出現但包括不同壓力源的短期壓力情境，可能使個人面臨最嚴重的風險。

通常，環境壓力源可分為下列四類：大規模的變動事件，例如自然災害和戰爭；壓力性的生活事件，例如重大疾病或家庭問題；日常生活的瑣事，例如處理擁擠或通勤；或是潛在環境的過度刺激（Baum, Singer, & Baum, 1982; Campbell, 1983; Evans & Cohen, 1987; Lazarus & Cohen, 1977）。通常，潛在環境的壓力源被認為超出個人控制的範圍。我們可以短期地忍耐它們而不致於造成明顯的傷害（Campbell, 1983）。雖然如此，長期接觸任何過於強烈的潛在壓力源都會使激發狀態升高，因而干擾作業表現，改變心情和身體健康。認為其他人可以提供協助和安慰的人通常較能適應環境壓力（Cohen & Wills, 1985; Wethington & Kessler, 1986），但長期持續的壓力源終究會侵蝕社會資源，並且減弱個人免於嚴重心理問題的程度（Lepore, Evans, & Scaneider, 1991）。

---

**試試看：壓力和生活事件**

　　個人生活型態的重大改變可能是創傷性的，而且長期累積下來可能會成為驚人的壓力來源。最常用來測量生活事件所導致的長期壓力效果之工具為生活事件量表（Life Events Scale，簡稱LES），也稱為社會再適應量表（Social Readjustment Rating Scale，簡稱SRRS）。它是由何姆斯和瑞里（Holmes & Rahe, 1967）所發展出來的。何姆斯和瑞里將生活事件依據其要求個人之改變程度加以排序；每一生活事件所指定的數值稱為生活改變單位（Life Change Units，簡稱LCUs）。根據他們的說法，短時間內累積過多生活改變會造成重大的生活危機，而且已有研究將生活事件量表分數的增加與重要的醫療問題連在一起，其中包括呼吸疾病、心臟問題，甚至猝死（Rahe, 1972）。

　　你可以回想自己在過去12個月中是否曾經歷過LES中所列舉的事件，藉以檢驗目前的生活壓力（見下表）。將所有事件的數值相加。如果分數介於150到199之間則表示只有輕微的生活危機。200分到299分表示較嚴重的生活危機，而300分以上則是重大的生活危機。在瑞里（1972）的研究中，生活量表分數超過300分的受試者當中有80%的人在充滿壓力的一年後，立刻面臨嚴重的健康問題。

### 生活量表

| 排名 | 生活事件 | 壓力指數 |
|:---:|:---|:---:|
| 1 | 喪偶 | 100 |
| 2 | 離婚 | 73 |
| 3 | 分居 | 65 |
| 4 | 入獄 | 63 |
| 5 | 近親去世 | 63 |
| 6 | 個人的重大疾病或受傷 | 53 |
| 7 | 結婚 | 47 |
| 8 | 被解僱 | 47 |
| 9 | 與配偶重修舊好 | 45 |
| 10 | 退休 | 45 |
| 11 | 家人生病 | 44 |
| 12 | 懷孕 | 40 |
| 13 | 性生活障礙 | 39 |
| 14 | 家庭中有新成員加入 | 39 |
| 15 | 事業的重新調整 | 39 |
| 16 | 經濟狀況的改變 | 38 |
| 17 | 好友去世 | 37 |
| 18 | 改行 | 36 |

| 排名 | 生活事件 | 壓力指數 |
|:---:|:---|:---:|
| 19 | 與配偶爭吵次數的改變 | 35 |
| 20 | 超過美金一萬元以上的抵押 | 31 |
| 21 | 抵押或貸款被取消 | 30 |
| 22 | 工作責任的改變 | 30 |
| 23 | 兒女離家 | 29 |
| 24 | 與姻親不和 | 29 |
| 25 | 個人有傑出表現 | 29 |
| 26 | 配偶開始或停止工作 | 28 |
| 27 | 開始或停止正規教育 | 26 |
| 28 | 生活條件的改變 | 25 |
| 29 | 個人習慣改變 | 24 |
| 30 | 與上司起衝突 | 23 |
| 31 | 工作時數或狀況有重大改變 | 20 |
| 32 | 搬家 | 20 |
| 33 | 轉學 | 20 |
| 34 | 娛樂活動的改變 | 19 |
| 35 | 參與教會活動的改變 | 19 |
| 36 | 社交活動的改變 | 18 |
| 37 | 少於美金一萬元的抵押或貸款 | 17 |
| 38 | 睡眠習慣的改變 | 16 |
| 39 | 家庭聚會人數的改變 | 15 |
| 40 | 飲食習慣的改變 | 15 |
| 41 | 假期 | 13 |
| 42 | 耶誕節 | 12 |
| 43 | 觸犯較輕微的法律規定 | 11 |

來源：Holmes and Rahe, 1967

通勤的壓力

　　幾年之前，媒體曾報導機車騎士在加州的公路上射擊他人的故事。自此，因交通流量緩慢而產生的挫折開始多到令人警覺的地步。公路通勤是否確實造成壓力，使得人們對陌生人訴諸暴力？當時針對加州橘郡居民的調查證實，大約50%的人認為交通堵塞是當地最迫切的問題（Baldassare & Katz, cited by Novaco, Stokols, & Milanesi, 1990）。

　　在過去的15年當中，心理學家諾瓦科和史托科斯等人（Novaco & Stokols, Campbell, & Stokols, 1979; Novaco, Stokols, & Milanesi, 1990; Stokols & Novaco, 1981; Stokols, Novaco, Stokols, & Campbell, 1978）曾探討壓力和上班通勤之間的關係。他們特別注意人們必須在交通繁忙的公路上行駛長距離的急迫型通勤。此時通勤者經常要以慢速度開車，而且長時間困在車陣中。他們的研究顯示，急迫型通勤確實使血壓升高，造成負面感受，降低挫折容忍力，而且減低了對生活的整體滿意度。伊凡斯和卡瑞爾（Evans & Carrere, 1991）發現，市區公車駕駛在交通尖峰的狀況下表現出最高的身心壓力。通勤壓力也可能降低工作滿意度，甚至使人們改變居住地點以因應通勤的困擾。或許更嚴重的是，急迫型通勤與疾病有關，特別是傷風和流行性感冒，而且身體不適會使得缺勤的情形增加。

　　正常潛在環境的壓力性質已經在第三章中討論過；擁擠和空氣汙染將在後面的章節中更詳盡地說明。本章主要在討論來自重大環境變動事件和極端或不尋常之環境刺激所造成的壓力。

# ❖環境危害與自然災害❖

　　1989年10月17日，下午5時4分（太平洋時區日光節約時間），數十萬人守在電視機前準備收看舊金山巨人隊和奧克蘭運動家隊的世界大賽。這場比賽在舊金山的燭臺公園舉行。當加州北部發生芮氏地震儀上規模7.1級的強烈地震時，球場中正在進行賽前的慶祝活動。雖然球場本身沒有受

損，但許多人卻因為高架橋在交通尖峰期間倒塌而遇難。財產損失和傷亡程度基本上可以反映出災害的嚴重程度（附帶一提，世界大賽也因此而延期舉行）。電視新聞播報員丹拉瑟曾目睹這次地震。他提醒世人：「即使在高科技的年代中，人類依然受到自然的擺布。」（CBS News, October 20, 1989）。在這場地震之前不到一年，亞美尼亞發生過傷亡更慘重的地震；數週後南卡羅萊納州沿岸又出現了颶風。這些事件在北美洲人民的心中留下深刻的印象：自然災害是真實而且經常存在的危險，它並不只出現在亞美尼亞和菲律賓那些「遙遠的」地方。在1974到1980年之間，美國共發生37次重大災難；僅僅在1979年到1980年，美國紅十字會便指出：曾接受災害後緊急救援的人便超過688,000人（Ursano & Fullerton, 1990）。在全世界各地，每年約有250,000人死於自然災害事件。

　　自然災害會在個人的心中留下創傷，因為它在生活中是強烈、不可預測而且又罕見的，因此會導致受害者的恐懼、焦慮和退縮（Ursano & Fullerton, 1990）。即使有些人原來未牽涉到災害，但是事後與受害者建立關聯後也會造成創傷。例如，尤沙諾等人（Ursano et al., 1988）指出，負責處理災害中死亡者屍體的人常報告有焦慮、悲傷、無法入睡或持續工作等症狀。通常，他們的因應策略是不要看受害者的臉或手，以避免辨認出他們。

　　當自然環境與人群有所交流時便可能成為潛在的危險；根據凱茲（Kates, 1976）的說法，自然災害對農村社會的衝擊最大。在都市化的社會中，人為災害的威脅大於自然災害。自然災害在性質上是強烈的（Intensive），這表示它們是短暫、突然、強烈和不可預測的。地震和颶風就是天然災害的典型例子，旱災和汙染等其他災害則是廣泛的（Pervasive）。廣泛的事件比強烈的災害分布更廣而且持續更久。

# 自然災害的知覺

　　雖然我們很難找到有人完全不知道，自己所居住的地區究竟有哪些常見的自然災害，但據研究顯示：儘管有適當的教育計畫，但社區居民很少抓住災害的真正可能性（Sorensen, 1983; Nasae & Greenberg, 1984; Lehman & Taylor, 1987）。即使人們知道威脅的幅度，也很少會採取行動（Sims & Baumann, 1983），這表示僅僅教育他們是不夠的。

　　環境心理學家逐漸感興趣的是：為什麼有人忽視來自環境的災害？他們為何在事後才有所反應，而不在事前主動加以預防？為什麼人們總是無法察覺到威脅，而且相信它對自己不會有影響？更令人疑惑的是，為什麼有這麼多人在悲劇之後又遷回災區？波爾頓、凱茲和懷特（Burton, Kates & White, 1978）發現，天然災害的災區居民精心建構了一套信念系統，使他們有正當的理由繼續留在當地。而且根據研究顯示：人們常錯估未來災害發生的真正機率（Saarinen, 1966; Burton, Kates, & White, 1978; Slovic, 1978; Jackson, 1981; Kushnir, 1982）。凱茲（1962）探討遭受水災之平原地區居民如何理解洪水的危害。如果個人親身體驗過水災，則較可能預期將來仍有可能再度發生，而且會採取預防工作。反之，許多曾經歷過水災的人仍然不相信未來還會有洪水，他們通常表示：對神的信仰或未來的防洪計畫可以保護他們。

　　也有一些人誇大了與環境災害有關的風險。例如，敬畏和厭惡是一般人對商業核能廢料堆積的普遍反應，儘管專家說明核能廢料可以安全地貯存在地面下的密室中（Slavic, Layman, & Flynn, 1991）。反對處理計畫的情緒以及政治因素使得核能廢料的處理問題更加複雜，而且也使得處理成本大幅度增加。斯洛維克、萊曼和弗萊思（Slovic, Layman, & Flynn, 1991）的研究證實：核能廢料處理可以喚起強烈的感受。3334位受試者經由電話調查說出對「地下核能廢料處理」這個字的反應，其方法是在聽

到它之後說出前6個在腦中浮現的想法。4個最常見的單字聯結是「危險的」、「危險」、「死亡」和「汙染」。許多反應都和戰爭、武器與消滅有關，也有許多答案被研究者歸類為「不要在我家後院」。

在思考環境危害時不夠清晰的傾向稱做**受限的理性**（Bounded Rationality）（Slovic, Kunreuther, & White, 1974）。研究者正嘗試找出令人們錯估風險，以及傾向於事後反應而非事前準備之因素，費薛夫、史文生和斯洛維克（Fischoff, Svenson, & Slovic, 1987）詳細地描述個人處理環境危害的決策歷程。他們指出，人們面對這類決策時的主要困難是在不確定的條件之下試著做決定。任何好的決策模型都必須考慮不確定的程度、人們可接受的風險程度以及所擁有的訊息量。由於人們對環境危害之風險估計會因為研究中的問題形式而受到影響，所以事情又變得更加複雜（Eiser & Hoepfner, 1991）。

終究，個人所採取（或未採取）的行動種類都可歸結於個人的知覺和性格。洛區佛德和布拉克（Rochford & Blocker, 1991）研究1986年秋天發生在奧克拉荷馬州西部之水患受害者的反應。這場洪水導致2人死亡和美金28,300萬元的損失。認為洪水在人類控制之下的人較可能因未來的水災而感到挫折，也會較積極地努力防止它再度發生。反過來說，那些認為洪水不可控制的人主要集中注意於對當前事件的情緒調整，而且不參與未來水患的預防。

雖然初步的研究無法證實性格可以預測人們是否會為將來可能的災害做準備（Schiff, 1977），但目前已有工具可用來評估人們對環境危害的知覺。最新也最有希望的是由施密特和吉佛德（Schmidt & Gifford, 1989）所發展出來的**環境評估量表**（Environmental Appraisal Inventory，簡稱EAI）。它是一份包含72道題目的紙筆問卷，分別測量對自我之威脅、對環境之威脅以及個人面對威脅時所擁有之控制等知覺。EAI是環境知覺的一般性客觀測量工具，但研究環境危害的知覺還有其他方式。布朗、亨德

森和阿姆斯壯（Brown, Henderson, & Armstrong, 1987）分析了英國學童在美術課中對核能電廠的繪圖，以了解他們對這種潛在危害的知覺。這些研究者發現，兒童對核能電廠之印象隨著大眾傳播媒體中的圖片和故事而改變。

泰勒、史都華和當頓（Taylor, Stewart & Downton, 1988）以深度的個人晤談來研究美國農人對1930年代大平原西部旱災的知覺。農人被問及他們的耕種工作、以往經歷過的旱災以及對於未來旱災頻率與嚴重程度的預期。由晤談中顯示，農人最容易回想起著名或嚴重的旱災、最近的旱災以及他們所經歷的第一次旱災。中等的、輕微的旱災較容易被遺忘。研究者也發現，60歲以上的農人較不認為他們能有效地處理旱災的損失。

到目前為止的研究並不令人鼓舞：人們似乎不顧危險地住在有自然災害的地區。波爾頓（Burton, 1972）觀察到，這不只是知覺錯誤的問題。他認為，人們因為經濟和其他理由而決定留在危險的地區。例如，人們繼續住在洪水區的原因是土壤肥沃和交通方便。社會的限制也使得人們不易離開已居住多年的地方。往好的一面看，目前的證據顯示，模擬和田野實習確實可改進其準備工作（Foster, 1980），因此在適當的訓練之下可能會減少人群所面臨的危險。

最後，我們必須記住一件重要的事：關於環境風險和危害之知覺的實徵證據不應該被過度概化至其他文化，甚至同一社會中的不同種族團體中。已有研究顯示，受試者的倫理背景是風險研究中經常忽略的變項。各種倫理團體對不同災害的接觸程度和經驗不一；他們可能擁有與風險或環境有關的不同價值觀或世界觀，因此對物理環境所帶來的重大災害有著不同的知覺（Kleinhesselink & Rosa, 1991; Vaughan & Nordenstam, 1991）。

## 壓力和環境危害

　　環境危害所導致的問題不只是死亡人數和財產損失總值而已。因應源於災害的長期壓力是倖存者的重要關切。許多證據指出，自然災害改變了個人生活的許多領域，而且這些改變會帶來壓力（Janney, Minoru, & Holmes, 1977; Melick, 1978; Murphy, 1984; Hunchins & Norris, 1989）。在自然災難中倖存的人發現，他們必須同時處理失去親人、住家和工作（事業）的問題。如果個人必須努力由身體傷害中復原，則狀況會更加複雜，人們在這種情境中所遭受的情緒創傷通常相當嚴重。

圖4-2　自然災害可以在經歷過的人身上造成極大的壓力

　　盧邦尼斯和畢克曼（Rubonis & Bickman, 1991）回顧了52個提出經歷災害之群體的心理病理指標的研究。他們的結論是：當災難發生後，心理病理程度接著便提高；而且災難中的死亡率上升時，病理程度也同時增加。火山爆發等天然災害比人為災難導致更多心理病理問題，因為前者被認為是較難控制的。雖然精神疾病的比例多少與災害的性質和受害者的特

徵有關，但是比正常水準高出17%的例子比比皆是。

史坦格斯和傑瑞提（Steinglass & Gerrity, 1990）以縱貫式研究來探討個人和家庭對兩次自然災害的反應。其中之一是1985年發生在賓州西北部的颶風，當時有10個人死亡，200人受傷，而且某一個僅有1800人的社區中便有100個家庭無家可歸。其二則是1985年發生在西維吉尼亞州一個小鎮上的洪水，當地有400幢以上的房屋被毀。在西維吉尼亞州，大多數家庭在洪水來臨之前便有嚴重的經濟問題，而且因災害而雪上加霜。在這兩地，災後4到16個月壓力便逐漸減輕，但是即使在16個月之後仍維持高水準。兩個例子中的女性居民所報告的壓力水準均大於男性。在1972年的水牛灣水患（也在西維吉尼亞州）過後10年，生還者所表現出的焦慮、憂鬱和敵意仍高於鄰近地區中文化相近、但未經歷過洪水的人（Green et al., 1999）。在一相似的研究中，亞當斯和亞當斯（Adams & Adams, 1984）在聖海倫火山於1980年爆發之後，檢驗附近居民的壓力反應。結果生還者家庭中的酗酒、疾病和家庭暴力問題都增加了。

佛斯特（Foster, 1980）發展出一套系統以評估源於不同環境災害的壓力。初步的研究顯示：對於自然災害的生還者來說，重要的是關懷他們的情緒反應和發洩其感受，還有著重於問題並採取行動（Collins, Baum, & Singer, 1983）。然而，有一個地震受害者的研究卻顯示，過度注意其症狀的受試者反而使症狀維持得更久（Nolen-Hoeksema & Morrow, 1991）。

在美國，來自人為環境災害的威脅可能更嚴重。雖然有些科技危害相當強烈（例如漏油事件和大規模的爆炸），但它也可能像自然災害一樣地廣泛（例如輻射外洩和有毒廢料滲流）。比方說，農田、土壤和空氣中的鉛汙染與智障、過動和許多疾病有關，但許多人仍舊忽視它（Spreen, upper, Risser, Tuokko, & Edgell, 1984）。事實上，科技災害不同於自然災害的特點之一，便是傷害程度的模糊性和不確定性（Freudenburg & Jones, 1991）。

　　到目前為止，被研究得最徹底的科技災害可能是1979年3月發生在賓州三哩島的核能電廠事件。這件意外使得受汙染的水和輻射氣體由建築物外洩到大氣中達1年之久。1985年12月，同一發電廠的另一座反應器又發生了較輕微的輻射外洩。目前，研究者相信：三哩島所釋放的輻射程度很低，不致於對身體有害，因此附近居民所感受到的壓力毫無疑問地是心理上的結果。

　　有些研究顯示，在意外發生之後，人們覺得對生活較缺乏控制，在需要持續力的作業上表現較差，而且出現多種壓力症狀（Davidson, Baum, & Collins, 1982; Schaeffer & Baum, 1984; Baum, Gatchel, & Schaeffer, 1983）。這些不適似乎部分出於對未來風險的不確定以及始終未能確知上次意外的長期效果。布洛密特（Bromet, 1990）指出，三哩島意外發生10年之後，在一群當年住在附近的婦女當中，有60%的人承認她們仍會想到那次意外，62%的人擔心舊事重演。42%的人依舊憂慮自己的健康，而且有51%的人擔憂孩子的健康。杜、布洛密特和舒爾伯德（Dew, Bromet, & Schulburg, 1987）發現，在事件發生6年之後，也就是三哩島的設備再度啟用時，居民的壓力水準甚至高於意外發生之後。有些研究顯示，在三哩島事件之後，較年輕、教育程度較高的人特別容易覺得有壓力。研究者的結論是，這與個人的因應策略有關（Goldhaber, Houts & Disabella, 1983; Sorensen, Soderstrom, Copenhaver, Carnes, & Bolin, 1987）。更進一步來說，他們相信：年輕人的因應型態較為主動和集中於問題（Folkman, Lazarus, & Pimley, & Novacek, 1987），所以面臨無法改變的狀況時可能會擦槍走火，傷到自己。在三哩島附近的居民當中，曾參加過6年後舉辦的一系列關於癌症和輻射之公共衛生活動的人多半教育程度較高、較不擔憂、較常嘲笑專家、較少抱怨無法專心，而且大多數是男性（Prince-Embury, 1991）。

　　最近關於三哩島事件受害者的研究也證實，因應型態與年齡都和壓力

指標有關，但他們不同意年齡較大之居民感受的壓力比年輕人更輕的結論（Prince-Embury & Rooney, 1988, 1990）。個人所體驗之壓力嚴重性似乎與意外前對核能設備的態度無關（Freudenburg & Jones, 1991）。三哩島附近之居民所感受的壓力可能比不上蘇聯車諾比爾核能災害所造成的壓力，因爲後者涉及重大的人命損失以及大量的輻射外洩。

# ❖極端和不尋常的環境❖

　　有關極端和不尋常環境的反應，在所有環境壓力研究中占有特別的地位。極端環境提供別處所沒有的感覺刺激組合和進化史上未曾遭遇過的潛在環境。通常，孤立、情緒混亂和身體傷害，再加上極端的溫度和氣壓（或水壓）會使得個人對這些情境的反應特別難以預料和有趣。蘇菲德（Suedfeld, 1987）討論想要明確地定義「極端和不尋常」環境的困難。一般來說，不靠先進的技術，或者至少沒有特殊裝備便無法生存的環境便屬於這一類。視覺、聽覺和觸覺常會因爲太空衣或潛水衣而受到限制，普通的空間線索也常會消失或者大幅度改變。這些因素都會增加幻覺或海市蜃樓現象的出現機率。儘管如此，環境的新奇性大部分依個人的經驗而定。雖然撒哈拉沙漠和南北兩極冰帽區，對來自伊利諾州的大學教授而言是極端和不尋常的，但對長期住在當地的居民來說卻不是如此。另一方面，外太空或海底可能是所有人都感到陌生的環境。

　　偶爾，某一事件會使得原本熟悉的環境變得極端和不尋常。一般來說，其原因包括自然和人爲災害，例如颶風、洪水或戰爭。然而，任何明顯地改變潛在刺激性質的事件也可能有著相同的效果。不幸的是，我們很難在極端或不尋常的環境中進行控制的研究，而且心理學家的了解多半是事後的。威爾（Weil, 1977）指出，在日全蝕路徑中的人「如果目睹此一事件，則會體驗到戲劇化的意識轉變。」這種現象稱爲日蝕經驗（Eclipse

Experience）。通常人們覺得有不真實的感受，時間知覺也有所改變（所經過的時間似乎比實際上更短）。「由於僅有日冕的光芒，現實世界變得像夢一樣，人們也報告有脫離現實的感覺。在日蝕之後，觀看者常有陶醉感，許多人連續數小時都覺得情緒高昂、精力旺盛。」目擊者通常說，他們記得日蝕期間「彷彿像在夢中」，而且有些人年復一年地渴望再度經歷此事，因此往來世界各地以觀看日蝕。

許多在惡劣環境中的遭遇都是由於人們意外地或不情願地闖入創傷性情境所致。進入這種環境的突然衝擊相當嚴重。船難和空難的生還者即使沒有受傷，也有足夠的食物和水，但在最初幾天的死亡率仍然很高（Bombard, 1953; Suedfeld, 1980）。在遭遇這種痛苦之後，生還者甚至可能多年受到創傷後壓力症之苦。雖然這些不幸的事件中包含豐富的訊息，但它們無法成為科學結論所需的那種控制良好而有系統的訊息。更適合此一目的的是研究自願在太空船、潛水艇、極地科學站和其他不尋常環境中生活和工作的人。

在最近的實驗中，有一名義大利婦女在新墨西哥州某地獨自生活了130天之久。她和其他人唯一的接觸管道便是電腦終端機。由於缺乏日夜變化和時鐘，她的月經週期停止，而且睡眠──清醒的週期也劇烈地改變。她每次醒著20到25個小時，然後睡上10個小時。她認為時間只經過2個月，實際上卻是4個月；當別人告訴她實驗已結束時，她相當驚訝。研究者認為，在她停留在籠中的這段時間裡，骨骼中的鈣濃度和肌肉張力都降低了，而且免疫系統也受到抑制。往好的一方面看，她的注意力似乎有所增進。

## 南極洲

現有關於人們長期孤立於極端環境之反應的資訊，多數來自南極研究

站的志願工作者，尤其是在「過冬」時期。其中一個研究稱為極地心理學
計畫（Polar Psychology Project，簡稱PPP），目的在於比較在南北極研究
站的人以及非孤立環境中的相似群體。心理學家使用參與式觀察、日記、
晤談、生理指標和心理測驗等工具，藉以探討極地環境對於長期在當地
工作的人有何影響（Steel & Suedfeld, 1991; Suedfeld, Bernaldez, & Stossel,
1989）。想要在極地環境中適應良好，則不只要具備工作能力，還要有
心理穩定性和有力的社交技巧（Suedfeld, 1991b）。極端的溫度、長期黑
暗、奇異的風景和嚴重減少的感覺輸入提供了研究孤立和限制的完美實驗
室（Levesque, 1991）。康勒斯（Cornelius, 1991）描述在南極田野研究站
過冬的情形：

　　「過冬」在每個研究站都不相同。在海邊的朝聖站，孤立期間約為
7個月；而南極則有9個月之久。孤立幾乎是全面的：沒有郵件，沒有訪
客，無法外出，而且沒有補給……隊員必須適應多種壓力，包括許多在正
常環境中視為理所當然的事。例如，沒有窗戶、隱私、活生生的綠色植物
和動物、太陽、潮溼的空氣、旅行的自由或是離開謠言充斥之孤立前哨站
的自由。「謠言工廠」可能相當有力，如果有一個人與其他隊員的背景都
不相同，則可能發展出派系，而且對他造成無形的壓力。派系也可能是本
人毫無所悉的。小小的「私人」空間中缺乏聽覺的隱密也會導致壓力，隱
私是珍貴的必需品。離開群體獨處的時間對於「充電」來說相當重要。缺
少異性伴侶也會造成壓力，已婚的夫妻處理孤立的效果較好。光線不良也
會形成壓力，在孤立期間，每當南極工作站的圓頂屋內照明程度較高時，
隊員的士氣也隨之提高，明亮程度似乎可降低憂鬱……平原（結冰表面）
單調而沒有特徵，它延伸到大部分的陸地上……南極站的地面高度約為
3150公尺。此外，低壓系統使得有效的生理高度維持在3300公尺和4000公
尺的範圍中變動。最初幾天中連呼吸都有困難，但大多數人在一個月之內

便可完全地適應。溼度很低，因此眼睛、鼻子、嘴和皮膚都很乾燥。這使得因空氣中缺乏水蒸氣和6個月永晝期間所造成的曬傷更加嚴重。溫度在夏季最熱時可上升到攝氏零下25度，冬季時則下降到零下80度……。

休假時的活動視個人而定，包括談天、看電影和錄影帶、聽音樂、短程的戶外遠足、由工作站唯一的窗戶向外眺望、找個藉口辦宴會（日落、冬至、生日、假日）以及團體活動……。

南極站的某些習慣對於觀察者而言顯得很奇怪。比方說，300度俱樂部的習俗可能是有勇無謀的。通常剛過9月的冬至以後，戶外的溫度便降到華氏100度以下。這時候所有隊員都去洗華氏200度（尚可忍受的乾熱）的芬蘭浴。他們只穿著網球鞋，在10到15分鐘的蒸浴期中，每個人都汗流浹背。充分的流汗非常重要。接著隊員瘋狂地衝出圓頂屋，跑到極點的位置（距離約有100公尺），拍攝一張快照，再衝回圓頂屋中。每個人都要小心避免跌倒，因為雪很冷，而且會很快地像乾冰一樣燃燒。整個瘋狂的習俗都是真實的，因為身體表面急速凍結的汗水有保護作用，就像佛羅里達冬季的霧可以保護柑橘的幼苗一樣。（來源：Harrison, Clearwater, & McKay, 1991）

雖然志願者經過精心的篩選，但過冬對大多數人來說仍是具有壓力的經驗。然而，過去已有經驗的人比起第一次經歷極地狀態的人來說，較不容易感受到壓力（Taylor, 1991）。極端的高度、黑暗和寒冷導致多種生理症狀（Guenter, Joern, Shurley, & Pierce, 1970; Moyer, 1976; Palinkas, 1991b; Rothblum, 1990）。胃口和睡眠習慣可能有所改變，而且體重通常會增加。個人對時間的感受可能不同，記憶力和注意力都可能受損。身心症狀也並非罕見，憂鬱、易怒、敵意和失眠是過冬時常見的不適症狀（Blair, 1991; Palinkas, 1991b）。南極的隔絕使人易受催眠和做白日夢，或者以其他方式改變其意識狀態（A. Barabasz, 1991a, 1991b; M. Barnasz, 1991）。

　　雖然這種經驗必然是有壓力的，但個別差異也是決定反應的重要因素，對許多人來說，它甚至可能是正面的經驗（Carrere, Evans, & Stokols, 1991; Mocellin, Suedfeld, Bernaldez, & Barbarito, 1991）。在分析早期極地探險家的日記時發現，許多人談到關於美、平靜和自我成長的經驗（Mocellin & Suedfeld, 1991）。正面效果可能來自依賴性減低、建立親密關係的能力增加，以及因為成功地完成過多的挑戰而使自尊提高（Oliver, 1991; Palinkas, 1991b）。高成就需求、內控（相信個人的行動決定其結果）以及與他人的社會相容性都使得個人更能夠成功地適應南極大陸的環境（Palinkas, 1991a）。然而，即使在最好的狀況之下，過冬之後返回家中時仍有再適應的問題，「重返」的衝擊本身就是相當大的壓力（Harris, 1991; Oliver, 1991）。

　　這些問題會彼此混雜在一起，因為隔絕發生在小團體中。來自不同文化背景或原來彼此陌生的人逐漸地更加熟悉對方。由於娛樂來源有限和團體成員維持不變所導致的厭煩也是一種壓力。別人的小毛病或怪癖不久都會變成令人急躁、煩惱和難以逃避的折磨。如果這些團體想要成功地完成任務，就必須有適當的領導者和有效的分工。儘管如此，當這些團體在一起太久的時候也會產生緊張，而終究造成團體關係的惡化。其特徵是團體成員的溝通減少，彼此之間比較不尊重或不合作（A. Barabasz, 1991a; Foushee, 1982; Gunderson, 1973; Rivolier, Cazes, & McCormick, 1991; Sharma, Vaskaran, & Manhotra, 1976; Taylor, 1991）。

　　在較不極端的狀況下之團體隔離的實驗曾在亞利桑那州的沙漠中進行。4名男性和4名女性住在一個占地2.5英畝、由玻璃和鋼鐵所建造的圓頂屋中，它的名字是**第二生態圈**（Biosphere II）。參加者於1991年9月進入第二生態圈中，直到1993年9月才再度出現。他們和散布在沙漠、海洋、雨林、大草原和沼澤等地的3800種不同的植物、動物和昆蟲共同生活在第二生態圈中。在這兩年中，在第二生態圈的人必須自行生產食物、安

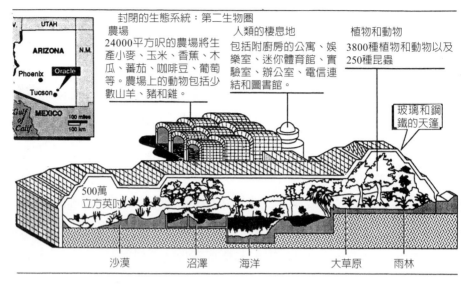

圖4-3　第二生態圈（AP/Wide World Photos）

排社會生活，大部分時間都與外界隔絕。第二生態圈的概要圖呈現於圖4-3。

## 外太空

　　生活在極地或水中的人所遭遇的問題類似於人類在外太空所面臨的疑難，由這些環境中所得到的實驗結果對於太空計畫的進展將日益重要（Ursin et al., 1991）。未來，與設計和管理外太空任務的人所合作的飛行員將更為多樣化，而且在外太空的停留時間更長。由非太空人擔任受試者的假設性太空環境評估證實，由於執行任務的人數增多而且時間延長，因此規劃外太空的棲息地成為具有挑戰性的計畫（Harrison, Struthers, & Putz, 1989, 1991）。為了替不太遙遠的未來預作準備，美國航空暨太空總署（NASA）現在也雇用建築師和系統工程師。最近國家太空協會贊助一項全國性的建築競賽，鼓勵為月球或火星的環境設計新棲息地。所有參加者

都必須描述封閉循環的環境，一方面，它不需要定期補給；再者，它有經濟上自給自足的原因。在設計中也必須處理輻射、交通、娛樂和重力不相同等重要問題（Bernard, 1991）。

　　我們必須特別注意太空環境內部的審美性。蘇聯太空站的研究（Gurovskiy, Kosmolinsky, & Melnikov, in Clearwater & Coss, 1991）指出，由窗外凝視地球是他們最喜歡的休閒活動，而且描述自然風景的錄影帶也相當受歡迎。這些研究證實了視覺刺激變化在太空飛行中的重要性，而且也再度肯定了窗戶在受侷限環境中的重要性（Haines, 1991）。克利瓦特和柯斯（Clearwater & Coss, 1991）摘錄了許多研究，因而發現：在太空船內部以繪圖提供自然的天──地關係（淺色在上，深色在下），可以使人感覺更舒適和減少運動疾病。裝飾性的圖畫，尤其是可以傳達強烈深度感

圖4-4　人們在外太空的工作能力因為未來任務的延長而益顯重要

和模擬窗外景色的圖畫，能夠增進大型模擬太空站和南極工作站當中的氣氛。

失重是外太空中許多問題的來源，而且也是人們還沒有準備好去處理的現象。在失重狀態中，液體流向身體上半部，內耳管道的充血也很常見。失重和重力減輕降低的心臟血管的活動，使得反射和協調性退化，肌肉也會退化。這些效果都嚴重地損害工作表現（Canby, 1986; Levine, 1991; Money, 1981; Pogue, 1974）。身體礦物質的迅速流失會導致骨質疏鬆。身體內平衡控制機制的破壞造成嚴重的太空病，稱為**太空適應症候群**（Space Adaptation Syndrome）。這種症候群至少會持續5天，它的主要特徵是食慾不振、反胃、突然嘔吐。再度適應地球的重力也是一件困難的事，有時會造成失去意識（Chaikin, 1984; Money, 1981）。

害怕設備故障也是太空中常見的壓力來源。此外，持續不斷的機器噪音使得知覺能力退化，而且導致疲倦和易怒（Coleman, in Levine, 1991; Levine, 1991）。在太空中飛行也可能發生意識狀態的改變（Connors, Harrison, & Akins, 1986; Oberg & Oberg, 1986）。

其他不安全的環境也迫使未來環境的設計者面對挑戰，尤其是水中的棲息地。例如，由於壓力迅速改變和含氧量的差異，深海潛水可能造成的傷害由單純的瘀傷和眩暈到肺部爆裂和致命的空氣栓塞（Bachrach, 1982; Lauphier, 1974）。

在極端環境中的工作表現顯然會受到過度的壓力所影響，但是許多在隔離工作站中的成功團體和個人都表示：問題解決和良好表現並非不可能達到的。或許個人的傾向與此有所關聯；因此，將環境視為挑戰的人可能因應得較好，而且比較可能將激發狀態解釋為興奮而非恐懼（Suedfeld, 1987）。其他研究也顯示，結構較僵化的團體在壓力環境中的反應較差，可能由於僵化結構減低了團體的彈性，使他們無法因應改變或不可預知的環境狀況（Worchel & Shackelford, 1991）。

　　我們必須特別注意：不可以由實驗室中的感覺剝奪研究或者在極地
工作站、潛水艇中的研究類推到外太空探險隊員的問題。雖然其間有相似
性，但太空船人員都是經過競爭而被選中的人，他們所參與的獨特冒險將
會提升其事業，而且帶來名聲（Suedfeld, 1991a）。這些強烈的動機因素
可能使太空飛行在性質上有所不同。根據蘇菲德的說法，研究的焦點應該
集中於這類經驗的性質，而非只考慮物理環境的性質。

## 限制性環境的模擬技術

　　不尋常環境的實驗室研究集中於感覺剝奪的效果。在傳統上，有兩種
主要的技術。其一是，受試者躺在床上，只能接觸單調的刺激──像是白
色噪音和相同的燈光，要不就是安靜和黑暗等缺乏刺激的環境。另一種技
術是使受試者浸入水缸中，只能藉著管子呼吸，因此視覺和聽覺都受到阻
礙（Zubek, 1969）。

　　多年以來，心理學家都相信，浸水帶來很大的壓力，但這一點顯然
是由於實驗程序欠佳以及令人誤導的普遍傳聞所致（Suedfeld, Ballard, &
Murphy, 1983）。現在的技術已經大爲改善，浸水一般而言被視爲放鬆、
享受和愉快的經驗。的確，以商業性的漂浮水缸作爲放鬆之用，在北美洲
已經漸趨普及。蘇菲德等人（Suedfeld, Ballard, & Murphy, 1983）描述目前
所使用的水缸：「每個水缸大約是4英呎長和8英呎寬，內有10英吋深、溫
度爲華氏93到94度的瀉鹽溶液。水缸開口處可由內或外開啓，當蓋子關上
之後，水缸便是完全黑暗的。」它與早期的浸泡法不同，受試者面朝上
漂浮在水缸中，臉浮出水面。這種技術稱爲REST，也就是**限制性環境模
擬技術**（Restricted Environmental Simulation Technique）的縮寫。「乾」
的漂浮缸也已經發展成功。它與前面的方法類似，但人們躺在水床的墊
子上以取代漂浮於溶液中。乾的漂浮也能令人放鬆和愉快，但是到目前

爲止「淫」的漂浮得到較高的評價，尤其是來自女性（Forgays, Forgays, Pudvah, & Wright, 1991）。

雖然REST有時會使激發狀態增強，但接受非焦慮式指導的漂浮者通常感到深度的放鬆，其狀態可以從生理指標和自我陳述中得到證實（Barabasz & Barabasz, 1985; Fine & Turner, 1982; Jacobs, Heilbronner, & Stanley, 1984; Stanley & Francis, 1984; Suedfeld, 1980; Turner & Fine, 1983, 1984）。漂浮似乎可以使每個人放鬆，但佛蓋斯和貝林森（Forgays & Belinson, 1986）指出：放鬆的程度視個人的性別和性格而定；如果其他條件都相同，則女性比男性覺得更爲放鬆。蘇菲德等人（1983）發現，漂浮者在激發尋求和身體感覺意識等特質上的分數此大多數人要高，而且在漂浮之後覺得壓力顯著地減輕。儘管到目前爲止，REST的實際應用仍爲時尚早，但它或許可以促進創造性思考和學習（Suedfeld, Metcalfe, & Bluck, 1987; Taylor, 1985）。

# ❖極端環境中的存在感應❖

置身在極端和不尋常環境中最迷人的經驗之一，便是對另一個人的存在感應（Sensed Persence）。長期處在陌生環境中的人常會感覺到，有另一個人在那裡幫助他們應付危險的情境。這種存在感應可能由模糊的感受到能夠清楚地感覺血肉之軀。這個存在的實體可能是神、靈魂、先人或觀察者本身所熟知的人。存在感應通常出現在物理和社會刺激都缺少變化的環境中；低溫也是常見的要素（Critchley, 1955; Suedfeld & Mocellin, 1987）。

存在感應的可能解釋包括船的移動、大氣或磁場活動，以及因爲壓力、缺氧、單調的刺激或荷爾蒙生成而造成腦中化學成分變化，因而改變感覺和意識狀態（Budzynski, 1985; Dubrov, 1978; Jaynes, 1976; Jilek, 1982;

Joralemon, 1984; Lindsley, 1961; LIoyd, 1981; Sulman, 1980）。蘇菲德等人（Suedfeld, 1980; Suedfeld & Mocellin, 1987）的解釋是，個人的注意力由外界的潛在刺激轉向內部訊息，但大多數人卻未能察覺。上述任何一個因素都可能與存在感應有關。目前，心理學家還不清楚它究竟如何發生。毫無疑問的是，個人的性格、預期和文化規範都有影響。

有關存在感應的那些最引人注意的敘述，來自有幻覺和靈魂出竅經驗的水手。在一次著名的事件中，第一個獨力環繞地球一周的斯洛康（Joshua Slocum）見到了哥倫布的舵手，並且與他交談。斯洛康宣稱，當他因食物中毒而病倒時，那位舵手在惡劣的天氣中為他引導船隻前進。蘇菲德和莫斯林（Suedfeld & Mocellin, 1987）記錄了許多水手、登山家和極地探險家所描述的這類神祕事件。

存在感應的現象可能與人們在壓力時期的宗教經驗有關。這些插曲通常發生在冥想和內在反省之後，而且可能受到不尋常的強烈刺激所推動。早期的宗教人物，例如摩西、耶穌和穆罕默德都曾是沙漠中的迷途者所遇見的超自然實體。的確，齋戒、長時間的冥想和痛苦、疲倦所引起的身體刺激都是多數宗教當中的一部分（MacDermott, 1971; Suedfeld & Mocellin, 1987）。

許多社會都將隔絕時期和不尋常的環境刺激，視為由青春期到成年期的必要儀式。意識的超越性轉變是這類行為中重要的一部分，身體的苦難或折磨也是要素之一（Suedfeld & Mocellin, 1987）。在這些「求神」的儀式中，詢問者希望遇見能提供指示和建議的精靈或神祇。這些求神的儀式包括獨自待在惡劣的環境中，或是在密閉的地方接受強烈的感覺衝擊（例如擊鼓、吟唱、流汗與跳舞）。在兩種問神的方式中都以絕食、禁水，不睡覺和身體折磨作為改變激發水準的方法（Jilek, 1974, 1982）。

許多美國的印地安部落建造了功能類似現代芬蘭浴的場所，但主要是用來進行儀式中的汗水浴。有些北美洲蘇族的印地安人目前仍然保留這

些儀式。威爾（Weil, 1977）描述他們的儀式：「沐浴者除去衣服，圍繞著滿是紅熱石塊的坑穴而坐；汗水屋由外面密封，把參加者留在黑暗和逐漸升高的熱氣中。儀式也可能伴隨著吟唱、禱告、焚香或吸菸而進行。負責汗水浴的巫師間歇地潑水到灼熱的石頭上。如此一來可以產生爆炸的嘶嘶聲和圍繞身體的強烈熱浪。人們可能因此受到一度或二度灼傷；但有趣的是，心靈狀態似乎是決定肉體命運的最重要因素。」。參加汗水浴的人說，只有當個人與團體的「心靈能量」失去接觸，想要以一己之力獨自對抗高熱時才會灼傷。他們也提到：在流汗期結束的時候，他們感到陶醉，沒有焦慮和憂鬱，健康而且充滿活力，這種「高昂」的狀態會持續一個小時，然後逐漸回到放鬆和休息的狀態。

## 專有名詞解釋

短期壓力（Acute Stress）　相當短暫的壓力。

第二生態圈（Biosphere II）　在亞利桑那州進行研究的密閉式系統。

受限的理性（Bounded Rationality）　對環境危害未能清楚思考的傾向。

長期壓力（Chronic Stress）　重複出現或持續的壓力。

日蝕經驗（Eclipse Experience）　某些人觀看日全蝕的時候所感受到的意識經驗改變。

環境評估量表（Environmental Appraisal Inventory，簡稱ERI）　測量環境威脅的紙筆測驗。

一般適應症候群（General Adaptation Syndrome，簡稱GAS）　薛里（1956）對於長期壓力之身體反應的描述。

強烈的環境災害（Intensive Environmental Hazard）　短暫、突然和不可預測的自然事件（例如颶風）。

生活改變單位（Life Change Units，簡稱LCUs）　在生活事件量表中每一事件所指定的壓力值。

生活事件量表（Live Events Scale，簡稱LES）　測量生活事件之壓力的工

具。由何姆斯和瑞里（1967）所編製，也稱為社會再適應量表（Social Readjustment Rating Scale，簡稱SRRS）。

**廣泛的環境危害（Pervasive Environmental Hazard）**　普及且持續的自然事件（例如洪水）。

**限制性環境模擬技術（Restricted Environmental Simulation Technique，簡稱 REST）**　實驗室中的感覺剝奪程序。

**存在感應（Sensed Presence）**　認為有另一個人或生命存在的知覺或感受，在隔絕、嚴苛的環境中最常發生存在感應的現象。

**太空適應症（Space Adaptation Syndrome）**　即太空病，其特徵是食慾降低、反胃和突然嘔吐。

**壓力（Stress）**　當環境的要求與當時個人的需要和因應能力無法調和時所產生的情緒反應。

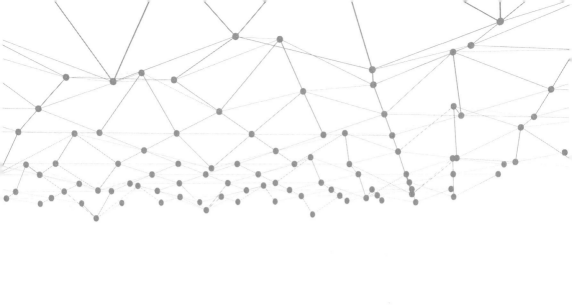

◆ 第五章

# 個人空間

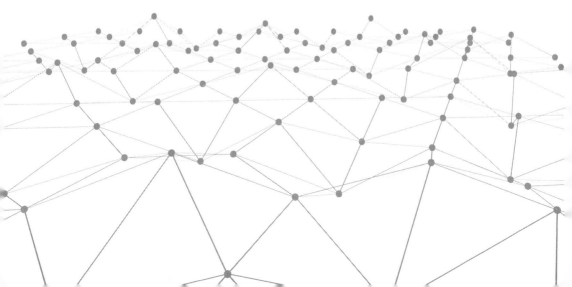

## 本章摘要

　　距離學是人類空間行為的科學研究。其先驅是人類學家霍爾，他首先提出描述人們在互動中所使用之互動距離的概念。後來的研究集中於個人空間的概念，亦即個人身體周圍的區域，一旦有人侵入便會引發不舒服的感受。個人空間的侵入是壓力性事件，通常會使我們避開入侵者。

　　個人空間具有多種不同的功能。它可以作為保護我們免於物理和心理威脅的緩衝帶，幫助我們調整來自其他人之感覺輸入的強度。它也是我們用來調整互動中與他人的親密程度之主要機制。

　　個人空間的測量方式有許多種。有些研究依靠紙筆測驗；有些則在人為控制的條件下進行實驗室測量；另外有些則是在自然情境中對行為進行無妨礙觀察。目前，在這個領域中，主流已由模擬和投射測驗轉向更符合自然主義的研究。

　　許多因素會影響個人空間的大小和形狀，包括個人的年齡、性別和文化背景，以及許多人際和建築特徵。

　　無論何時你觀察某一群人，一定很快就可以看出：在團體中每個人的空間排列並不是隨意的。人們所在的位置反映出團體內的地位和友誼關係，還有物理環境加諸個人的限制。一般而言，我們並不十分了解空間行為在生活中的重要性，直到發生了不尋常的事情之後才會注意。例如，在空盪盪的電影院中，如果有人坐在離你很近的地方就會讓你覺得不舒服；你也可能發現，與站得太近、咄咄逼人或離得很遠、神色冷淡的人交談都令人不愉快。任何時候若有陌生人或認識的人碰你一下，你必然會察覺，通常這會伴隨著強烈的正向或負向情緒反應。在所有的例子中，你的感受都受到他人的空間行為所影響。賀拉漢（Holahan, 1982）認為，我們用來描述與他人交往的言辭中充滿了空間的隱喻。例如，我們要別人在「逼人太甚」之前「滾出我面前」。我們需要「可以自由活動的空間」才不會覺得「被撇在角落」。我們需要「擁有自己的空間」，但是並不想與「接

近」的人「分離」。外向的人喜歡「肩併肩」，而內向的人卻喜歡「保持距離」。

　　我們對空間的利用是一種與別人溝通的方式，也是決定我們對別人之感受的重要因素。人類並不是唯一有空間需求的動物（見圖5-1A和5-1B），馴獅者和動物訓練師長久以來都很清楚這個事實（Hediger, 1950, 1955）。然而，人類的空間行為才是環境心理學家最感興趣的，因為人類的需求是環境設計所關心的主題。

圖5-1A、B　人類只是自然環境中表現出規則性區隔的眾多種動物之一

　　在1966年，人類學家霍爾（Edward Hall）發表了《隱藏的向度》這本書，並且介紹了**距離學**（Proxemics）。他對於此一學科的定義是研究人類空間行為的科學研究。霍爾在書中探討人們附加於空間利用的意義，並且首次提供許多不同文化中空間規範的可靠理由。根據霍爾的說法：在美國，人們的互動通常發生在下列四種距離之下，即親密距離、個人距離、社交距離和公眾距離。

　　**親密距離**（**Intimate Distance**）　由0到18英吋。在這種距離之下，只能清楚地看到另一個人的頭和臉；此時互動的人通常可獲得身體溫度和氣味等額外的感覺訊息。這種距離專門用在非常親密的互動中，通常不適合

公開場合中的成年美國人。

　　**個人距離（Personal Distance）**　　由18英吋到4英呎。在這種距離之下，嗅覺和細微的視覺線索開始消退，個人得以更了解他人身體的其他部

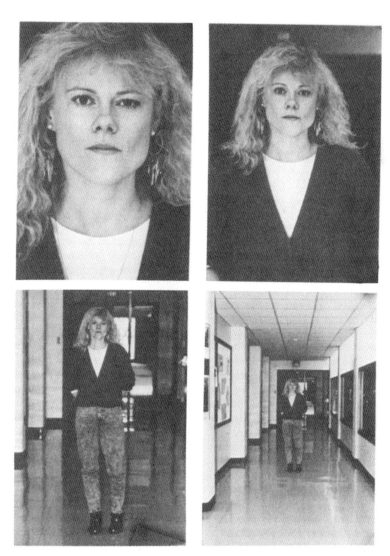

圖5-2A、B、C、D　霍爾所描述的美國人互動距離，當人們使用親密距離(A)、
　　　　　　　　　個人距離(B)、社交距離(C)和公眾距離(D)時所看到的景象

分。碰觸通常是被允許的，而且這也是與朋友交談的普通距離。

**社交距離（Social Distance）** 是4英呎到12英呎之間的地帶。較近的距離（4到7英呎）用於一起工作或進行非正式事務的人之間。較長的社交距離（7到12英呎）使人必須提高音量，所以是較爲正式的事務和社會互動所使用的。

**公眾距離（Public Distance）** 12到25英呎。是非常正式的，在這種距離之下，人們可以輕易地採取逃避或防衛的行動，它也可以用在不想互動的陌生人之間，或是接近重要公眾人物時的防衛信號。

必須注意的是這些距離是基於對中等階級的白人所做的觀察。霍爾自己也指出，即使在美國人的社會中，非洲裔或亞洲裔的美國人也可能有極爲不同的標準。霍爾的成果對於跨文化研究的成長相當重要，而且是60和70年代引發人類空間行爲之研究興趣的主要刺激。

# ❖個人空間的概念❖

與霍爾的互動距離研究有密切關聯的是個人空間（Personal Space）的概念。個人空間的定義是環繞在一個人身體四周的區域，當他人侵入時會引起不舒服的感覺（Hayduk, 1983; Sommer, 1969）。它並不是固定的地理位置；它隨著個人而移動，視情境改變而擴大或縮小。它通常被描述爲個人的「空間氣泡」。許多研究者嘗試刺穿氣泡的類比，因爲他們認爲這會導致對個人空間之性質的錯誤結論（Hayduk, 1983; Patterson, 1975; Winkelhake, 1975）。反對氣泡類比的原因是它不能適當地描述個人空間大小易於改變的特性，而且兩個氣泡接觸後會彈開的情形也和人們互動時的實際狀況不同。艾羅（Aiello, 1987）在文獻回顧中指出，甚至個人空間這個詞也容易令人誤解，最好直接討論人與人之間的距離，而不要訴諸任何特定的標籤。儘管有這些批評，這個名詞仍然廣爲利用，而且在討論人

類的空間行為時，很難不用到許多研究者共用的詞彙。因此，個人空間這個詞在本章中仍被保留。

　　大多數情況下，另一個人侵入個人空間時會引起不愉快和壓力的感受。你可能發覺自己在許多場合中避免侵入他人的個人空間，同時停留在別人不容易侵入自己空間的位置。你在電梯、圖書館、公園和點心台等公共場所中選擇站立或坐下的位置通常表示，你嘗試擴大自己和其他在同一地區的人之距離。研究結果肯定：人們無論何時都儘可能避免侵犯他人的個人空間（Barefoot, Hoople, & McClay, 1972; Reid & Novak, 1975; Sommer & Becker, 1969），而且小心地避免碰觸（尤其是在異性陌生人之間）（Anderson, Anderson, & Lustig, 1987）。在巴傅特、胡波和麥克雷（Barefoot, Hoople, & McClay, 1972）的研究中，研究者把助手安置在距離走廊上的飲水器遠近不等的位置上。基準資料是在研究進行期間停在飲水器旁邊取水的人數。巴傅特等人發現，停下來喝水的人數隨著實驗助手與飲水器接近的程度而顯著地下降。如果別人坐在很近的地方，則很少有人會停下來喝水。有趣的是，侵入助手之空間的人比無需侵犯他人之個人空間的人花費更長的時間喝水。或許這些想要侵入別人之個人空間的人特別口渴（或者至少他們想要表現得如此！）。另一個解釋是，發生在作業取向情境中的空間侵入行為—例如拿一杯水、使用公共電話或閱讀圖書館書架上的書—可能令人分心，因此比一般狀況下花費更長的時間（Ruback, 1987; Ruback, Pape, & Doriot, 1989）。另一個研究（Thalhofer, 1980）發現，在原本便十分擁擠的地區中，噴泉四周的空間較容易被侵入，或許因為入侵者較不注意其他人的社會線索，要不就是他們認為這種侵入較不令人嫌惡。

　　個人空間的侵入經常使得人們必須放棄原來的地方，遷往他處（Barash, 1973; Felipe & Sommer, 1966; Sommer, 1969），而且目前的證據也肯定：空間侵入使得被侵入者的激發水準升高。這些證據主要是基於

使用手掌流汗（Dabbs, 1971）和皮膚電阻變化（Aiello, Epstein, & Karlin, 1975; McBride, King, & James, 1965）等生理指標的研究，以及由觀察受試者的行為、姿勢和臉部表情來推論其激發狀態上升的研究（Efran & Cheyne, 1974; Konecni, Libuser, Morton, & Ebbeson, 1975; Smith & Knowles, 1979）。例如，康內尼（Konecni）和他的同事發現，當行人在等候紅綠燈時，如果個人空間受到侵犯，則他們過街的速度會加快。事實上，有些探討激發狀態和個人空間侵入之關係的實驗目前已是惡名昭彰，因為心理學家是以觀察人們在公共廁所中的行為作為開端（Brandeis, 1972; Middlemist, Knowles, & Matter, 1976; Reid & Novak, 1975）。這類研究的爭議在於，研究者公然地觀察人們的行為而未使他們知曉或徵得其同意，如此是否涉及倫理責任的問題？這些研究以及因此而產生的問題，在下面的專欄中將有詳盡的討論。

---

**無妨礙式觀察總是合乎倫理嗎？**

在所有個人空間的研究中，沒有任何一個比在公共廁所中研究人類行為更具爭議性（Brandeis, 1972; Middlemist, Knowles, & Matter, 1976; Reid & Novak, 1975）。米德密斯特等人（Middlemist et al., 1976）的研究激起部分宿舍的憤怒。許多人認為心理學家違反了田野研究所應遵循的倫理指導。在他們的研究中，受試者是公共廁所裡的男性。在研究期間，這些人的個人空間被實驗助手侵入。他們的一舉一動都經由隱藏在馬桶水箱裡的潛望鏡所探測，而且他們使用廁所的時間也由助手以碼錶計時。這個實驗成功地證實了個人空間侵入與生理激發狀態之間的關係，因為排尿的開始和持續時間的變化可以由激發水準之升高加以預測。

雖然本研究所獲得的資料相當有價值，但是許多心理學家認為：侵犯隱私權是不正當的。他們主張，當心理學家在如此高度私人性的情境中探測他人時，他們往往無視於受試者的隱私權被侵犯，而且所使用的方法也是絕不會用在其他人身上的。

對於這些批評的回覆是，發生在公共場所的行為本來就可以供作公眾探

---

討，心理學家只不過利用這些自由地供給任何有心觀察者之寶貴訊息。此外，為了更進一步了解真實環境中的行為，必須在真實生活的情境中進行研究。在所有田野研究中，受試者都保持匿名，任何特定個人的行為都不會被公開。因此，受試者的隱私權仍然受到保護。

　　你可以思考一下自己的意見：你認為這種研究是否符合倫理？

雖然一般人都同意：侵入個人空間會使人激發，但是其原因則有不同的解釋。有些研究者認為激發狀態是一種對空間侵入的反射、自動反應；但也有一些人相信：激發狀態反映出我們對他人之行為預期被違反時的驚訝（Burgoon, 1978, 1983; Burgoon & Jones, 1976; Cappella & Greene, 1982; Hale & Burgoon, 1984; Patterson, 1982）。

## 個人空間的功能

我們對個人空間被侵入的反應如此強烈，因此維護個人空間必然在人類的種族史上滿足了許多適應功能。以下將簡單地描述一些重要的功能。

**自我保護**　我們的「身體緩衝帶」的明顯功能之一，就是保護自己不受物理或情緒威脅（Dosey & Meisels, 1969; Horowitz, Duff, & Straaton, 1964）。個人空間愈大，人們就有愈充分的時間準備逃離物理危險或減輕情緒威脅的衝擊。根據伊凡斯和霍華德（Evans & Howard, 1973）的說法，個人空間的發展是為了控制攻擊性和降低壓力，許多現有的研究數據都符合此一解釋。例如，有些研究顯示出，當人們被騷擾或接收到有關其表現的負面回饋之後，通常會保持較大的互動距離（Karabenick & Meisels, 1972; O'Neal, Brunault, Carifio, Froutuine, & Epstein, 1984）。人們在有威脅的情境中也可能會保持較大的互動距離，例如，當他人正在衡量其異性吸引力或社交能力時（Brady & Walker, 1978; Dosey & Meisels,

1969）。艾德尼、渥克和喬登（Edney, Walker, & Jordan, 1976）認為，個人空間可以使我們確保控制社會情境的能力。史都布和渥納爾（Strube & Werner, 1984）也證實，控制需求較高和面臨他人控制之威脅的人擁有較大的個人空間。

卡拉班尼克和梅索斯（Karabenick & Meisels, 1972）也指出，在社會情境中比較焦慮或自尊較低的人也會保持較大的互動距離。許多監獄研究發現，有暴力行為史的人（以及那些被假定經常受到他人威脅者）比其他人擁有更大的個人空間，尤其是在背後的空間（Kinzel, 1970; Roger & Schalekamp, 1976）。在其中一個研究裡，戴博斯、傅勒和卡爾（Dabbs, Fuller, & Carr, 1973）發現，囚犯的個人空間比大學生更大，但兩組在角落時，都比在房間中央時顯示出更大的個人空間。

**調整感覺輸入**　人們的行為方式通常是為了維持最佳的刺激水準，亦即既不過高也不過低的水準。因此個人的空間的另一項功能是要協助個人調節由他人所獲得的感覺訊息量。納斯比和史帝文（Nesbitt & Steven, 1974）在研究中探討這種說法的可能性，地點是加州的遊樂場。他們徵得一位深色頭髮的年輕女性作為實驗中的「刺激」。她站在路旁準備搭便車，旁邊有隱藏式攝影機進行拍攝。在半數時間裡，她穿著顏色鮮艷的衣服，而且噴灑許多香水；在其他時間裡，她的穿著較保守而且不噴香水。在檢查照片之後，研究者發現：其他排隊的人會站在距離強烈刺激較遠的位置。在第二個研究中，他們改用男性作為刺激，也得到相同的結果。因此，改變個人空間的大小似乎是調整來自環境中之感覺刺激量的技術之一。

**傳達和調整親密性**　通常人們將親密性與彼此之間的正向感受相連，但是對心理學家而言，親密性僅僅表示個人之間相互關聯的程度。根據上述定義，兩個正在爭執或打鬥的人之間仍然有著親密的關聯（見圖5-3A和5-2B）。個人空間是非語文行為系統中最重要的成分之一，可以用來

傳達和調整互動中的親密程度。這些行為被稱為即刻行為（Immediacy Behaviors）（Mehrabian, 1967, 1969b）和涉入行為（Involvememt Behaviors）（Patterson, 1987）。除了個人空間之外，還包括微笑、眼神接觸、身體定向、姿勢和碰觸。在所有解釋這些行為如何發生作用的理論中，最具影響力的可能是阿吉爾與狄恩（Argyle & Dean, 1965）提出的**親和—衝突理論**（Affiliative-Conflict Theory）。他們選擇親和—衝突為名的理由是，他們相信人與人之間每次遭遇都包含趨近和逃避兩種傾向。比方說，你可能會靠近同伴以表示喜歡或者想要獲得訊息，但你也可能因為害怕被拒絕或洩漏太多自己的事而向後退。在互動中最適宜的親密程度發生在兩股力量相互平衡而達到均衡點的時候。阿吉爾和狄恩的理論目前已演變為著名的**均衡理論**（Equilibrium Theory）。因此，每次互動開始後都有一段不穩定時期，這時每個人都在嘗試建立均衡。一旦親密程度達到均衡時，任何一方的改變都會因為對方的非語文行為而反向地抵銷。例如當志雄與美華談話時，如果他突然改變親密程度而離開她遠一點，則她可能試圖恢復原來的水準，所以自己也跟著往前移動、增加眼神接觸或者將身體更直接地面向他。

以非語文行為來調整親密程度的例子可見於人們在擁擠電梯中的行為（見下面的專欄）。當電梯變得擁擠時，人們必須站得更靠近，通常會有所接觸。一般來說，這種接近的訊號增加關聯性，而且也提高親密程度。然而，這些人都是不希望有親密互動的陌生人，所以他們會調整其他的非語文行為以消除因接近所帶來的效果。因此，每個人都面向前方，而且避免眼神接觸（通常他們會看著門上的樓層數字）。他們的姿勢僵硬，而且儘可能避免碰觸。如果你懷疑這些行為的重要性，可以在電梯中嘗試「錯誤的示範」，例如靠近身旁的人，然後觀察他們是否不舒服（只要你的膽子夠大，必然可以感覺到自己在違反個人空間規範時也同樣覺得不愉快。）

圖5-3A、B　親密的非語文行為可用來表達正面和負面感受

---

**試試看：隨著電梯起伏的行為**

　　電梯提供了絕佳的機會來觀察人們如何擴大自己和別人之間的距離。為了直接得到第一手資料，你可以到建築物中，選擇一座使用頻繁的電梯，然後花點時間搭乘電梯並且觀察。注意搭乘者進電梯之後所站的位置。通常前四個進電梯的人（其中一個就是你）會站在電梯的四個角落，第五個人可能選擇中央。在這些明顯的位置都被人占據之後，你預測其他人該站在哪裡呢？乘客的哪些特徵可能使他們較不容易遭到空間侵入？注意要記下：當電梯變得擁擠，以致於人際距離近得令人不舒服的時候所出現的微笑和凝視等行為。

---

　　有些研究為了要檢驗阿吉爾和狄恩的模型，於是在實驗室中安排受試者與陌生人進行互動。其中一位陌生人的即刻行為在交談中有所變化。阿吉爾和狄恩預測，這種變化會因為受試者的非語文行為而抵銷。大多數研究都支持其預測，眼神接觸和人際距離是最常測量的行為（Aiello & Jones, 1971; Argyle & INgham, 1972; Baxter & Rozelle, 1975; Carr & Dabbs, 1974; Coutts & Ledden, 1977; Goldberg, Kiesler, & Collins, 1969; Patterson,

Mullen, & Romano, 1971）。均衡理論逐漸成為廣為接受的描述性模型。

雖然多數研究都支持均衡理論，但也有些研究發現：某些人會回應對方增加親密程度的表示，但卻不如阿吉爾和狄恩所預測的那樣（Breed, 1972; Jourard & Friedman, 1970; Schneider & Hansvick, 1974）。這個問題和後續研究所獲得的新訊息共同促成此模型的修正（Aiello, Thompson, & Baum, 1981; Argyle & Cook, 1976）以及對非語文之即刻行為的相異觀點（Burgoon & Jones, 1976; Cappella & Greene, 1982; Markus-Kaplan & Kaplan, 1984; Patterson, 1976, 1982）。

派特森（Patterson, 1976）試圖解釋為何有時會發生非語文親密性的回應。如你所知，人們所經驗到的激發水準強烈地受到周遭他人之非語文行為所影響，尤其是人際距離和凝視的行為。然而，阿吉爾和狄恩的模型未能考慮激發水準之變化，對於非語文行為的作用。派特森認為，個人在互動中所感受到的激發狀態變化（以及對變化方向的評估）是決定個人對行為之反應的中介者。根據派特森的模型，在A與B兩個人的互動中，A的行為所反映出的親密性變化會導致B的激發水準改變；B將此一激發水準的變化評定為愉快或不愉快是關鍵。如果激發狀態的變化被認為是愉快的，則B會回應A所表達的親密性水準而維持或增強愉快的激發水準。如果激發狀態的變化是不愉快的，則B會反向抵銷A的行為，例如改變本身的距離或他人的行為以調整親密水準至令人更滿意的程度。派特森的模型圖示於圖5-4。

派特森的模型直覺上很有道理，而且與一般的實徵證據相符。然而，它尚未經過廣泛的驗證。薛佛和派特森（Schaeffer & Patterson, 1980）發現，男性助手的直接凝視造成受試者強烈的負向反應，但是上述情形只出現在受試者認為助手與他無法相容的時候。同樣地，許多研究已證實：在正向的情境脈絡中，非語文親密性的增加會增強對他人的良好反應；反之，若互動的情境脈絡是負向的，則會增強不良的反應（Ellsworth

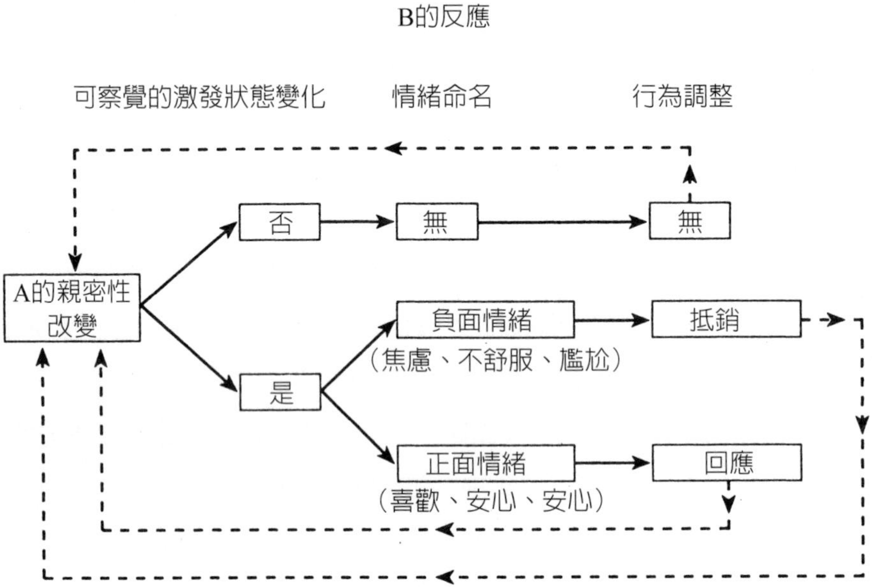

B的反應

| 可察覺的激發狀態變化 | 情緒命名 | 行為調整 |

圖5-4 派特森提出的人際親密程度之激發狀態模型

來源：Patterson, 1976

& Carlsmith, 1968; Ellsworth, Freedman, Perlick, & Hoyt, 1978; Kleinke & Pohlen, 1971; LeCompte & Rosenfeld, 1971; Schiffenbauer & Schiavo, 1976; Storms & Thomas, 1977）。有些研究試圖將情緒反應和受試者本身的非語文行為連在一起，但它們對派特森的模型只提供了微弱或有限的支持（Foot, Chapman, & Smith, 1977; McAndrew, Gold, Lenney, & Ryckman, 1984; Patterson, Jordon, Hogan, & Frerker, 1981）。

　　雖然我們並未完全了解個人空間行為的所有層面，但很明顯地可以看出：個人空間涉及如何調整與他人的親密性，而且當我們在控制他人的反應時，個人空間也有助於調整我們對他人的情緒反應（Burgoon, 1985; Patterson, 1987）。

# 個人空間的測量

　　所有關於個人空間之研究的關鍵問題都是研究者選定測量個人空間的方式。過去曾使用過許多技術，但它們都可以歸入下列三者之一：模擬／投射法、實驗室的**止步距離法**（Stop-Distance Method）和**自然觀察法**（Naturalistic Observation）。

　　**模擬／投射法**　社會情境的模擬和投射技術是研究個人空間的最普遍方法，尤其是在早期研究中。最早的模擬技術依靠布面半身像的使用，其對象有成年人、兒童、男性和女性，偶爾也用到在關係中可能很重要的狗或其他人物（Kuethe, 1962a, 1962b, 1964; Little, 1965, Pederson, 1973）。在模擬研究中的受試者被要求將這些圖畫想像成真實的人，而且將他們依照實驗者所描述的情境適當地加以排列。我們假定，受試者與這些布面圖畫所維持的相對距離可以反映出真實社會情境中的距離。隨著時間過去，其他紙筆的投射測驗逐漸被發展出來。其中最普遍的是**適宜人際距離量表**（Comfortable Interpersonal Distance Scale，簡稱CID），它是由杜克和諾威奇（Duke & Nowicki, 1972）所發展出來的（見圖5-5）。在量表中，作答者想像自己正站在房間中央。他們被告知另一個人由問卷中的8個位置開始逐漸接近。他們應標明適當的界線以表示開始對接近者的距離感到不舒服的那一點。每個方向都要重複數次，直到完全繪出受試者的個人空間為止。

　　投射法之所以大受歡迎的原因十分明顯：它們容易施測與計分、快速，而且比其他測量法更節省金錢。有些研究者堅持：投射式的個人空間測量的確提供了一致而有效的評估（Knowles, 1980），而且這些方法仍可用在研究中（Gifford, 1982; Sanders, Hakky, & Brizzolara, 1985）。然而，愈來愈多的研究者認為：依靠假設的情境並不適當，而且目前所使用之投射測量工具的信度還不夠好（Aiello, 1987; Love & Aiello, 1980; Sundstrom

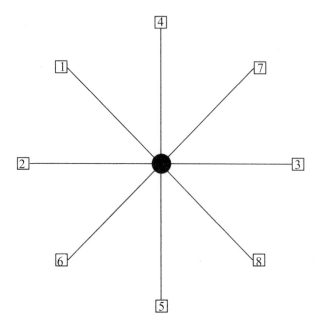

圖5-5　杜克和諾威奇的適宜人際距離

來源：Duke & Nowick, 1972

& Altman, 1976）。因此，使用投射法的研究者已經逐漸地減少。

　　**實驗室的止步距離法**　在實驗室中使用的止步距離法已經克服了投射法的部分問題。在這一類的研究中，受試者面對眞實的人，而且必須指明與此人互動時感到舒適的距離。有時候，受試者站立不動，另一個人逐漸靠近。當受試者覺得已達到舒適的距離時便要求對方止步。在其他研究中，受試者接近他人，覺得距離適當時便停止不再前進。這比單純地操弄布面圖畫更接近眞實，但在某種程度上仍是不自然的，因爲它無法代表眞正的社會互動。這種方法和其他實驗室研究一樣有其限制──可能產生必要特徵以及不確定結果是否能概化到「眞實的世界」。儘管有這些問題，這種技術仍然很受歡迎，而且已被用在許多研究中（例如Baileym Hartnett, Gibson, 972; Hartnett, Bailey, & Gibson, 1970; Hayduk, 1981; Horowitz, Duff,

& Stratton, 1964）。

　　**自然觀察法**　心理學家都同意，理想的研究必須儘可能在自然情境中進行，因爲那才是他們最終想要了解的情境。你可以回想第一章的內容，我們曾談到田野研究的諸多困難。隨機分派通常是不可能的。許多倫理和後勤的障礙必須克服，而且測量也不如在實驗室中那樣精確。儘管如此，在個人空間的研究中，田野研究有很強的傳統。通常研究者以攝影機或照相機拍攝自然背景中的人，然後利用地板上的瓷磚、人行道上的區間或是用膠帶仔細地黏成格子，藉以測量被觀察者之間的距離。個人空間的田野研究已在各種不同的背景之下完成，包括護理學校（Smetana, Bridgeman, & Bridgeman, 1978）、遊樂場（Nesbitt & Steven, 1974）、海灘（Thomas, 1973）、動物園（Baxter, 970）、討論團體（Henrick, Giesen, & Coy, 1974）和城市的街道（Dabbs & Stokes, 1975; Heshka & Nelson, 1972; Jones, 1977）。

## 個人空間的形狀

　　假設我們考慮研究者現有的多種技術，便會驚訝地發現很少有專門探討個人空間之形狀的研究，大多數研究都集中於面對面互動的距離。個人空間的形狀與「氣泡」的類比一樣，在傳統上被視爲圓形的。此一假設出於只測量單一平面上（通常圍繞著頭部）之個人空間的研究。如果以三度空間來思考個人空間，也就是同時考慮垂直和水平的部分較爲恰當（Holahan, 1982）。在此一參考架構之下的初步研究指出，身體不同部位的個人空間大小都不相同，因此形成不規則的圓柱體（Hayduk, 1981）。由於其他研究指出，性別等因素也會影響個人空間的形狀（Fisher & Byme, 1975; Harris, Luginbuhl, & Fishbein, 1978）。

# ❖影響個人空間的因素❖

　　許多變項都會影響個人空間的大小和形狀。下面將簡單地介紹最重要的幾個因素。由於使用模擬或投射法的研究愈來愈令人質疑，所以在摘要中將著重於使用其他技術的研究。

## 情境因素

　　「或許關於個人空間的一般命題中得到最佳支持的便是，正面的情感、友誼和吸引力通常和接近性有關。」（Sundstrom & Altman, 1976, p.50）。一般來說，人們報告：當朋友而非陌生人站在附近時，他們感到比較舒服（Ashton, Shaw, & Worsham, 1980）；在性別混合的配對中，吸引力總是與較近的物理距離有關（Allgeier & Byrne, 1973; Byrne, 1971; Byrne, Ervin, & Lamberth, 1970）。其他研究也顯示，在這些配對中主要是由女性來調整個人空間，以反映出受同伴吸引的程度；吸引力和互動之間的關係在女性和女性的配對中也成立，但是兩名男性的配對則否（Edwards, 1972; Heshka & Nelson, 1972）。通常，任何能增進人際吸引力的因素（例如相似性）都與互動距離的接近有關。人們的情感性關係會影響其個人空間的大小，但是地位關係也同樣重要。在關係中地位較高的人總是比對方擁有、控制和利用更大的空間（Henley, 1977; Sommer, 1969）。

　　物理空間的實際結構也對個人空間有所影響。費雪、貝爾和包姆（Fisher, Bell, & Baum, 1984）摘要說明基於觀察所知建築物對空間行為的作用。他們發現，人類對空間的利用通常反映出關心安全的底線：只要我知道（在必要時）可以輕易地逃走，則你我所需的空間就可以較小。因此，我們坐著比站著的時候需要更大的空間（Altman & Vinsel, 1977），

在室內大於在戶外（Cochran, Hale, & Hissam, 1984; Little, 1965; Pempus, Sawaya, & Cooper, 1975），而且在角落時大於在房間中央（Dabbs, Fuller, & Carr, 1973; Tennis & Dabbs, 1975）。包姆、瑞斯和歐哈拉（Baum, Reiss, & O'Hara, 1974）發現，隔間的策略性運用減輕了空間侵入的感受，而且擴大了辦公室、等候室和其他擁擠的公共場所中令人舒適的空間。

　　其他因素也與個人空間有關。如果有一個人要求協助，則比較可能產生接近的互動距離或碰觸（Baron, 1978; Willis & Hamm, 1980）。已有報告指出，如果在電影院前排隊等候觀看包含許多激情鏡頭的影片，則其隊伍的密度是看家庭影片時的兩倍（Sommer, 1969）。

## 年齡

　　雖然過去曾有許多關於個人空間利用之發展變化的研究，但其結果並不一致。因此，我們目前仍不清楚：兒童究竟何時開始一致地分隔自己和他人？但是心理學家都同意：兒童的個人空間需求隨著年齡穩定地增加（Burgess, 1983; Hayduk, 1983）。年幼的兒童玩耍時較為接近，而且較常碰觸（Burgess, 1981）。我們所知的是，與成人相似的空間規範始於青春期（Aiello & Aiello, 1974; Aiello & Cooper, 1979; Altman, 1975; Evans & Howard, 1973）；而且性別差異出現得很早，通常女孩所使用的距離較近（Guardo, 1976）。顯然，成人能夠察覺兒童的空間行為是不穩定的，因為10歲以下兒童的空間侵入很少引發負面反應（Dean, Willis, & LaRocco, 1976; Fry & Willis, 1971）。

　　雖然海許卡和尼爾森（Heshka & Nelson, 1972）指出，年長者可能使用較小的人際距離，但沒有其他關於成年之後個人空間變化之研究。

# 性別

　　性別是決定大多數情境中空間行為的重要因素。由於性別和許多個人及情境變項之間都有交互作用，所以只根據性別做預測時要格外小心（Aiello, 1987; Hayduk, 1983）。在傳統上，一般人都相信（而且也得到許多實徵證據支持），任何年齡的女性都使用比男性更短的互動距離（Aiello & Jones, 1971; Lott & Sommer, 1967; Pellegrini & Empey, 1970; Sussman & Rosenfeld, 1982; Wittig & Skolnick, 1978）。男性對過短距離的忍耐性較低（Aiello, 1987），而且男性入侵者造成他人較強烈的煩惱和逃避反應（Ahmed, 1979; Bleda & Bleda, 1978; Krail & Leventhal, 1976; Murphy-Berman & Berman, 1978; Rustemli, 1986）。一旦我們知道這些訊息，就不會意外任何人都比較靠近女性（Kassover, 1972; Long, Selby, & Calhoun, 1980）。

　　許多已知的空間行為之性別差異都來自田野研究，其中實驗助手在公共場所侵入不知情的人之個人空間。這些研究顯示出男性和女性對侵入的反應有許多差異。費雪和拜恩（Fisher & Byrne, 1975）選擇在圖書館讀書的大學生為研究對象。他們發現女性對側面的空間侵入感到最困擾，男性則認為正面的侵入最令人不安。毫無疑問地，這和男性喜歡面對面地就座以及女性偏好並排的方式有關（Sommer, 1959）。然而，在這些情境中還有其他因素會影響其反應，所以問題變得更加複雜。假設空間侵入發生在校園中的長椅上，如果入侵者保持沉默則男性會較快離開；反之入侵者先詢問是否可坐下時，女性會較快離開（Sundstrom & Sundstrom, 1977）。同樣地，哈里斯、盧金布爾和費許本（Harris, Luginbuhl & Fishbein, 1978）在購物中心的電梯上由後方侵入購物者的個人空間。無論入侵者的性別為何，男性的反應多半是移開，而女性則假裝未察覺。

　　許多電梯中之空間侵入反應的研究也發現有趣的性別差異。在這些

研究中，受試者進入已有人在內的電梯中，而且被迫侵入他人的個人空間。大多數人選擇侵入女性而非男性的個人空間（Buchanan, Juhnke, & Goldman, 1976）。布察南等人（Buchanan, Goldman, & Juhnke, 1977）在三個系列性的實驗中發現，女性比較喜歡站在附近的女性注視她們，但會避開凝視她們的男性。相反地，男性較希望侵入其個人空間的人不要注視他們。其他研究也證實，當女性不得已必須侵入他人的空間時，她們會選擇那些注視她們或微笑的人，但男性會選擇假裝未察覺他們的人（Hughes & Goldman, 1978; Lockard, McVittie & Issac, 1977）。

有些研究指出，女性偏好與男性互動的距離可能跟月經週期有關，因為人際距離可能受到身體不適、緊張和性行為的興趣之波動所影響（O'Neal, Schultz, & Christenson, 1987; Sanders, 1978）。朗巴多（Lombardo, 1986）的研究顯示，除了性別以外，個人的性別取向（例如是否強烈地認同男性化或女性化的角色）也可能是調節空間行為的重要因素。

## 種族、文化和倫理背景

霍爾（1966）在探討空間行為之文化差異的奠基研究中，區分「地中海型」文化和「北歐型」文化。他承認這種分類非常粗略和模糊，而且某些東方文化並不符合任何一種分類。根據霍爾的說法，地中海型文化包括阿拉伯、南歐和拉丁美洲。來自這些社會的人在空間行為中表現出相當大的親密性，他們使用極接近的互動距離，並且出現大量的碰觸和眼神接觸。北歐型文化包括北美洲和德國、英國等北歐國家。這些社會中存在著減少與他人之非語文親密性的規範，所以人們通常偏好較大的互動距離和個人空間。霍爾指出，一旦來自不同文化的人進行互動，而又不知道對方的空間需要，就可能會發生明顯的問題。

霍爾的觀察相當仔細，描述也十分詳盡，但並非來自環境心理學家所熟知的量化或實驗的傳統。後續的研究大致上支持霍爾的結論（Sommer, 1969; Watson & Graves, 1966）。不過這些研究不夠廣泛，大多數在方法上有瑕疵，而且受試者並不住在自己的國家（Aiello, 1987; Aiello & Thompson, 1980）。同時，許多跨文化研究（Forston & Larson, 1968; Little, 1968; Sander, Hakky, & Brizzolara, 1985）也僅僅利用模擬和投射技術。我們並不是說霍爾的描述不正確，只是這些問題尚未完全探究清楚。由於大多數研究都在美國完成，所以現有的資料主要是國內的次文化差異而非國際間的文化差異。

許多研究證實，不同種族成員之間的互動距離大於同一種族成員間的互動距離（Booraem, Flowers, Bodner, & Satterfied, 1977; Hendricks & Bootzin, 1976; Rosegrant & McCroskey, 1975; Willis, 1966）。西班牙裔美國人似乎比英裔美國人在互動時更為接近（Aiello & Jones, 1971; Ford & Graves, 1977; Pagan & Aiello, 1982），而且黑人和白人擁有不同的空間和非語文規範（Aiello & Thompson, 1980; LaFrance & Mayo, 1976）。這些次文化差異可能造成重要的結果。在加略特、巴克斯特和羅瑞里（Garrett, Baxter, & Rozelle, 1981）的研究中，白人警察接受訓練以便在與黑人民眾晤談時使用黑人（較大）或白人（較小）的互動距離。黑人強烈地偏好表現出「黑人」之間隔行為的警察，而且評定他們在個人、社會和專業能力上較為優秀。薛洛（Scherer, 1974）認為，社會經濟地位可以克服次文化的距離規範。在以中低階層兒童為對象的研究中，來自同一社經團體的男孩和女孩總是使用相同的距離，無論其種族為何。

## 專有名詞解釋

親和─衝突理論（Affiliative-Conflict Theory）（又叫做均衡理論，Equlibrium Thoery） 由阿吉爾和狄恩（1967）所提出的理論，它描述人際距

離和其他非語文行為如何調整人與人之間互動的親密水準。

適宜人際距離量表（Comfortable Interpersonal Distance Scale，簡稱CID）
　　由杜克和諾威奇（1972）所發展的個人空間紙筆測量工具。

即刻行為（Immediacy Behaviors）（又叫做涉入行為，Involvement Behaviors）　用以調節人際間親密性的非語文行為，包括人際距離、眼神接觸、碰觸、微笑、身體定向和姿勢等（Mehrabian, 1967, 1969b）。也稱為涉入行為（Patterson, 1987）。

親密距離（Intimate Distance）　非常親密之互動所使用的距離（0到18英吋）。

自然式觀察（Naturalistic Observation）　在真實生活背景中的行為測量或觀察。

個人距離（Personal Distance）　朋友之間普通談話的一般距離（18英吋到4英呎）。

個人空間（Personal Space）　圍繞在個人身體周圍的區域，他人的侵入將會引起不舒服。

距離學（Proxemics）　人類空間行為的科學研究。

公眾距離（Public Distance）　用於不想互動之陌生人和重要的公眾人物之距離（12到25英呎以上）。

社交距離（Social Distance）　用於正式事務和社交互動的距離（4到12英呎）。

止步距離法（Stop-Distance Method）　測量個人空間的實驗室技術。

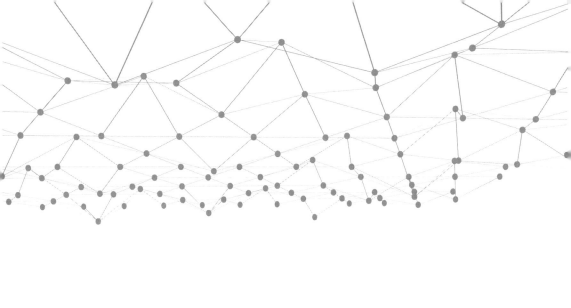

◆ 第六章

# 領域性

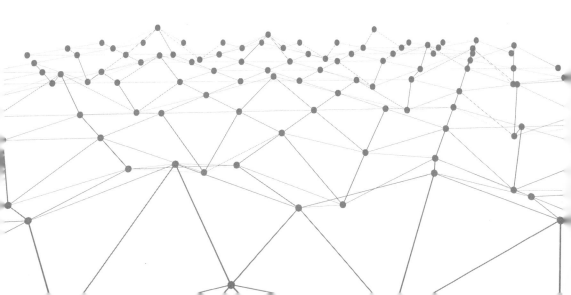

# 本章摘要

　　領域性意指經由控制地理區域來影響或控制他人的行動。領域行為在動物王國中相當普遍，而且是多種動物之交配和一般社會結構的基礎。

　　隱私與個人空間和領域性的概念有著密切的關聯。它是有選擇地讓別人接近自己或自己所屬的團體。隱私是個人藉以控制何時及如何與他人互動的歷程。魏斯廷（1967）描述四種不同的隱私狀態：獨處、親密、匿名和保留。隱私的每一個層面都有其重要性；隱私太少會嚴重地影響個人的健康和有效發揮其功能的能力。雖然在各個社會中有不同的隱私需求和規範，但他們都發展出允許個人控制接近他們之途徑的方法。

　　領域性有減少衝突的功能，而且有助於順利地調整社會互動。人們會將其領域個人化，以增強所有權的感受，並向他人宣示其所有權。

　　阿特曼（1975）提供了區分不同種類之領域的體系。主要領域是指擁有者覺得大部分時間裡都可以完全控制的地方，例如自己的住家。次要領域在使用者的生活中較不居於核心，而且比較不在其控制之下，但是仍然很重要。它們同時擁有公眾的可利用性和私人控制。公共領域可供任何人暫時、短期地使用。已有研究支持：人們在較居於核心的主要領域中體會到較大的安全感和控制感。侵入主要領域──例如住宅遭竊──是一種極不安穩且高度情緒化的經驗。公共領域的侵入似乎較不令人厭惡，因為大多數人甚至不會保衛他們的公共領域。

　　由於人們對領域性的概念普遍有些扭曲（Andrey, 1966），因此多半認為領域行為是導致衝突和攻擊的壞事。事實上，情況卻完全相反。想像一個沒有領域性的社會，在那裡每個人都可以接近任何地方。陌生人可以自由地走進你的臥室和浴室，把你從公共場所的座位上趕走，而且隨時都可以駕駛你的汽車。籬笆將不會存在，竊盜將不再是犯罪，鎖匠反而成為危險的行業。你沒有合法的權利去繼承父母的財產，而且無法確實找出別人的位置。簡單地說，這是一個充滿混亂、無法運作和生存的社會。

個人空間會隨著個人而移動，而且依據情境的不同而擴展或收縮，但是領域卻是固定的地理位置。領域性意指個人對發生在該處之活動發揮控制的行為。研究者已經提出了多種不同的定義，其差異在於所強調的是領域標示和防禦等可觀察的行為（Becker, 1973; Sommer, 1969），或是比較無法直接觀察的情感或認知反應（Altman, 1975; Brower, 1980; Malmberg, 1980）。雖然所有的定義都有用處，但在本章中將要用到的定義最接近沙克（Sack, 1983）的說法：領域性是指經由控制某一地理區域和其中的物體，以影響或控制他人行動的意圖。

## 領域性和隱私

隱私的概念與個人空間和領域性有著極密切的關聯。事實上，這些觀念彼此緊密地相連，以致於有時無法說明何者是總括的（Taylor & Ferguson, 1980）。隱私就像個人空間和領域性一樣，能夠幫助我們調整互動，以維持秩序並且避免與他人衝突。隱私不足和許多環境中的反社會行為及攻擊有關，包括監獄中（Glaser, 1964）與海軍軍艦上（Heffron, 1972）。

隱私通常被想做是遠離他人，但是阿特曼（1975）的定義卻更明確地捕捉到環境心理學家使用這個詞彙時所強調的精神：隱私（Privacy）是有選擇地控制他人接近自我或其他團體的方式。因此，隱私並不只是要把別人趕出去。它是個人用以控制與何人互動，以及何時和如何發生互動的邊界控制過程。對大多數人來說，在與他人互動時若能維持某種程度的控制，對於心理健康極為重要，要達到這個目的可以藉由多種不同的機制。在北美洲，物理環境中的門窗、隔間和其他建築道具是調整隱私的主要方法。米勒和希利特（Miller & Schlitt, 1985）指出隱私和物理環境間關係的概要（隱私的問題是往後討論建築環境中之設計時的重點）。非語文溝通

和社會習俗（例如，不要在午夜打電話給你的心理學教授）的遵守是環境中調整隱私的重要輔助工具。當物理或社會環境中出現明顯的線索，足以作為要求隱私的合法理由時，人們較可能積極地維護隱私，而且要求不受歡迎的人離開（Haggard & Herner, 1990）。

魏斯廷（Westin, 1967）認為個人必須維持四種不同的隱私狀態。**獨處**（Solitude）意指平常的隱私概念——有機會與他人隔離和免於被觀察。然而，其他形式的隱私也相當重要。**親密**（Intimacy）是指只和朋友、配偶或情人共處，而不受其他討厭的人所干擾的自由。**匿名**（Anonymity）描述的是在公開場合中免於被他人認出或受人監督的自由。匿名對於電影明星、政治人物和職業運動員這些公眾人物來說愈來愈難達成。第四種隱私是**保留**（Reserve），也就是個人想要限制有關自己之報導的要求得到周遭人士的合作。

根據魏斯廷（1967）的說法，隱私可以滿足多種功能。它是親密溝通所必要的，而且它能使我們在生活中維持控制、自主和自我認同的感受。它也可以容許在非隱私環境中顯得不適當的情緒發洩。路易斯（Lewis, 1961）在其著作中貼切而具啟發性地描述了沒有隱私的生活。在書中敘述低收入的墨西哥家庭的生活情形：在一個房間中住著9到10個人，即使像穿衣服或上廁所這種簡單的事情，也要與他人的生活需求有所牴觸。

許多事情都會影響我們對隱私程度的知覺。年齡、性別、文化背景等個人特徵毫無疑問地都是其中的一部分，此外還有成長中有關隱私的經驗和對於應得之隱私的預期（Marshall, 1972; Smith, 1982; Walden, Nelson, & Smith, 1981）。隱私很難以實徵方法測量，目前已有一些測量隱私的問卷（Westin, 1967; Marshall, 1972; Pedersen, 1982），但其精細程度還不足以用在應用的環境中。

每個社會所能容許的隱私程度，以及對個人所需要之隱私的假設都不相同。霍爾（1966）在描述北歐型和地中海型文化時探討了這些差異。根

據霍爾的說法，德國在隱私的連續量尺上代表一個極端。在德國，視覺和聽覺的隱私極為重要，而且辦公室的門很少像在美國那樣敞開。往房間裡瞧或移動家具都是無禮的舉動。相反地，在地中海型文化中，公開場合裡沒有視覺和聽覺隱私，陌生人之間的眼神和身體接觸也很普遍。事實上，在阿拉伯文中甚至沒有隱私這個詞！

即使隱私規範因地而異，但所有社會中都發展出容許個人控制靠近自己之方式的社會慣例。即使在吉普賽（Yoors, 1967）和薩伊的匹克米族（Turnbull, 1961）這種似乎沒有個人隱私的社會中也是如此。派特森和齊斯威克（Patterson & Chiswick, 1981）所研究的則是印尼和馬來西亞的伊邦人（Iban）。伊邦人住在稱為長屋的架高共同建築中（見圖6-1）。每幢建築的面積大小不一：小至20碼長，只能容納3個家庭；大到300碼長，可供40個以上的家庭居住。典型的家庭包括父母、4到5個孩子以及祖父母。長屋有稻草蓋的屋頂以及和建築物長度相等的開放式玄關，每個家庭占用一個長方形房間（大約20英呎長、15英呎寬），作為廚房、臥室和起居室。每個房間的出口都通往半公開的走廊。這些生活的安排導致高密度、缺乏聽覺隱私，而且也沒有多少視覺隱私──因為許多活動都發生在公共的走廊和玄關地區。

長屋中的高度社會接觸不容許太多的隱私，但伊邦人卻接受有助於彌補隱私不足的規範。例如，有親屬關係的家庭儘可能住在鄰近的房間中。他們的工作分配嚴格地依照傳統的性別角色來進行（男性從事耕種和捕魚；女性負責烹飪、做家事、照顧孩子），而且個人有很大的自由可以與家庭分離或終止友誼。詢問陌生人私人問題是不禮貌的，批評或管教別人的孩子也是被禁止的。公共區域在晚間變成半私人性的，人們不能像在白天那樣自由地在長屋中往來。長屋的首領負責調解爭端，而且有權對違反規則的人施以處罰。每個伊邦家庭都是獨立自足的單位，在經濟上與鄰居無關。在家庭之中，有關更衣和12歲以上的未婚子女依性別分開睡眠的規

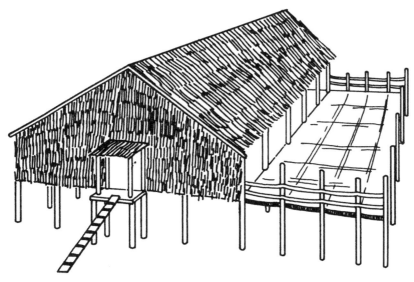

圖6-1　伊邦人的長屋

來源：Patterson & Chiswick, 1981

定提供了些許隱私。

　　隱私和個人空間的完整在個人的生活中相當重要，而領域性則是維護它們的主要機制。領域行為在日常生活組織中的重要性無庸置疑。事實上，領域性在動物的社會行為中維繫著與生存有關的功能，許多有關領域性的知識都來自動物行為的研究。

# ❖動物的領域行為❖

## 動物領域性的來源

　　羚羊、螞蟻和紅翅黑鸝等動物都有強烈的領域性，牠們所有的社會組織都圍繞著領域性而發展。其他動物（例如鼠類）的領域需求較有彈性，

而且當情況不容許有效地防衛領域時，也能採用其他方式去組織社會世界。雖然科學家都同意領域行為在動物世界中相當普遍，但他們對於這類行為是否屬於具有生理基礎的本能卻有不同的意見。

最早研究動物領域性的科學家是採取演化觀點的生理學家（Lorenz, 1966; Wilson, 1975; Wynne-Edwards, 1962）。這些研究者總是認為領域行為受演化的力量所塑造，目前所呈現的形式是由在進化史上受天擇壓力所決定的。因此，動物由遺傳獲得領域行為的傾向，因為牠們過去這樣做因此能生存並成功地繁殖。這種立場對於環境心理學家來說爭議性較大，因為他們對於領域性的起源仍無一致的意見。泰勒（1988）贊成演化的觀點，認為人類的領域性發展和動物一樣；但是布朗（1987）認為動物的領域性極有彈性，而且是以學習為基礎，所謂「領域本能」的概念過於簡單，令人無法接受。

我們的立場較接近於社會生物學家威爾森（Wilson, 1975）和巴拉許（Barash, 1982）等人的看法：領域性是一套社會行為的系統，它的產生是因為生物具有適應性。每種生物的領域性發展都有種族內的個別差異，其強度由基因傾向決定，但同一種族的所有個體具有共同的生理基礎。

## 動物領域性的功能

雖然維持及防衛領域會消耗動物的時間和精力，但是經過明確界定的領域系統對個體和整個種族而言都是明顯的優點。例如，動物可以藉此清楚地標示領域的邊界，以及對其他種類的動物發出信號，減少發生戰鬥的機率。吼猿和鳴鳥不斷地以傳之千里的聲音來宣示其位置，使自己有充分的機會避免衝突。狼和許多肉食動物常在其領域邊界的關鍵位置撒尿和排便，熊則會拉長四肢將樹皮削掉。這些動物不但傳達了有關領域占據者之大小的訊息，還有領域邊界的相關資訊。

　　在發生衝突的情況下，領域系統還可以提供其他保護，以避免動物因戰鬥而導致嚴重的傷害。或許最重要的是所謂的主位效果（Prion-Residence Effect）的現象。它表示動物在自身領域中表現出優於入侵者的支配性。如果你曾經觀察過小狗把大狗趕出院子，那正是上述效果的具體表現。無論是夜鶯或狗，在自己的巢穴中必然占有優勢。小雞在自己的窩裡比較可能啄外來的鳥（Rajecki, Nerenz, Freedenburg, & McCarthy, 1979），魚兒在熟悉的水族箱中比晚加入的魚有更大的支配性（Figler & Evensen, 1979）。如果兩種同樣具有領域性的魚同時被放入魚缸中，則牠們會各自占據其中一部分作為自己的領域。顯然在這兩個區域之間有易於辨認（至少是魚類容易辨認）的領域邊界，因為當其中一條魚誤闖同伴的空間時就會立刻受到攻擊，而且被趕過邊界。然而，攻擊者在追逐中時常游得太遠，然後突然發現自己在另一條魚的領域中。此時，兩條魚的角色互換，原先的逃跑者變成了攻擊者。這種追逐不斷地來回進行，直到兩條魚終於面對面地安頓在界線的兩邊，彼此「怒目而視」，各自在其領域中保持安全和支配的狀態。因此，領域性並不會增加攻擊性，但它會使得動物避免意外地闖入其他動物的領域，因而降低衝突。不僅如此，即使發生罕見的嚴重戰鬥，它也能使動物在自身的領域中占有明顯的優勢。最近的研究支持了人類之主位效果。下面的專欄中將描述這一類的研究。

---

人類的主位效果

　　長期累積的證據顯示，動物在自家的領域中對抗其他動物時較占有優勢，但是直到最近心理學家才肯定人類或許也是如此。

　　過去的研究一致地指出，人們占用某一空間的時間長短與他們感受到的所有權和控制程度有關，而後者又會帶來較大的安全感和支配感。在有關主位效果的實驗中，受試者通常是大學生，他們在自己或別人的房間中參與作業或交談。受試者在自己的房間中總是覺得比較輕鬆、作業表現較為成

功，而且比訪客更能支配交談情形（Conroy & Sundstrom, 1977; Martindale, 1971）。泰勒和藍尼（Taylor & Lanni, 1981）發現，一般而言，支配性較低的受試者在自己的房間中甚至傾向於主控三個人的討論。哈里斯和麥安德魯（1986）發現，人們在自己的房間裡較能抗拒簽署攻擊性請願書。最後，泰勒（1988）指出，即使在小飛俠的故事中，溫蒂唯一可以拒絕其要求的地方就是她自己的房間。

許多研究顯示出，在競賽中主隊明顯地占有優於客隊的優勢。對於籃球等室內運動來說確實如此（Greer, 1983; Schwartz & Baesky, 1977; Silva & Andrew, 1987）。近期有一個研究分析了超過2000場高中摔角比賽的結果，顯示出上述情形也發生在個人運動中（McAndrew, 1992）。雖然主隊優勢的強度可能部分與客隊旅行的時間長短有關（Courneya & Carron, 1991），但是此效果很清楚地是出於其中一隊在熟悉的環境中比賽的緣故。運動員在支持的觀眾面前有較強烈的控制和支配感。然而，如果求勝的壓力太大──例如在冠軍賽中，則在自己的球迷面前比賽反而會損害其表現。主隊在冠軍賽中的表現通常遜於例行賽（Baumeister & Steinhilber, 1984; Heaton & Sigall, 1989）。

領域行為唯一與攻擊性有關的是擁有競技系統的動物，也就是當雄性動物以占據領域作為交配的序幕時所產生的攻擊性會戰（Davies, 1982; Gould, 1982）。競技場（Lek）是雄性動物聚集在一起爭奪領域的地點。雖然許多動物都會表現出這種領域行為，不過最好的例子應該是非洲草原上的羚羊。在雌羚羊的動情週期開始之前，雄羚羊會離開從前所生活的單身族群，聚集在傳統的公共展示場（即競技場）上。雄羚羊開始高度儀式化的戰鬥：牠們在直徑數公尺的空曠區域中確立界限和保衛領域。在戰鬥中包括以角纏鬥、推擠和喧鬧，但是很少造成嚴重的傷害。勝利者成功地站在牠的領域上，失敗者要離開競技場或是向其他動物挑戰。雌羚羊來到競技場，很自然地被擁有中央領域的雄羚羊所吸引。因此，只有占據領域的雄羚羊能夠與異性接觸，而且占有最佳之中央領域的雄羚羊有最大的

機會可以交配。此一系統能夠確保：最健康、最強壯的雄性交配的次數最多，而且高度儀式化的戰鬥規則使傷害或死亡的可能性降至最低。這種系統也有助於保留年輕、沒有經驗的動物留待日後交配（Alcock, 1984）。

圖6-2A、B、C　在烏干達草原上的羚羊。

　　領域性除了可以減少攻擊性和控制交配之外，對動物來說還有其他功能。它可以使動物散布的較廣，以避免食物供應和其他資源的負荷過重；它也有助於使廢物侷限在一處，而且可以降低疾病的傳播率。

## ❖人類的領域行爲❖

　　雖然許多政治學家可能有異議，但是泰勒（1988）認爲人類的領域行爲只有在討論個人和小團體的時候才有意義，並不適用於國家等較大的範圍。尤其是以演化的參考架構來看，這一點更爲正確，因爲它假定現在的人類領域性是經過數萬年的生物和文化演化所塑造的。這種取向並不要求

我們將人類的領域行為視為完全固定、沒有彈性，而且完全由生物特性所決定的；這只表示我們有表現領域行為的內在傾向，因為它在過去被證明是有利的。關於人類領域性的演化起源可以參考馬博格（Malmberg, 1980）和金恩（King, 1976b）的文章。

不同的文化要面臨不同種類的隱私／領域問題，因此生活在不同社會中的人會表現出不同形式的領域性。儘管如此，所有的社會中都有一些辨認邊界、處罰違規者和協調領域權利的方法。在人類歷史上一直就是如此。

古代的希臘和羅馬人對於分隔私人財產的邊界十分敏感。事實上，羅馬有一位名叫托敏斯的神，就是土地邊界的神。在**守界石**（Termini Stones）上雕刻著守界神的肖像，用來分隔田地以及界定所有的邊界。根據宗教及民法，任何擅自移動這些石頭的人都會受到嚴厲的處罰。例如，古代羅馬的農人若是在守界石下耕種，則會和耕作的動物一起被活活燒死（Stilgoe, 1976）。在西方文化中，年度的儀式經常是為了紀念城鎮和私人財產的界線。這些儀式最後結束於籬笆、勘查和土地檔案整理。現有的部分節日，尤其是萬聖節，通常被認為是早期異教徒和中世紀疆界習俗的遺跡。事實上，有人認為南瓜燈是「多年前的地標移轉者之靈魂，註定會永遠出沒在邊界上。」（Stilgoe, 1976）。

今天，許多最受歡迎的運動都反映出人類的強烈領域取向：足球、橄欖球、籃球和曲棍球都要求球員成功地防禦主要的領域（球門），抵抗對手的侵入。用來形容這些運動行為的詞彙（例如持球、盜壘、控球、越位、中立區和足球中的「領域」）使得運動 —— 領域的隱喻更加明顯。即使在棒球中，兩對爭相控制的最重要菱形區域也被稱為「本壘（Home Base）」。

在簡單地敘述人類領域行為的早期根源之後，接著我們將探討它在現代如何運作。

圖6-3　南瓜燈代表干擾領域標示者的靈魂註定永遠要出沒在邊界

# 人類領域性的功能

　　人類之領域行為的最主要功能之一，是隱私的保留和調整。如果個人能擁有一個調節隱私和發揮控制力的地方，對於維護健康、正常的功能來說是極為重要的。無法維持這樣的地方會導致壓力和其他問題（Lyman & Scott, 1967）。在大多數社會中，「無家可歸」是一個人最不幸的經歷，而且這個人立刻落入社會階層的最底層。辨認出某些東西和地方是「屬於」自己的是兒童在社會發展中的重要階段（Furby, 1978），而且已有證據顯示：對領域的依附隨著年齡而增強（Rowles, 1980）。研究一致地指出，人們在固定進行某些活動的地點發展出「所有權」的感覺，而且這種領域性的感受隨著人們在那個地方所花費的時間而增加。梭摩（1969）指出，當人們在點心台坐了5分鐘之後，假如有陌生人接近並且要求他（她）移動座位，則他們通常會照做並且道歉。然而，當他們已坐下25分

鐘後，便一致地拒絕移動。同樣地，艾德尼（Edney, 1972）進行了一項研究，以觀察會在家中積極地展示領域標記（Terrirotial Markers）的人和不會這樣做的人之間是否有任何差異。這些積極的標記包括記號（例如「內有惡犬，禁止進入」）、圍籬或其他的警示。他發現積極地展示防衛性領域記號的人通常住在家裡的時間較長，而且計畫將來仍要住在那裡。此外他們應門鈴的速度甚至也比較快！

我們已經知道領域性在生活中的重要性，所以心理學家的發現也就不足為奇。他們發現：人們在許多環境中都很快地開始維護自己的地方，並且使其適於自己所用。有些關於人們在餐廳用餐情形的研究顯示出，用餐的人如果有必要建立領域所有權的時候，較常碰觸東西，但是這類碰觸沒有任何明顯的目的（Taylor & Brooks, 1980; Truscott, Parmelee, & Werner, 1977）。這些研究還發現，在下列情形中人們較可能以表現領域性的方式來碰觸餐具，例如端來的是別人所點的菜、盤子是滿的、以及用餐者對餐廳仍然陌生而沒有控制感的時候。渥納爾、布朗和戴姆隆（Werner, Brown, & Damron, 1981）在一系列相似的研究中發現，同樣的碰觸行為在電動玩具店中可以用來宣示機器的所有權。如果他人闖入或威脅要闖入，則碰觸的時間會更長而且動作更明顯。

領域也使得人們可以控制和傳達個人認同的感受。當領域即將成為個人生活中長久存在的一部分時，**領域的個人化**（Personalization of Territories）就變得更加重要。當個人遷入新的辦公室、房屋或公寓時，最先由行李中取出和陳列的東西，通常是與永久居住地有關的個人擁有物或裝飾品。有些證據顯示，領域的個人化有時可以預測其他行為。在漢森和阿特曼（Hansen & ALtman, 1976）的研究中，房間裝飾的數量和種類與大學生是否留在學校的可能性有關！他們在猶他大學拜訪剛註冊的一年級新生，而且將床鋪上方的牆壁拍照。研究者測量裝飾空間的大小，並檢驗七種個人化的方式。這些分類反映出裝飾與下列主題的關係：私人關係；

政治、宗教或哲學價值觀；個人興趣的範圍；參考物品；娛樂；或抽象／藝術性裝飾。研究者發現，學期終將要離開學校的學生較不可能裝飾牆壁。他們的裝飾占用較少的空間，而且通常反映出學校以外的個人生活。家鄉男友或女友的照片、全家福照片或來自故鄉的剪報都屬於這一類。但是在同一所學校的追蹤研究卻未能證實，裝飾空間的大小與是否留校之間有任何關聯。不過他們已經證實：中途退學者的裝飾品種類較少，而且與學校環境的關聯較小（Vinsel, Brown, Altman, & Foss, 1980）。

圖6-4　在宿舍房間中的裝飾反映出學生的興趣和他們是否專注於大學環境

渥納爾等人（Werner, Altman, Oxley, & Haggard, 1985）認為，戶外的裝飾可以增進與鄰居的接觸，而且加深其依附。布朗和渥納爾（1985）肯定，萬聖節的裝飾確實可以預測屋主在鄰近地區之社交接觸的數量，以及他們對鄰居的依附感。這些裝飾不僅增加鄰居的凝聚力，而且也是引發鄰居前來拜訪的線索。另一個相似的研究（Werner, Peterson-Lewis, & Brown,

1989）中也發現，大學生判斷屋主之社交性的部分基礎是房屋中所展示的
耶誕節裝飾。

圖6-5A、B、C　房屋的風格和裝飾反映出屋主的生活型態和個性。你認為住在
　　　　　　　這些房子裡的人有什麼不同呢？

　　格林包姆和格林包姆（Greenbaum & Greenbaum, 1987）認爲房東比房
客更常將居住標記個人化。布朗（1987）指出，領域個人化的行動可能增
加對領域的依附，也能增進他人對自己的印象，儘管這些印象不一定正
確。卻魯尼克等人的系列研究清楚地證實，人們居住和工作的地方可以作
爲判斷他們的依據，因此住家和工作領域的個人化是造成良好印象的有效
策略。卻魯尼克和梭德（Cherulnik & Souder, 1984）要求學生由街道的幻
燈片來判斷24位附近居民的特質和職業。這些學生不僅對每位居民的可能
職業看法相當一致，而且也相當同意他們的性格特質。例如，較低階層之
住宅區的居民通常被描述爲易受騙的、不負責的和懶惰的。在另一個研究
中，同一個人出現在中上階級住宅區之照片中，比他們出現在中下階級環
境時，被判定擁有更多令人喜歡的特質以及更有聲望的職業（Cherulnik &
Bayless, 1986）。其他研究也肯定，受試者基於個人的住家和鄰近地區而
做出相似的判斷（Nasar, 1989; Sadalla, Vershure, & Burroughs, 1987）；用
來判斷屋主之地位的標準似乎未隨著時間而改變，因爲受試者可以正確地
判斷100年前建於波士頓之房屋，原始屋主的社會經濟地位（Cherulnik &
Wilderman, 1986）。

領域性也在人類社會系統的組織中扮演著重要的角色。一旦缺乏對各個地方的合理所有權、占有權和控制力，則人們的互動將陷入一片混亂。領域也可以支持和澄清社會角色，調整互動及減少衝突。清楚明確的領域可以減少智障男孩（O'Neill & Paluck, 1973）、不良青少年（Sundstrom & Altman, 1974）和街道幫派份子（Ley & Cybriwsky, 1974）等團體中的攻擊行為。以居住在狹小、孤立房間中的水手為對象的研究已發現，在研究期間的最初兩天便已建立清楚領域的人在工作時表現較好、壓力較輕，而且可以忍受較長時間的孤立。缺少領域性的人毫無秩序，而且無法忍受長期的孤立（Altman & Haythorn, 1967; Altman, Taylor, & Wheeler, 1971）。

## 人類領域的種類

阿特曼（1975）曾經區分人類領域的不同種類。領域之間的差異在於它們在擁有者之生活中的重要性；有些領域位居較核心的地位。核心性意指個人在領域中所感受到的安全和控制程度。阿特曼假設大多數人類領域可以歸類為下列三種：主要領域、次要領域和公共領域。

**主要領域**　在擁有者覺得可以完全控制他人之接近，以及大多數時間內都可以使用的地方稱為主要領域（Primary Territories）。這些地方包括在使用者生活中居於核心的住家、辦公室和臥室。主要領域只供給某個特定的人或團體使用，而且別人也可以清楚地辨認出這是主要領域。法律認可上述的主要領域，使用武力來保衛它通常被認為是正當的。

像住家這樣的主要領域通常是由不同的人所控制的「迷你領域」組合而成的。希巴和邱區曼（Sebba & CHurchman, 1983）在以色列海法的一個中等階級住宅區與185位成年人和兒童進行晤談。由晤談中顯示，每個家庭成員都完全同意家中的領域分類。起居室、走廊和浴室是公共領域，並非任何一個家庭成員所能控制的。相反地，臥室和書房是屬於個人的領

域；通常這些地區的「擁有者」強烈地覺得這些地方代表他們，而且「在這裡沒有人會打擾你」。有趣的是，每個人都用到廚房，但通常在家庭中將它歸為母親所有，因為她負責所有在那裡發生的事。其他研究也證實，家中的領域劃分反映出家庭成員的活動模式；這些模式又受到其他因素的影響，例如母親的職業地位（Ahrentzen, Levine, & Michelson, 1989）。為了幫助你思考自己家中的領域，請閱讀下面的專欄「你的家人是否具有領域性？」

---

試試看：你的家人是否具有領域性？

多數維持家中之穩定領域功能的日常行為並未被家庭成員所察覺。你可以試著思考自己家中的規範，並且列出一張可以稱為「領域」行為的表。以下是一些幫助你思考領域性的問題；然而，這只是開始而已。你可能會驚訝於這份列表的長度。

1. 你的家人是否會將浴室上鎖？
2. 你的家人是否每餐都坐在相同的座位上？
3. 你的家人是否在進入每個房間之前都會敲門？
4. 你的家人是否每晚睡覺時都關上臥室的門？
5. 家中是否有任何特殊的房間（例如辦公室或工作室）只供某一個人使用？
6. 在起居室或客廳裡是否有一張椅子「專屬」於某一個人？
7. 你的每一位家人是否都有自己的電話或電視？
8. 你的家人是否可以自由地使用別人的物品（例如腳踏車、音響或衣服），或者必須事先得到允許？
9. 你的家人是否共用梳子？
10. 在你的家庭中是否允許吃別人碗中的食物或者喝別人杯裡的飲料？
11. 如果在看電視時有所爭議，則你和家人如何解決？
12. 在戶外和室內是否由同一個人負責烹調？
13. 如果你們有一座花園，是否每一個人都有相等的責任去照顧它？
14. 到你家來拜訪的客人是否在家人常用的地方以外的區域接受招待？

15. 家中的成年人是否對裝飾品有相等的控制權？
16. 當你的家人一起乘汽車出外旅行的時候，是否總是由同一個人負責駕車？

**次要領域**　比起主要領域來說，在使用者的生活中較不居於核心、較不排外，也較不為占用者所控制的是次要領域（Secondary Territories）。次要領域同時擁有公眾的可利用性和私人控制，可以作為主要領域和公共領域之間的橋梁。次要領域的例子包括鄰近地區的酒吧、住家門前的街道或是自助餐廳及休息室中的座位區。由於外人通常很難辨認，所以在使用次級領域時，很可能產生誤解和衝突。過去數年以來，我和家人都住在學校宿舍中，而且擔任宿舍指導員。這幢建築就是我們的家，夏季時只有我們還住在這裡。在前門內的兩座樓梯之間有足夠的空間可以停放兩輛腳踏車。我們很快地就把這個地方當作次要領域，固定地將腳踏車放在那裡。然而，當秋天學生返校之後，只要我們暫時移開腳踏車，他們立刻接管了那個地方。由於我們長期以來習慣了每天獨占那裡，所以覺得已擁有所有權，一旦別人奪走這份權利時便感到憤怒。但是我們也知道，從學生的眼光來看，這是公共區域，我們的權利和別人相同，所以我們通常不讓別人知道自己的不滿。對次要領域的不一致意見很可能發生在不常受監督、難以個人化以及看來非他人所擁有的地方。這些區域缺乏紐曼（Newman, 1972）所謂的可防禦空間（Defensible Space）。在後面的章節中我們將看出，缺乏可防禦空間可能導致住宅區和建築物居民的嚴重問題。

**公共領域**　可供任何人暫時、短期使用——假設他們不違反相關的使用規則——的地方是公共領域（Public Territories）。公共領域的一般場所包括電話亭、網球場、公共長凳或者圖書館、公園和購物中心的座椅。個人只是短暫地使用這些領域以達到短期目的，它們不是使用者的生活

中心，而且和主要、次要領域中典型的所有權和控制感無關。如果公共領域由同一個人重複使用，最後它的功能可能較接近次要領域（Cotterell,1991）。在大學校園中，學生通常選擇圖書館中的同一個座位或是宿舍中的同一個淋浴蓮蓬頭，如果他們發現別人正在使用，而不得不遷往他處，可能心裡會覺得有點不舒服。在教室裡，學生也傾向於每天都坐在相同的座位上，即使老師並未指定位置；如果他們無法使用相同的座位，通常也會坐在附近。即使如此，我們使用公共區域時大多數仍然比較符合對公共領域的描述。

到目前為止的研究證據顯示，阿特曼對這三種領域的描述是有效的，因為人們確實在主要領域中表現出更大的控制力。在研究中，學生自述在較居於核心的領域裡感覺有較大的控制力（Edney, 1975; Taylor & Stough, 1978），而且在自己的領域中比訪客表現出更多的支配行為（Conroy & Sundstrom, 1977; Taylor & Lanni, 1981）。在哈里斯和麥安德魯（1986）的研究中，大學生被要求簽署請願書。一半的人簽署的是多數學生沒有固定意見的無害請願書（增加學校所在地每月可焚燒樹葉的時數）。另外一半受試者則要支持增加學校中必修課的數目（這份請願書毫無疑問地相當不受歡迎）。學生在宿舍房間比在圖書館或校園中更可能拒簽不喜歡之請願書。對中性的請願書來說，在不同地點的簽署比例沒有差別，因為在這種情況下，學生不必抗拒或發揮對情境的控制。

## 領域標示和防衛

人類領域行為的一個重要部分是領域標示。布朗（1987）指出，主要領域的標示方式通常反映出擁有者的價值和個人特徵，但次要領域和公共領域則是對空間的直接宣示。貝克（Becker, 1973）調查人們在公共場所使用標示以維護領域的方式。人們幾乎利用任何現成的東西，所以在公車

站可能利用手提箱和外套，在圖書館中則是書本。無論在任何地方，以個
人所有物作為領域標示比可能被誤認為公共財產的東西更有效。研究海灘
上領域行為的心理學家發現，毯子、收音機或其他海灘用品是那裡常見的
領域標示（Edney & Jordan-Edney, 1974; Jason, Reichler, & Rucker, 1981）。

圖6-6　領域標示是在公共區域保留空間的有效方法

　　領域標示物形成了有效的警告系統，使得人們得以避免與他人在
公共場所發生衝突，這些標示物幾乎總是得到他人的尊重。梭摩和貝克
（1969）發現，領域標示的有效性隨著團體壓力而改變；也就是說，當空
間壓力較高的時候，衣服等私人標示物比非私人標示物更有效。有一個研
究探討酒館中保留桌子的領域標示有效性。研究結果顯示，在高要求的狀
況下，男性領域標示物（明顯地屬於男性的外套）可能比女性標示物更有
效（Shaffer & Sadowski, 1975）。

　　雖然人們經常標示其公共領域，但是當別人侵入領域時他們通常不

會防衛。梭摩和貝克（1969）發現，如果被標示的公共領域因主人不在而被侵入，則附近的人通常不會防衛；貝克和梅約（Becker & Mayo, 1971）也發現，在學校的自助餐廳中，即使座位被別人占用，領域的主人也不會防禦。麥安德魯、賴克曼和索羅門（McAndrew, Ruckman, & Soloman, 1978）發現，即使入侵者不在現場，原來的領域所有者也不會再度主張其所有權。在研究中，受試者回到圖書館座位時發現他們的標示物被推到一旁，而且被別人的所有物取代。沒有一個人再回到原來的座位上。這些結果令人驚訝，尤其是在初步調查中，每個人都表示：在這種情況下，他們絕對會要回自己的空間。

只有一些研究發現原來的占用者或周遭的人明顯地護衛公共領域。其中一個研究在賽馬場進行（Aronson, 1976）。當隔壁的人離開而座位被其他人占用時，63%的人會對抗侵入者，而且維護原先使用者的領域權。然而，你必須注意的是，大多數的「好鄰居」都是領域主人的朋友或親戚。

圖6-7　幫派常在牆上作畫作為領域標示物

另一個研究也指出，領域對於所有者的價值是決定是否防衛的重要因素。泰勒和布魯克斯（Taylor & Brooks, 1980）發現，在圖書館的桌上留下標示物的人，有50%會要求入侵者移動，但是發現有人占用已標示的座位時，每個人都會要求入侵者離開。

圖6-8A　典型的遭竊房屋

來源：Brown, 1979。

圖6-8B　典型的未遭竊房屋

來源：Brown, 1979。

# 住宅遭竊：當主要領域被侵入的時候

　　大多數領域侵入的實驗性研究都只探討公共領域，其實有明顯的原因。然而，最近的一系列田野研究開始加入有關住家遭竊——也就是明顯地侵犯主要領域時的重要資料。布朗和阿特曼（1983）比較遭竊和未遭竊住宅的領域展示。他們發現，未遭竊的房屋可能有某種特定的領域展示，包括實際和符號的邊界，像是籬笆、牆壁、警報系統和領域界線。在財產上標明所有者的姓名和地址是有效的做法。其他暗示屋主在場的重要證據也是如此，例如停放車輛、院子裡的玩具或運轉中的灑水器。未遭竊的房屋較容易從鄰宅看見，特別是緊鄰的房子。相反地，遭竊的房屋可能與公共領域比較相近，無法顯示任何有人在家的跡象，而且在視覺上較為隔離。基於這些訊息，圖6-2A和6-2B以繪圖的方式說明典型的遭竊和未遭竊房屋。

　　麥唐諾和吉佛德（MacDonald & Gifford, 1989）要求43位男性偷竊犯以照片來評估50幢獨棟住宅是否可能成為竊盜的目標。竊盜犯認為，容易監視的房屋最不可能成為目標，由道路方向可看見的程度尤其重要。另一方面，竊盜犯並不認為屋主的領域行為會減低遭竊的可能性，使用符號式障礙事實上似乎在鼓勵別人將它視為偷竊的目標。麥唐諾和吉佛德推測，竊賊通常假設維修房屋外部的屋主可能擁有財產，所以視他們為有利的目標。

　　有些研究集中在遭竊後屋主的反應。屋主的情緒衝擊遠超過財產損失。多數竊盜的受害者表達出震驚、被欺騙、混亂和侮辱的感受。許多人把它與強暴相比，藉以強調主要領域在生活中的重要性（Korosec-Serfaty & Bolitt, 1978）。這些效果在遭竊後歷久不衰，而且可能使屋主永遠恐懼獨自在家（Waller & Okihiro, 1978）。布朗和哈里斯（1989）發現，如果在遭竊的同時，財產也被破壞和翻箱倒櫃，或者同時具有感情和金錢價值的財物被拿走，則這些負面反應會更加嚴重。翻箱倒櫃和私人物品的損

失，加強了受害者失去領域控制的感受，使得他們覺得更不安穩。

## 專有名詞解釋

匿名（Anonymity）　隱私的形式之一，表示個人可以公開出現，但不會被他人辨認或監視。

可防禦空間（Defensible Space）　有助於領域控制的地區。

親密（Intimacy）　隱私的形式之一，個人可以自由地與朋友、配偶、或情人進行互動而不會受到他人干擾。

競技場（Lek）　許多動物所使用的共同展示區域。雄性動物在競技場上的小區域中競爭，這是吸引雌性動物和交配所必需的。

領域的個人化（Personalization of Territory）　裝飾領域以增加所有權的感受，並向別人宣示此所有權。

主要領域（Primary Territories）　在擁有者的生活中居於核心的地方，擁有者可以完全控制那裡，並且大部分時間都可以使用。

主位效果（Prior-Residence Effect）　領域所有者勝過訪客或入侵者的優勢。

隱私（Privacy）　有所選擇地控制他人接近自己及其團體的途徑。

公共領域（Public Territories）　可供任何人暫時、短期利用的公共地區。

保留（Reserve）　隱私的形式之一，個人需限制有關自己的訊息，而且得到他人的合作。

次要領域（Secondary Territories）　在心理上比主要領域較不居於核心、也較不排外的地方，同時擁有公眾的可利用性和私人控制。

獨處（Solitude）　隱私的形式之一，將自己與他人隔離而且不受觀察。

守界石（Temini Stones）　雕有守界神之肖像的石頭，遠古的羅馬人用來分隔田地和界定領域邊界。

領域防衛（Territorial Defense）　當領域被侵入時主動取回領域控制。

領域標示物（Territorial Markers）　用以表示此空間在某神或某團體控制之下的物品。

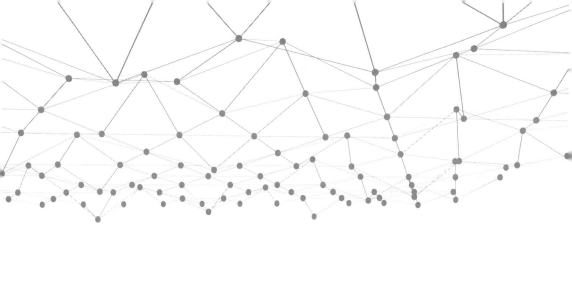

◆ 第七章

# 擁 擠

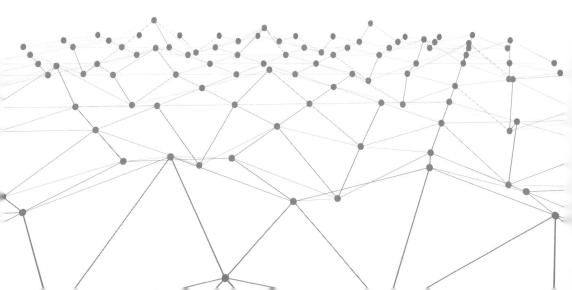

## 本章摘要

　　區分密度和擁擠的概念非常重要。密度是每個空間單位中之人數的客觀數值；擁擠是導致負面感受的主觀心理狀態。雖然密度是擁擠的重要成分，但是擁擠的知覺會受到其他情境和人口變項的影響，例如建築結構、作業的必要條件以及個人的年齡和性別。

　　持續接觸高密度毫無疑問地會對許多種動物的健康和社會行為造成嚴重的負面後果。雖然對人類來說可能也是如此，但是將動物研究的結果直接概化到人類身上卻要十分小心。

　　有關人類對高密度之反應的研究，可以分為短期和長期擁擠的研究。短期擁擠的研究通常是實驗的設計，而且很少持續數小時以上。有關短期擁擠的研究顯示，這種經驗可能對情緒有負面效果，而且干擾複雜作業的表現。長期擁擠的研究探討自然地發生在人群中（通常在監獄或學校宿舍中）而且持續長時間的高密度狀況。雖然這些研究還不完備，但是可以看出持續接觸高密度通常會產生負面效果，特別是在監獄這種令人嫌惡的環境中。

　　許多理論都指出密度對人類的影響。生態模型認為，在行為背景中應確立使環境運作良好所需要的最佳人數。超負荷模型解釋擁擠是過多刺激和環境訊息的反應。弗瑞曼的密度──強化模型假定，密度本身既非正面亦非負面的，但它會強化任何在情境中所發生的事。激發狀態模型描述擁擠是高密度情境中激發水準上升的副作用。控制模型強調個人失去對環境的控制是擁擠經驗的重要因素。這些理論都得到部分支持，但對於人類擁擠經驗性質的更明確理論，仍有待進一步的研究來建立。

　　在前面兩章中我們討論過人類的空間行為，以及領域性、隱私和個人空間如何滿足重要的人類需求與促進社會團體成員間的順利互動。在本章中，我將探討當這些安全設備失效以及擁擠時所發生的狀況。

　　一開始我將定義兩個經常交替使用，但是實際上有所不同的兩個詞：密度和擁擠（Saegert, 1973; Stokols, 1972）。**密度**（Density）是每個空間

單位中之人數的客觀測量數值，它可以被明確地指明。在討論密度時，我們必須詳細地描述所使用的密度測量單位。例如，密度可能是每個國家、每平方英哩或每個房間中的人數。我們也可以用建築術語來描述密度，例如每個居住單位中的房間數目，或是每幢建築或每英畝中的居住單位數目。許多研究都區分「內部」和「外部」的密度測量單位（Galle, Gove, & McPherson, 1972; Jacobs, 1961; Zlutnick & Altman, 1972）。與人際關係有最密切關聯以及對行為之影響最強的密度測量單位是每個房間中的人數（Galle, Gove, & McPherson, 1972）。

在實驗中可以操弄的密度形式有兩種：社會密度和空間密度（Baum & Valins, 1977; Paulus, 1980）。**社會密度**（Social Density）隨著占用同一物理空間的人數而改變，而**空間密度**（Space Density）則因相同的人數所占用的物理空間大小而改變。這兩種密度的區別很重要，因為其中之一涉及人數的增加，另一種則否。同時，它們對於跟隨情境中密度變化而決定的感受和行為有不同的效果（Baum & Koman, 1976; Baum & Valins, 1979; McGrew, 1970; Paulus, 1980, 1988; Stokols, 1976）。

雖然密度代表客觀的物理狀態，但**擁擠**（Crowding）卻是會導致負面感受的主觀心理狀態。擁擠發生在個人覺得空間中有太多人的時候。當然，許多因素會影響擁擠的知覺，包括性格、與周遭其他人的關係，以及溫度、氣味和待完成之作業等情境因素。儘管如此，密度可能是決定人們所感覺之擁擠程度的最重要因素。

擁擠被定義為一種負面、不愉快的狀態，而且關於擁擠的民間傳說也符合上述定義。過去曾有許多因擁擠而造成的意外事件。其中最著名的是1756年所發生的「加爾各答的黑洞事件」（Ashcraft & Scheflen, 1976）。加爾各答的英國租界威廉堡被西拉阿都拉所率領的軍隊所攻占。146位因犯被迫進入18乘以14.10英呎的禁閉室過夜。到第二天早晨，只有23個人倖存。許多較不出名也較不極端的故事，同樣指出高密度對人類造成的負

面結果。例如，艾許卡夫特和薛夫倫（Ashcraft & Scheflen, 1976）報導了
第二次世界大戰期間美國運兵火車的擁擠情形：

　　這一趟旅程本來不應超過2小時……不幸的是它卻耗費16個小時。由
於某些無法解釋的原因，火車只靠單邊鐵軌輪流支撐。車上不供應任何食
物，因為原來預定是短程。3個小時過後，水也完全用光了。

　　玩笑逐漸減少，而怒火卻燃起。爭議愈來愈頻繁，連普通的軍隊式抱
怨也覺得更加激烈。幾乎持續不斷的觸覺接觸令人無法忍受，幾小時之前
才開過的玩笑也可能惹來一頓拳頭。有些士兵顯得精力充沛……有些人則
退縮在一旁，有個人甚至在火車移動時企圖跳車。很明顯地，有人能適應
長期擁擠，有人卻不能。


　　雖然有這些例子和老生常談，但我們已逐漸接受：高密度常會在人
類身上造成負面結果，但並不總是如此（Choi, Mirjafari, & Weaver, 1976;
Ditton, Fedler, & Graefe, 1983; Freedman, 1975; Westover, 1989）。


## ❖高密度對動物的作用❖

　　長期的高密度生活毫無疑問地會在多種動物身上造成嚴重的負面結
果。團體中的動物數目似乎比每隻動物所擁有的空間大小更重要（Baum
& Paulus, 1987; Freedman, 1979）。因此，對於動物來說，改變社會密度
比改變空間密度更能引發有力的效果。這些效果可能是生理、行為和情緒
的，在團體中的動物總是比單獨的動物更不情緒化、更活躍，而且腎上腺
也比較大（Freedman, 1975）。這些效果的產生原因有許多種：動物面對
空間和食物等維生資源的激烈競爭；密度增加導致目標導向行為的干擾增
多；以及接觸各種引發行為干擾之刺激的機會增多。

# 高密度的生理後果

　　高密度的生活對動物的健康有嚴重的影響。有關高密度對動物之生理影響的研究由克里斯坦和他的同事（Christian, 1955, 1963; Christian, Flyger, & Davis, 1960）所完成。克里斯坦相信，過多動物引起的刺激和壓力增加使得腎上腺的荷爾蒙持續地分泌；他也認為這種長期壓力可能導致生理崩潰和死亡。在其中一個研究裡（Christian, Flyger, & Davis, 1960），一群梅花鹿在馬里蘭州一個位於海面的孤立小島上不受抑制地繁殖。牠們遠離掠奪者，而且有充足的食物和水。牠們的族群增長得非常大，然後突然地崩潰了。許多動物生病或死亡。驗屍後顯示，這些動物的腎上腺確實擴大，而且還有其他的壓力症狀。野外生物學家也曾在其他動物身上發現這種族群增長而後崩潰的現象。

　　許多研究都肯定高密度與動物的器官損傷有關（Myers, Hale, Mykytowycz, & Hughes, 1971）。以齧齒類來說，在高密度的條件下，繁殖力大幅度地下降，生殖器官的大小和活動也因為動物在大團體中而隨之變化（Christian, 1955; Davis & Meyer, 1973; Massey & Vandenburgh, 1980; Snyder, 1968; Southwick & Bland, 1959; Thiessen, 1964）。海姆史塔和麥法林（Heimstra & McFarling, 1978）指出，如果將安非他命注射在群居的老鼠身上有更致命的效果。高密度也使得動物的血壓讀數上升（Henry, Meehan, & Stephens, 1967; Henry, Stephens, Axelrod, & Mueller, 1971）。甚至有些研究顯示，懷孕的鼠類如果處在擁擠中，牠們所生育的後代會表現出情緒和性行為的干擾（Chapman, Masterpasqua, & Lore, 1976）。

# 高密度的行為效果

　　比生理效果更容易觀察的是行為的干擾。最普遍的發現是：高密度

大幅度地增加戰鬥和攻擊行為。這種效果在許多動物身上都可以見到。猴子、果蠅、貓、寄居蟹、豬、雞、毒蛛、沙鼠、蜻蜓和可怕的阿利根尼樹鼠都會在高密度之下表現出較大的攻擊性（Anderson, Erwin, Flynn, Lewis, & Erwin, 1977; Aspey, 1977; Hazlett, 1968; Hodosh, Ringo, & McAndrew, 1979; Hull, Langan, & Rosselli, 1973; Kinsey, 1976; Moore, 1987; Moss, 1978; Polley, Craig, & Bhagwhat, 1974; Southwick, 1967）。高密度也可能干擾學習和作業表現等「認知」行為（Goeckner, Greenough, & Mailer, 1974; Goeckner, Greenough, & Mead, 1973）。

早期研究密度如何影響動物之社會行為的學者是卡爾洪（Calhoun, 1957, 1962, 1973）。他的研究工作始於觀察在戶外圍欄中的野鼠。就像克里斯坦研究鹿一樣，卡爾洪的老鼠也免於受侵略者的攻擊，而且有無限制的食物、水和其他資源。儘管有這種豪華的享受，但在三年的觀察期中，鼠群從未增加到150隻以上。卡爾洪對這一點感到困惑，所以決定在控制的條件下追蹤這個問題。在後續研究中，他分別在10乘以14英呎的觀察室裡研究6群患白化症的老鼠。每個房間都分成4間大小相同的隔間，其中包含飲水池、食物漏斗，以及由5個巢狀箱子組合而成的人工洞穴。在隔間的天花板上有一個可供觀察的窗口。圖7-1是觀察室的簡圖。在4個隔間中唯一不同的是，1號和4號隔間只有一個斜坡可以通往鄰室。相反地，2號和3號隔間卻有兩個斜坡作為進出口，供其他兩處的老鼠進入。任何在1號和4號隔間之間來回的老鼠都被迫要通過2號和3號隔間。

在一般狀況下，雄鼠可與一群雌鼠交配。這群雌鼠停留在由雄鼠所護衛的領域中。雄鼠只和自己的「妻妾」交配，雌鼠也會拒絕和其他雄鼠交配。在卡爾洪的研究中，1號和4號隔間中的情形的確如上所述。每一小群老鼠都由一隻雄鼠所保護。有支配權的雄鼠很容易控制自己的房間，而且阻止其他雄鼠由斜坡進入，甚至會睡在斜坡底以防止入侵。在這些群體中的雌鼠通常都是好媽媽，而且在1號和4號隔間中的存活率也相當不錯。

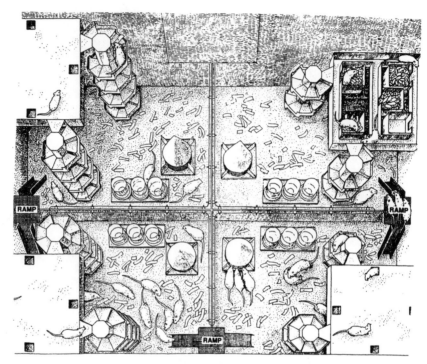

圖7-1　卡爾洪的鼠類擁擠研究中所使用的觀察室

來源：Calhoun, 1962。

　　在2號和3號隔間中的情形便大不相同。由於這些房間有兩個出入口，所以雄鼠不可能建立支配權和防止入侵。這會導致擁擠和正常行為完全崩潰。雌鼠不再築適合的巢，而且牠們的母性行為也受到干擾。在其中一個族群裡，96%的幼鼠在斷奶前便已死去。初生的幼鼠通常會被遺棄或吃掉。發情的雌鼠被成群的雄鼠無情地追逐，其中大部分在懷孕或生產時死亡。許多雄鼠發展出奇怪的行為模式，包括同性戀、過動或攻擊水準上升。如果在2號和3號隔間中餵食的時候，同時鼓勵動物在團體中進食，則最有可能發生社會行為的瓦解。

　　卡爾洪稱這種極端混亂、擁擠的圍欄中的情形為行為淪喪

（BehaviorSink）。當群體的分布狀況不均衡，導致某些區域的群體密度超過生物維持正常社會組織的能力時，就會形成行為淪喪。卡爾洪所發明的詞彙很快就大受歡迎，而且也被用來形容在表面上十分相似的人類狀況。

如此一來就產生了一個重要的問題：我們是否能從動物研究概化到人的身上？這種趨勢在60年代和70年代初期十分盛行，因為有關擁擠對動物的不良影響已有相當的了解，但是關於人類的直接研究卻很少見。雖然高密度對人類的效果已開始逐漸累積資料，然而這種關係卻比大多數動物更為複雜。弗瑞曼（Freedman, 1979）認為早期的研究者受到卡爾洪的動物研究之影響過大，因此忽略其他指出高密度未必對動物造成傷害的研究。此外，弗瑞曼等人（Baron & Needel, 1980; Baum & Paulus, 1987）推測，即使密度和負面效果之間的關係在動物身上是一致的，但是有許多原因足以說明對人類而言未必如此。學習、認知歷程和文化因素在決定空間區隔時，都是重要的因素，因此人類的互動較有彈性也較複雜。簡單地說，目前的共識是：動物研究雖然極有幫助，但其結果不可以直接、簡單地用在人類身上。

## ❖高密度對人類的影響❖

### 短期擁擠的研究

長期擁擠的研究通常在於檢驗生活在自然族群中的人，長期面臨高密度狀況的反應；通常，這些研究都是相關性研究。在討論接觸高密度的長期效果之前，我將先討論有關短期擁擠之效果的研究結果。

短期擁擠的研究多半是實驗，而非相關性研究。通常，研究者隨機地

分派受試者至兩個或兩個以上的實驗狀況中。各實驗狀況的差異是實驗背景中的空間或社會密度不同。實驗期間短至30分鐘，長至數小時。顯然，實驗的短暫和人為情境限制了研究結果，可概化至真實環境中的擁擠問題之程度。儘管如此，這些實驗仍然很有價值，因為這是唯一可以「刪除」混淆田野研究結果的人口和情境變項之有效方法。此外，利用實驗的技術可以研究多種不同的獨變項和依變項。在短期擁擠的研究中最常使用的依變項是情感和情緒反應、作業表現，還有攻擊、助人行為和人際吸引力等社會行為。

短期擁擠的實驗可以在實驗室和田野環境中進行。短期接觸高密度之效果的一個例子是馬修斯、拜朗和波勒斯（Mathews, Baron, & Paulus, 1979）所進行的研究。他們的研究目的是決定：在受試者與他人競爭或合作的情境中，密度對攻擊行為的作用是什麼？實驗中的受試者是普通心理學的學生。他們被隨機地分派到高密度（在2.0乘以1.7公尺的房間中有4個人）組或低密度（同樣多的人位於3.9乘以3.4公尺的房間中）組。他們必須在房間中完成一項非常複雜的追蹤作業。其中一半的受試者與同組的受試者競爭；但另一半受試者則需互相合作，以便與其他組競爭。在作業完成之後，他們被告知：實驗的第二部分是關於處罰對生理反應的效果。此時受試者的工作是使正在學習無意義音節的實驗助手分心。受試者使他們分心的方法是施以電擊（事實上沒有任何電擊；只是受試者相信如此）。受試者施以電擊的強度和持續時間是依變項。

研究者發現：在競爭的狀況下，高密度事實上會降低攻擊性。雖然這些結果可能與下面將要討論的研究不一致，但是卻符合最近的研究：在競爭的狀況下，擁擠會導致退縮而非攻擊（Baum & Valins, 1977; Loo, 1978）。對於合作狀況中的受試者來說，密度沒有任何效果。馬修斯、拜朗和波勒斯發現，在第一部分和第二部分之間若給予受試者30分鐘的休息時間，則會消除所有的擁擠效果。他們認為實驗室中擁擠研究的結果，可

以概化到電梯和公車上的短期擁擠經驗。

薩傑特等人（Saegert, Markintosh, & West, 1978）的兩個研究是關於田野環境中的短期擁擠效果。其目的都是探究密度對需要注意力和清晰思考之作業表現的影響。在第一個研究中，受試者是女學生。她們被隨機地分派到百貨公司皮鞋部的高密度或低密度時段。每位受試者都要注意鞋店中的鞋子和顧客。之後，她們被要求描述所觀察到的各種鞋子和不同的人。雖然在低密度狀況下的描述稍微好一些，但密度的驚人效果出現在受試者回憶先前未曾注意的其他東西時。在後來的詢問中，高密度組的女性較不能回憶出鞋店的家具和陳列架，她們的認知圖較不詳盡也較不正確。這些發現與壓力或激發狀態中注意力窄化的現象相符，因此激發狀態升高可能是由高密度所造成的。

他們的第二個研究在紐約市賓州鐵路車站所進行。受試者經由廣告而招募，其中包括各種年齡和職業背景的男性和女性。所有的人都對賓州車站不熟悉。受試者要在高或低密度時段中在車站完成42項認知作業。這些作業都是簡單、不顯眼的活動，包括找出售票處、查詢電話號碼或在報攤上買一樣東西。每個人都要依照相同的順序完成這些作業。高密度組的受試者感到較為焦慮，完成的作業也比較少。有趣的是，高密度組中的男性所報告的情緒（例如攻擊、得意）比女性更為極端。

在實驗室或田野中研究短期擁擠的傳統，提供目前的研究者許多關於效果的訊息。雖然有例外，但短期接觸高密度大多造成負面而非正面的影響。密度的增加 —— 尤其是社會密度 —— 必然會升高生理激發水準（Aiello, Epstein, & Karlin, 1975; Evans, 1979; Saegert, 1978; Singer, Lundberg, & Frankenhaeuser, 1978）。這種激發狀態通常被解釋為負面的。短期的高密度經驗也可能產生負面的後遺症，例如新近經歷擁擠的人忍受挫折的能力較差（Dooley, 1975; Sherrod, 1974）。

假如其他人碰觸你，則高密度就更加令人討厭（Nicosia, Hyman,

Karlin, Epstein, & Aiello, 1979）。在小房間中的受試者比在較大房間中的人覺得更擁擠、受拘束、不舒適，而且也覺得房間較熱、較不通風；在擁擠教室中的學生比較可能會抱怨通風、房間大小以及正在上的課（Stokols, Rall, Pinner, & Schopler, 1973）。僅僅預期將有高密度的經驗也會使個人中途停止與他人的關係，而且從互動中撤退（Baum & Greenberg, 1975; Baum & Koman, 1976）。葛瑞菲特和維區（Griffit & Veitch, 1971）指出，高密度使他們的受試者心情不佳，而且比處在低密度中的受試者更不喜歡陌生人；如果室溫很高，則高密度的效果更爲強化。

許多短期擁擠的研究都以兒童爲對象。如果資源充足，則密度對兒童的攻擊行爲沒有任何效果（Loo & Smetana, 1978; Rohe & Patterson, 1974）。但在大多數情況下，高密度與破壞和攻擊行爲有關（Ginsburg, Pollman, Wauson, & Hope, 1977; Hutt & Vaizey, 1966; McGrew, 1972）。路和肯納利（Loo & Kennelly, 1979）在一項以5歲兒童爲對象的田野研究中證實，高密度使攻擊性增加，而且與自我陳述的煩惱升高和玩玩具的時間減少有關。此外，他們發現在高密度狀況下，男孩比女孩更具破壞性和憤怒，他們通常會破壞玩具或互相打鬥。只有少數研究（例如Loo, 1972）無法發現高密度和兒童攻擊性增加的關聯連。路（1973）解釋例外發生的原因是在這些研究中存在著緩和的條件。

也有研究證實成年男性通常在高社會密度的情況下變得更具攻擊性（Schettino & Borden, 1976; Stokols et al., 1973）。事實上，男性和女性對高密度的反應有許多有趣的差異（請閱讀下面的專欄）。

---

男性和女性對擁擠的反應是否有差異？

男性和女性的擁擠經驗似乎極不相同。弗瑞曼（1971）指出，密度對性別混合的團體影響較小，但是在清一色男性或女性的團體中，擁擠的效果通常比較大。實驗室研究一致地顯示，在擁擠的房間中，男性評定自己較具攻

擊性和競爭性，其表現較為具個人化，而且感覺較有壓力，無論對自己或對他人的評價都較為負面。對女性而言，通常擁擠會產生完全相反的效果（Epstein & Karlin, 1975; Freedman, 1971; Freedman, Levy, Buchanan, & Price, 1972; Nicosia et al., 1979; Ross, Layton, Erickson, & Schopler, 1973; Schettino & Borden, 1976; Stokols et al., 1973）。例如，在羅斯等人（Ross et al., 1973）的研究中，在同性團體中男性明顯地在擁擠時遠離他人，但女性事實上更親近對方，而且出現更多眼神接觸。同樣地，弗瑞曼等人（Freedman et al., 1972）發現，在實驗中的擁擠使得女性覺得此經驗更趨於正向，男性則相反。在這個研究中，如果處於擁擠的假陪審團情境，則女性的判決比不擁擠時更寬大；男性的模式完全相反。

為什麼在高密度之下會顯示出性別差異，至今仍不清楚。有些證據顯示，在高密度的非社會性情境中，男性比女性更容易受到感覺超負荷所影響（Leventhal & Levitt, 1979）。艾普斯坦和卡林（Epstein & Karlin, 1975）認為對擁擠之反應的性別差異可以追溯到男性和女性團體中的不同團體歷程。他們發現，在未結構化的高密度情境中，女性團體較有向心力、較合作，而且出現較多互動。相反地，男性團體的互動減少，而且彼此間變得分裂、競爭。同樣地，卡林等人（Karlin, McFarland, Aiello, & Epstein, 1976）發現，如果情境鼓勵互動，則女性對擁擠的反應是正向的；但是互動受到阻礙時，便會產生負面反應。唯一一個顯示男性對擁擠的反應比女性更趨於正向的實驗室研究（Marshell & Heslin, 1975）證實了作業性質是一個重要的變項。在上述研究中，情境是高度結構化的，而且成功的作業表現需依賴成就取向團隊的形成。因此。在未結構化情境中，男性似乎最不愉快，因為與房間中其他人的涉入並不是絕對必要的。

少數關於擁擠反應之性別差異的田野研究似乎與實驗室中的發現有所矛盾。有一研究是以住在雙人房中的三位學生為對象，結果發現陳述擁擠的女性多於男性（Aiello, Baum, & Gormley, 1981; Mandel, Baron, & Fisher, 1980）。艾羅、湯姆森和包姆（Aiello, Thompson, & Baum, 1981）指出，這可能是因為男性較可能以離開房間來因應擁擠，但是女性即使覺得擁擠也會繼續待在房間裡。

這些擁擠知覺的性別差異提醒我們，密度和擁擠之間的關係並不單純；而且它們也證實，在描述人們對高密度情境的反應時必須考慮許多變項。

　　高密度不只會影響我們的感受，還有作業表現的能力。雖然高密度對簡單作業的影響並不會太大，但對於需要問題解決、持續力和區辨力的複雜、困難作業來說確實會有所影響（Freedman, Klevansky, & Ehrlich, 1971; Klein & Harris, 1979; Nagar & Pandey, 1987; Paulus, Annis, Seta, Schkade, & Mathews, 1976; Sherrod, 1974）。團體作業和個人作業都會因為高密度而受干擾，特別是有指定領導者和特定之程序規則的高結構化團體（Worchel & Shackelford, 1991）。有些研究者認為，高密度干擾複雜作業的方式與噪音等其他情境因素相同。柯亨等人（Cohen, 1978, 1980; Sherrod & Cohen, 1978）推測：陌生人的接近使得環境不可預測，而且可能無法控制。在上述環境中需要密切地監督，以抵擋威脅或意外。個人需要更多注意力，因此可用於複雜作業的認知資源就減少了。就這一點來說，密度和其他不可控制的事件並無不同。

## 長期擁擠的研究

　　大多數關於高密度之長期效果的研究都侷限於為了其他目的而蒐集的檔案資料檢驗。雖然這種資料庫可以用作提出假說，並作為發展理論的基礎，但是當我們想要系統化地研究高密度生活的長期效果時，這些資料通常過於瑣碎和隨意。然而，研究者卻不斷地使用現成的統計數值。例如，盧瓦林（Zuravin, 1986）認為高密度生活與虐待兒童有高相關。但是在大多數研究中並未發現嚴重的負面效果確實與高密度生活有關，這表示社經和人口因素可能也同樣重要（Booth & Edwards, 1976; Ruback & Pamdey, 1991）。

　　以實驗來研究密度的長期效果非常困難，過去20年以來，環境心理學家轉向兩種居住環境，在可能的範圍內控制長期擁擠的效果。這兩種環境就是監獄和大學宿舍。

　　基於多重原因，監獄可以提供對擁擠感興趣的研究者一個好機會。監獄提供了多種生活安排和密度的狀況，而且大多數情況下受試者都不能自由地選擇其生活安排。此外，監獄擁擠現在變成一個更嚴重的問題，因此更迫切地需要了解它的動態。舉例來說，在1979年到1984年之間，美國囚犯的總人數增加了45%，但在同一時間內他們的居住空間只增加了29%。更糟的是，通常較老舊、警戒較森嚴、只有男性的地方密度最高（Innes, 1986）。魯巴克和恩尼斯（Ruback & Innes, 1988）指出，從1978年到1988年，聯邦監獄的囚犯人數增加將近70%。很明顯地，許多人生活在既嚴重又無法逃脫的高密度狀況中。這對於數十萬監禁在美國監獄中的人會有什麼效果呢？

　　許多研究已證實：囚犯的高血壓與生活環境的高密度有關（D'Atri, 1975; D'Atri & Ostfeld, 1975; Paulus, McCain, & Cox, 1978），而且看守所和郡監獄中抱怨不適的情形隨著密度而增加（McCain, Cox, & Paulus, 1976; Wener & Keys, 1988）。波勒斯、麥肯恩和寇克斯（Paulus, McCain & Cox, 1978）使用檔案資料以及自行蒐集的資料以探討10個人數由245人到2400人之監獄中的囚犯。在所有監獄中，人數較多的監獄裡死亡率和精神病罹患率都比較高。囚犯對擁擠的知覺與空間密度而非社會密度有關。魯巴克、卡爾和胡博（Ruback, Carr, & Hooper, 1986）在研究中發現，對監獄環境的控制感與囚犯所感受的壓力有密切的關係。在單人房中的囚犯比其他人有更大的控制感，長期囚禁的犯人也是如此。這兩組受試者所報告的壓力水準相對地比其他人更低。

　　然而政策制定者卻遲遲沒有考慮這些研究結果來實施監獄政策。根據魯巴克和恩尼斯（1988）的說法，這可能是因為心理學家集中在個人而非較大的分析單位所致。他們考慮的依變項多半是囚犯的挫折感和控制，但是這些變項對於獄政人員來說並不是那麼有用。

　　對擁擠有興趣的心理學家也可以利用大學宿舍作為實驗室。雖然大

學生必然比囚犯有更多機會控制生活安排，但是宿舍也提供住宿者各種密度、物理環境以及可選擇的程度。這些因素使研究者得以探討上述的條件如何影響生活在其中的人。許多宿舍研究都集中於比較「套房式」宿舍（一小群人住在獨立的單位中）與「走廊式」宿舍（一大群人住在面對著長走廊的房間中）之間的差異。凡林斯和包姆（1973）發現套房式宿舍的住宿生覺得比較不擁擠。他們假定這是由於在走廊式宿舍中有較多不想要的互動，以及套房式宿舍促進團體向心力的緣故。這些看法在包姆、哈爾平和凡林斯（Baum, Harpin, & Valins, 1975）後來的研究中獲得了部分的支持。研究者發現，住在套房的一年級新生較能夠解決團體問題，住在套房中的團體似乎比較團結和諧，這表示套房可能會影響對擁擠的感受。

無論房間如何安排，大學宿舍中的極高密度很明顯地會導致學生的負面反應和社會退縮（Baron, Mandel, Adams, & Griffin, 1976; BAum & Valins, 1977）。許多研究集中於「三人行」的普遍現象，也就是三位學生住在原來為兩個人所設計的房間中。這種安排幾乎總是令人不滿意，當受害者是男性，而且發生在長走廊的宿舍中，則負面效果格外地顯著（Mullen & Fellemen, 1990）。包姆等人（Baum, Shapiro, Murrey, & Wideman, 1979）認為：三人行的擁擠經驗並不完全由密度決定，至少部分是由於三人團體的不穩定所致。在三人團體中，通常其中兩個人會變得比較親密，並且形成聯盟，因此使得第三個人覺得自己像外人，最近由黎波、伊凡斯和施奈德（Lepore, Evans, & Schneider, 1991）所進行的研究顯示，覺得自己在宿舍中的支持性社會網絡之內的學生沒有社會支持的人更經得起擁擠；不過，黎波等人也發現：如果擁擠持續一段長時間（超過8個月），則伴隨而來的壓力會侵蝕社會支持，並且大幅度地縮減它的緩衝效果。

長期擁擠效果的研究也出現在其他環境中。例如狄恩、皮悠和剛德森（Dean, Pugh, & Gunderson, 1976）詢問在13艘軍艦上的男性，結果發現密度、滿意度和留在海軍的意願之間有密切的關聯。弗列明，包姆和魏斯

（Fleming, Baum, & Weiss, 1987）發現：在擁擠的居住區域中，壓力和疾病的發生率較高。然而，這一類研究為數甚少，所以監獄和宿舍仍然是探討長期接觸高密度生活的豐富資訊來源。

## 密度效果的調節變項

性別是預測對高密度之反應的重要考慮。許多因素都會影響密度和擁擠之間的關係。姜恩（Jain, 1987）在一項亞洲女性的研究中發現，資源的稀少不經由密度的效果而獨立地影響擁擠的感受。盧和她的同事（Loo, 1973; Loo & Smetana, 1978）指出，年齡是影響兒童如何因應高密度的因素之一。有些研究者認為環境和團體活動的結構化程度也很重要。

許多心理學家相信，性格是影響擁擠效果的顯著因素。尼悠和布萊納（Khew & Brebner, 1985）指出，外向者比內向者更快地察覺到擁擠。其他研究也發現：「親和需求」較高的人比較能夠忍受擁擠（Miller & Nardini, 1977; Miller, Rossbach, & Munson, 1981）。刺激過濾（請參閱第三章）也和抵抗擁擠的能力有關（Baum, Calesnick, Davis, & Gatchel, 1982）。

個人的文化背景以及過去的擁擠經驗自然也會影響其反應，不過這些關係的性質目前還不清楚。有一項關於高密度情境之反應的初步問卷研究顯示：整體來說，英國人最不能忍受高密度，亞洲人（包括不同國家的人）則是最能容忍的。在這個研究中，南歐人（主要是義大利人）介於上述兩者之間（Gillis, Richard, & HAgan, 1986）。以個人的層次來說，有許多擁擠經驗的人有時候比沒有這種經驗的人適應得更好，但是有時候卻恰好相反（Booth, 1976; Gove & Hughes, 1980; Rohe, 1982; Sundstrom, 1978; Walden, Nelson, & Smith, 1981）。

建築物的建築特徵經常是控制環境中人們所感覺之擁擠程度的主要因

素。在宿舍的房間中，上下舖比雙人床留下更多可使用的樓板空間，因此通常顯得較不擁擠（Rohner, 1974）。薛凡鮑爾等人（Schiffenbauer et al., 1977）探討宿舍中的擁擠情形，結果發現：除了實際的樓板空間之外，還有其他因素影響知覺的大小和擁擠性。有陽光的房間感覺上較明亮也較不擁擠，有較多可利用之樓板空間的房間和樓層數較高的房間也被認為較大。薩維納（Savinar, 1975）發現天花板較高與減輕擁擠有關。許多探討建築和擁擠之關係的研究都使用投射技術。在研究中，受試者將人物放在模型房間中，並且調整人物的數目及人物之間的距離。狄索（Desor, 1972）使用這種技術證實，有門窗的房間可以容納較多人物；長方形房間也優於同樣大小的正方形房間。洛頓（Rotton, 1987）發現，受試者在有曲線牆壁的房間中較不能忍受擁擠。包姆和戴維斯（Baum & Davis, 1976）指出，在淺色房間中可以容納更多人物。

在房間中添增視覺複雜度的圖畫或其他東西也會影響擁擠的知覺，但這種效果大部分要靠在房間中進行的其他活動之性質來決定（Baum & Davis, 1976; Worchel & Teddlie, 1976）。

# ❖擁擠理論❖

現在你已經熟悉擁擠如何影響人類，接著我們便要考慮試圖解釋這些效果的理論。包姆和波勒斯（1987）指出，不同的擁擠理論之間有著重要的差異。有些理論強調外在、情境因素對擁擠的影響，有些則強調個人的反應。有些理論主要著重於物理環境，有些則強調社會變項。所有擁擠理論都必須考慮研究結果，並且預測特定情境中導致擁擠的原因及其結果。

關於擁擠性質的研究仍在起步階段。許多理論都在爭取注意。大多數理論看來都很合理，也得到某種程度的支持，但沒有任何一個令人完全滿意。我將介紹最受環境心理學家好評的理論，並且簡短地解

釋最具影響力的模型。擁擠模型可分為五大類：**生態模型**（Ecological Models）、**超負荷模型**（Overload Models）、**密度－強化模型**（Density-Intensity Models）、**激發狀態模型**（Arousal Models）和**控制模型**（Control Model）。

## 生態模型

　　雖然它並不是特別用來說明擁擠的理論，但巴克（Barker, 1960, 1963, 1965, 1968; Barker & Wright, 1955; Wicker, 1973）的生態心理學模型的確提供了一種觀點以解釋許多高密度狀況下之行為。巴克的模型源於他在中西心理學田野調查站的觀察。巴克認為，行為背景中只需要能充分運作的適當人數即可。無論在船隻、商店或學校教室中，必然都有能使它有效運作的最佳人數。人數太少會導致**人手不足**（Understaffing），因此造成不穩定和使用環境者較大的負擔。相反地，如果人數多於環境中所需要的，那就是**人手過剩**（Overstaffing），這會導致資源的競爭和擁擠的感受。

　　近期的理論中較具有生態模型之精神的是社會物理學（Social Physics）（Knowles, 1983）。這個模型強調人們在行為背景中的分布而非人際距離。例如，重要的是去了解環繞在個人周圍的其他人是否僅僅在場，還是主動地觀察他或與他互動。情境中的視覺或聽覺阻礙也可能影響擁擠的知覺。社會物理學像生態模型一樣，在描述擁擠時特別強調行為背景的性質。諾利斯（Knowles, 1983）和富瑞馬克等人（Freimark, Wener, Phillips, & Korber, 1984）發現這種觀點在預測觀察者對於環境是否擁擠的評估時特別有效。

# 超負荷模型

有些研究者（Cohen, 1978; Milgram, 1970; Saegert, 1978）所發展出來的理論可以說是刺激或訊息超負荷模型。雖然這些模型多少仍有差別，但它們都假定高密度環境提供個人的感覺訊息超過他們所偏好的訊息水準，而且也超過其能力範圍。在高密度情境中，認知、訊息處理的要求非常高。這使得個人的注意力負擔過重，因而導致壓力和激發狀態。在這種情境中，個人必須集中注意於來自環境的相關訊息，而且過濾和忽略無關訊息。密爾格（1970）假設，當社會要求升高時，超負荷的人會避免和較不重要的人產生社會牽連。這可能是後面章節中將討論的許多粗野、疏遠的「大都市」行為的原因。伊凡斯等人（Evans, Palsane, Lepore, & Martin, 1989）同意，生活在擁擠狀況中的人可能採取社會退縮的型態來處理超負荷情境。結果，這些人可能缺乏社會支持網絡，因而無法避免受到伴隨擁擠而生之壓力所傷害。在印度的田野調查中，他們肯定高居住密度與壓力的升高以及社會支持的減少有關，自認擁有大量社會支持的人全都不會出現高度的心理困擾。

# 密度─強化模型

弗瑞曼（1975）提出的密度─強化模型是少數認為高密度對人類的影響並不完全是負面的理論。根據這個理論，密度本身沒有任何好或壞的作用，但它會強化個人對情境的任何典型反應。因此，如果個人發現自己處在愉快的情境中（例如宴會或運動比賽），則擁擠的人群事實上可能使情境變得更令人愉快。相反地，在耶誕節前購物或排隊等待註冊等不愉快情境中，擁擠使得情境更令人厭惡。你自己將音樂的音量放大會覺得更享受；但是當鄰居將你不喜歡的音樂聲扭大時，你的不滿會很快地增強。許

多研究支持弗瑞曼的想法，因爲擁擠會強化人們在愉快以及不愉快情境中的感受（Freedman, Brisky, & Cavoukian, 1980; Freedman & Perlick, 1979; Schiffenbauer & Schiavo, 1976; Walden & Forsyth, 1981）。

## 激發狀態模型

有些擁擠理論（Evans, 1978; Paulus, 1980）以密度令人激發的證據作爲基礎。這些理論假定，激發水準的上升影響了作業表現和社會行爲。也就是說，高激發水準會影響複雜作業而非簡單作業，此外它還會干擾吸引力、攻擊、助人行爲和非語文溝通等正常的社會現象。就某些層面而言，激發狀態模型與超負荷模型有關，因爲激發狀態的升高是高密度情境中感覺超負荷的副產品。

渥卻爾和泰德利（Worchel & Teddlie, 1976）相信，擁擠和激發狀態之間的關係更爲複雜，所以他們提出擁擠的「雙因理論」。根據渥卻爾和泰德利的說法，個人空間的侵入導致激發狀態升高。如果個人將激發狀態歸因於環境中的人，則會感到擁擠。高區曼和基廷（Gochman & Keating, 1980）指出，人們通常將其他因素喚起的不愉快感受歸於擁擠，即使存在著其他可能的解釋。相反地，如果人們相信他們的激發狀態源於其他因素，例如他們正在觀看的影片（Worchel & Brown, 1984），甚至是聽不見的下意識噪音（Worchel & Yohai, 1979），則他們確實會覺得較不擁擠。

## 控制模型

最後一類的擁擠理論被稱爲控制模型，目前這種觀點的影響已經愈來愈大。許多先前分歧的理論都可被統一在個人控制的概念之下──也就是個人追求自己所選擇之決定和行爲的自由。個人控制也可以稱做「認知控

制」的感受，意指個人在情境中有充分的了解和訊息，因此覺得對於所發生的事有某種程度的控制。控制模型假定，高密度會影響人類的行為和感受，因為它會減低人們的控制，是以導致擁擠的感受。

這種觀點出於早期的擁擠模型。干擾模型（Schopler & Stockdale, 1977）認為，太多人在場阻礙了目標導向的活動，因此導致挫折。行為限制模型（Proshansky, lttelson, & Rivlin, 1976; Stokols, 1972, 1976）假定，過多的人會施加真實或感受上的行為限制。其他研究者（Baron & Rodin, 1978; Baum & Valins, 1979; Schmidt & Keating, 1979; Sherrod & Cohen, 1978）闡釋這些早期的想法，進而發展出愉快之可預測性和控制力對人類的重要性。他人在場不只會干擾目標的達成；如果他們是陌生人，則會使環境變得更不可預測、不可控制而且令人有束縛感。因此，真正導致擁擠情境中負面效果的是所感受到的不可控制性而非密度。擁擠的控制模型在許多方面類似於希利曼（Seligman, 1975）的無助感理論，例如有高密度經驗的人發展出預期，因此其行為並不會受到實際上發生的事所影響。

有些證據顯示，由高密度所導致的不情願互動確實會損害控制感。蒙坦諾和安達莫普羅斯（Montano & Adamopoulos, 1984）發現，人們通常認為行為限制和目標受阻是擁擠經驗中最主要的成分。其他研究也發現：增強個人的控制感可以大幅度地緩和擁擠經驗（Burger, Oakman, & Ballard, 1983; Karlin, Katz, Epstein, & Woolfolk, 1979; Langer & Saegert, 1977; Paulus & Mathews, 1980; Rodin, Soloman, & Metcalf, 1978; Sherrod, 1974）。其中一個研究（Langer & Saegert, 1977）證實認知控制在擁擠實驗中的重要性。受試者帶著購物單在擁擠或不擁擠的時段進入紐約市的超級市場，他們的作業是選擇名單上每項物品的最便宜品牌。藍傑和薩傑特（Langer & Saegert, 1977）發現，提供受試者關於擁擠效果的進一步訊息可以增進作業表現以及受試者在高密度之下的情緒反應。

# 專有名詞解釋

**擁擠的激發狀態模型**（Arousal Models of Crowding）　將擁擠解釋為發生在高密度情境中的激發水準上升之副作用。

**行為淪喪**（Behavior Sink）　當人口密度超出某一種族維持正常社會組織之能力時所發生的極端混亂狀況。

**擁擠的控制模型**（Control Models of Crowding）　強調個人失去對環境之控制是擁擠經驗的主要因素之模型。

**擁擠**（Crowding）　對於密度的主觀心理狀態，可能導致負面感受。

**密度**（Density）　每個空間單位中的人數之客觀數值。

**擁擠的密度—強化模型**（Density-Intensity Models of Crowding）　由弗瑞曼所提出的模型，他認為密度本身既非正面亦非負面的；它會強化任何在情境中已有的感受。

**擁擠的生態模型**（Ecological Models of Crowding）　強調能使行為背景運作良好所需之最佳人數的模型。

**擁擠的超負荷模型**（Overload Models of Crowding）　將擁擠解釋為對過多環境訊息和刺激之反應的模型。

**人手過剩**（Overstaffing）　在行為背景中的人數多於使它運作良好所需的最佳人數。

**社會密度**（Social Density）　密度意指每個空間單位中的人數。改變固定大小之空間中的人數就是改變社會密度。

**社會物理學**（Social Physics）　諾利斯（1984）所提出有關擁擠的觀點；它強調在環境中出現的人之分布和關係。

**空間密度**（Spatial Density）　密度意指每個空間單位中的人數。數目相同的人所占據之物理空間大小的改變即為空間密度的改變。

**人手不足**（Understaffing）　在行為背景中的人數少於使環境運作良好所需的數目。

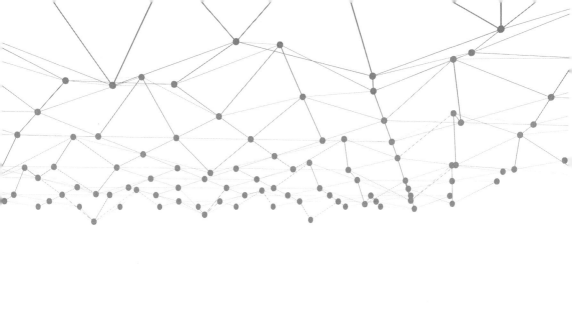

◆ 第八章

# 工作環境

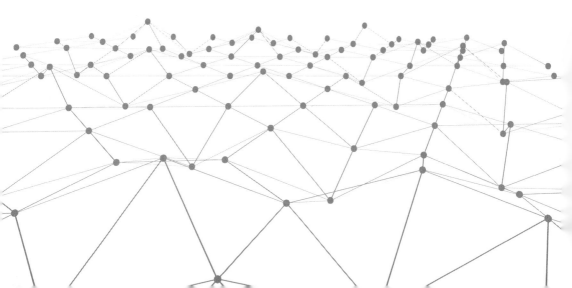

## 本章摘要

建築特徵在人們於工作環境所呈現的行為中扮演著重要的角色。房間設計和家具的安排都會影響人們在這些環境中的社會互動和情緒反應。工作場所的潛在環境對工作者之激發水準的影響強烈地衝擊其工作表現。設計不良的物理環境可能導致對工作的不滿意和工作動機降低。隱私和適於個人在組織中之地位的工作環境對大多數員工都很重要，尤其是辦公室工作者。大致上來說，過去30年來較流行開放式設計的辦公室，但它在上述兩方面卻不能令員工滿意。

在前面幾章中，我們已經討論過潛在環境和人們對空間和隱私的需求如何影響行為。這一章和下面的兩章將探討這些發現對於設計居住和工作的建築環境有何涵意。

對於建築結構和行為之間的關係通常有兩種不正確的假設（Heimsath, 1977）。一方面，許多人相信：建築物的結構和其他物理特徵（例如房間顏色）可以完全決定行為（這種主張稱為建築決定論[Architectural Determinism]）。這些人通常對於以油漆牆壁或操弄物理環境來解決行為問題抱持過高的期望。另一方面，也有許多人相信建築結構對行為毫無影響。真正的情況必然介於這兩者之間。建築結構相當重要，但它絕不是決定環境中之行為的唯一因素。物理環境的主要功能是加強已經在環境中運作之其他因素（如擁擠）的效果。

建築家必須關心的是創造在功能和結構上都令人滿意的堅固安全建築物（Lang, 1987, 1988a）。不幸的是，如吉佛德（1987）所言，建築家和設計家通常都與使用建築物的人隔離，而且他們重視美觀甚於功能，對於由建築特徵所決定的情緒和行為影響渾然不覺。比方說，有固定式家具的房間強迫人們在進行不同活動時，必須移向不同的地方（High & Sundstrom, 1977）；在過大的房間中，居住者常常以布幔、圖畫和家具非

正式地區隔空間（Miller & Schlitt, 1985）。

建築物內部使用的表面材料也同樣地重要。有些材料與特殊的建築物有著強烈的聯結，因此是維持適當的聽覺、視覺和觸覺等潛在氣氛的關鍵（Lang, 1988b）。你可能同意，在州議會大廈、大廳或大教堂中貼上便宜的木材鑲板實在是不得其所，但是在地下樓的娛樂室或兄弟會的休息室中便完全可以接受。霍爾和亞伯特（Hall & Albert, 1976）發現，內部表面的影響可能不只是製造「氣氛」；柔軟的環境表面事實上可以增進自閉兒童在遊戲室中的社會互動。

# ❖房間和家具❖

## 房間

在討論工作環境和後面數章中所考慮的其他建築環境之前，我們必須注意房間和家具的角色，因為它們是任何建築環境的積木。第一，房間必須創造出適合在其中之活動的印象，而且房間大小的知覺可能受到許多因素的影響。長方形房間比同樣大小的正方形房間顯得更大（Sadalla & Oxley, 1984）。淺色的房間在感覺上比深色的房間更大也更寬敞（Acking & Kuller, 1972; Baum & Davis, 1976）。家具眾多使房間看來較小（Imamoglu, 1973），而且散亂、沒有秩序（Samuelson & Lindauer, 1976）。帕拿茲（Pennartz, 1986）認為，在決定建築物內氣氛時，房間的安排以及各房間彼此的關係和它的大小、形狀同樣重要。

室內的陽光可能有目眩或過熱等負面效果（Boubekri, Hull, & Boyer, 1991），但是自然光線的正面效果似乎比其缺點更為重要。因此，窗戶在大多數房間中是有價值的附加物。人們較不喜歡沒有窗戶的房間（Collins, 1975; Cuttle, 1983; Finnegan & Solomon, 1981; Gilgen & Barrier,

1976; Heerwagen & Heerwagen, 1986; Hollister, 1968; Ruys, 1970; Wotton & Barkow, 1983）；所以沒有窗戶的房間中通常有自然景觀和物品的裝飾，以彌補無法接近外界的缺陷（Heerwagen & Orians, 1986）。房間愈小，窗戶也就愈重要（Butler & Steuerwald, 1991）。如果不可能擁有朝向外面的窗戶，可以看到另一幅室內空間景象的「內部窗戶」也很受歡迎，它也能夠增添房間的舒適性（Biner, Butler, & Winsted, 1991）（見圖8-1）。對窗戶之偏好的唯一例外出現在浴室等極端需要隱私的地方（Butler & Biner, 1989）。

圖8-1　內部窗戶

　　房間所傳達的印象十分重要。羅素和莫拉比安（1978）發現，受試者在吸引人的房間中比較願意與他人親近。在另一個研究中坎貝爾（1979）對大學生展示教員辦公室的幻燈片，結果發現整潔、植物、魚和藝術品令他們覺得較舒服，而且相信自己能與教授共處。相反地，當人們因為

環境因素而覺得不舒服時，他們傾向於怪罪互動對象而非環境（Aiello &
Thompson, 1980）。

# 家具

　　家具配置會影響房間裡的人之行為和感受。它是促進交談、建立互
動疆界和適當互動距離的主要因素之一（Holahan, 1972; Sommer & Ross,
1958）。喬尼爾（Joiner, 1976）描述三種決定房間中互動風格的基本性
質：家具的位置、家具之間的距離以及使用符號裝飾的數量。根據喬尼爾
的說法，這些性質表示發生在環境中之互動的形式性，並且提供行為的線
索。大型教堂中的內部空間安排便是一個很好的例子，它說明了位置、
距離和符號裝飾如何清楚地表達教堂中之行為要求（見圖8-2）。神父或
牧師所站立的神聖區遠離會眾聚集的地方，通常遠超過霍爾（1966）所描
述的「正式互動距離」。內殿和教堂的其他部分以欄杆和提高樓板的方式

圖8-2　教堂內部的建築物特徵明顯地傳達在其中所發生之行為的正式性

區隔。座席固定在地面上，而且面向內殿，使會眾之間不易進行偶然的互動。通常，高聳的天花板、令人印象深刻的圖畫、雕像、明亮的裝修和彩色玻璃共同創造了正式的氣氛，並且激發敬畏和順從的感受。教堂的物理環境清楚地向所有進入者傳達下列的訊息：任何人都不可以交談或者在四周走動，他們應該安靜地就座，並且注意發生在教堂前方的活動。同樣的空間安排也出現在法庭、音樂廳和其他正式場合中。在休息室、餐廳和等候室中，較不正式的距離、位置和裝飾則傳達了另一組極為不同的行為預期。

　　奧斯蒙（Osmond, 1959）創造**親社會**（sociopetal）和**疏社會**（sociofugal）這兩個詞以描述環境鼓勵和阻礙社會互動的程度。親社會環境透過面對面的座位和可移動的家具使人們聚在一起且促進互動。疏社會環境通常利用不可移動的座位安排來阻礙互動。疏社會的空間安排通常用在購物中心和機場等公共場所（見圖8-3A、B），在那裡人們通常不想和周圍的人互動，而且管理者基於財務利益，也希望人們在商店和點心台之間移動和瀏覽。在某些地方，家具和其他環境安排有意設計的令人不舒服，以阻止人們閒逛（Sommer, 1969）。一個常見的例子是牆上的尖釘和公共地區的欄杆，它們可以用來阻止人們坐下；同樣的策略也可以用來防止鳥兒在窗台上築巢（見圖8-4A、B）。

圖8-3A、B　疏社會環境的目的在於使人們分開，親社會環境則是要將人們聚在一起

圖8-4A、B　公共空間的銳利邊緣可以防止人們和動物因過於舒適而在不必要的
　　　　　　地方閒逛

## 小團體的生態學

　　無論在任何環境中，個人對座位的偏好通常都可以表示他歡迎互動或
寧願獨處。梭摩（1969）描述人們在圖書館的長方形桌中最常選擇的座位
（圖8-5）。一般而言，坐在桌子中央的人在表達想要獨處以及擁有整張
桌子的想法。其他人輕易地辨認出他的意圖，而且通常給予尊重。坐在角
落的人被認爲是不拒絕其他人也坐在那裡。梭摩（1969）和庫克（1970）
的其他研究顯示，人們一致地配合情境來選擇座位；這些偏好圖示於圖
8-6。在長方形桌子上，人們通常選擇角落對角落或者面對面的方式進行
偶然的交談。如果他們彼此競爭，則通常坐在桌子的對面，也就是面對面
的位置，但很少是角落對角落。彼此合作進行某項作業的人通常選擇並排
的座位，但如果兩人在工作時完全獨立，則會儘可能坐得離對方遠一些。
梭摩的其他研究指出，即使在不同的文化中，並排座位永遠是最親密的座
位安排。這種方式在兒童之中很普遍，但其使用率隨年齡而降低。研究中
也發現女性比男性更可能採取並排而坐的方式（Norum, Russo, & Sommer,
1967; Sommer, 1969）。

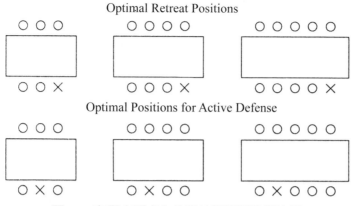

圖8-5　在長方形桌上的最佳撤退及防禦位置

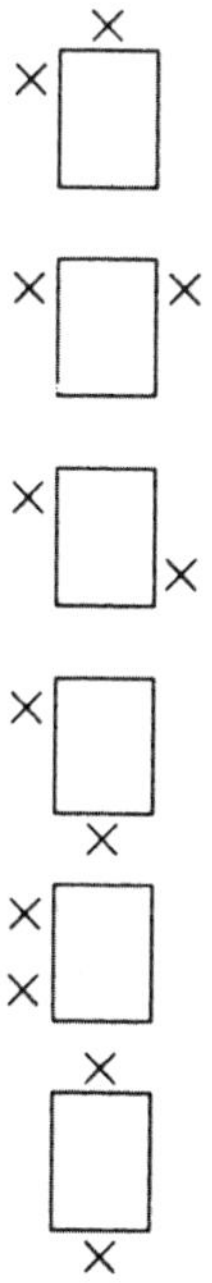

| Seating Arrangement | Condition 1 (conversing) | Condition 2 (cooperating) | Condition 3 (coacting) | Condition 4 (competing) |
|---|---|---|---|---|
| | 42 | 19 | 3 | 7 |
| | 46 | 25 | 32 | 41 |
| | 1 | 5 | 43 | 20 |
| | 0 | 0 | 3 | 5 |
| | 11 | 51 | 7 | 8 |
| | 0 | 0 | 13 | 18 |
| Total | 100 | 100 | 100 | 99 |

圖8-6　在長方形桌上的座位偏好

來源：Sommer, 1969

雖然並排就座暗示親密性，但並不是交談時所偏好的安排。莫拉比安和戴蒙德（Mehrabian & Diamond, 1971）發現，在長椅上並排而坐會妨礙善交際者的交談。梭摩（1969）的其他研究結果亦顯示，只有當無法在5.5英吋以內進行面對面交談的時候，人們才會選擇並排而坐。說來奇怪，假如身旁的人屬於由強勢指導型領袖所領導的團體，則人們較可能直接批評對方（Hearn, 1957; Sommer, 1969; Steinzor, 1950）。

在我們的社會中，長方形桌子最常用在商務會議、陪審團審議和重要的團體會議等場合中。許多研究已發現使用這種桌子的團體中存在著就座模式、地位和領導之間的有趣關係。坐在桌首的人強烈地想要在團體討論中多發言，而且可能被團體選為領袖（Leavitt, 1951; Strodtbeck & Hook, 1961）。研究也顯示，已經是領袖的人傾向於坐長方形桌子的桌首（Sommer, 1961）。馬藍多、巴克爾和巴克爾（1989）也指出，在長方形桌子上，地位隨著座位與桌首之距離增加而遞減；即使在通常不供會議之用的圓桌上，也可以經由其座位安排而發現團體內部的地位。

# ❖物理環境與工作表現❖

貝克（1991）已找出從90年代直到西元2000年之後的工作組織中必須處理的許多重要潮流。大多數潮流都和工作環境之物理設計有關。雇主必須和期望更高的勞工爭論工作的各個層面，包括他們工作的物理環境。員工將更積極地參與有關工作環境的決策，而且比過去擁有更多的權力可以控制噪音水準、舒適的溫度以及家具陳設。由於主要城市中的房地產價格上揚，再加上新的資訊技術之需要，因此造成複雜建築物之要求和成本效應之間的緊張。企業間的全球競爭和國際化也是工作場所設計者所面臨的挑戰，因為不同的文化態度和需求可能使企業內部對工作場所的要求有所衝突。比方說，在芬蘭的辦公大樓中需要蒸汽浴室，因為合約的協商和簽

訂經常在浴室中進行。相反地，英國公司通常認為空調也是不必要的，而且他們反對將錢用在休閒設施上的建議（Becker, 1991）。

　　工作場所設計的問題對於心理學家而言並不是新鮮事。探討物理環境對工作表現之影響的研究可以回溯到著名的霍桑研究，這是在20到30年代於伊利諾州西方電力公司霍桑電廠所進行的長達12年之田野實驗（Landsberger, 1958; Roethlisberger & Dickson, 1939）。這些研究最初的目的是要找出照明對生產力的影響，最後卻演變為探討員工的知覺和感受在決定生產力時所扮演的角色。研究者設立不同的組合工作室，其中的照明水準由非常明亮到非常昏暗。令人驚訝的是，照明水準對生產力竟然沒有任何影響。後續的研究使用了不同的作業和環境變項，但是結果仍然相同。研究者由這些結果中了解到，員工的態度以及受到特別注意的榮耀等非物理因素對行為也具有強大的影響。由這些研究所發現的現象便是著名的**霍桑效果**（Hawthorne Effect）：在工作情境中引入任何陌生因素都會使工作表現改善。當新鮮感逐漸減少的時候，表現又回復到先前的水準。雖然霍桑效果相當普遍，但它並不能解釋每一件事（Adair, 1984）。在霍桑研究之後，研究者繼續經由工作者調查、田野研究和實驗室實驗來探討工作和物理環境之間的關係。心理學家所進行的研究，尤其依賴實驗室研究。

　　桑史卓（Sundstrom, 1987）在工作表現和物理環境的實驗中區分以下五種作業：

文書作業，它需要辨認或者抄寫符號，例如打字或檢查數字。

動作作業，在工廠中最常見，工作者必須依賴訊號或指示來操弄控制裝置或物體。

心智作業，它包括學習、回憶、計算、校對或資料轉換。

警覺作業，例如監看機器或偵測不合格的輸出品。

雙重作業，或者說是同時執行兩種作業，通常其中之一為警覺作業。

作業種類的區別非常重要，因為作業決定物理環境對工作表現的影響。例如，溫度和噪音等潛在壓力源可能會干擾複雜的心智作業。但在某些狀況下卻能促進重複的物理或手工工作的表現。潛在壓力源之所以會影響工作表現，主要是因為心情會改變激發水準（請參考第三章）。在下一節中將簡短回顧激發狀態和工作之間的關係。

## 激發狀態和工作

**激發狀態和工作表現**　在所有激發狀態對人類行為的效果中，被研究得最徹底的就是激發狀態和工作之間的關係。早在1940年，葉克斯和道森（Yerkes & Dodson）就提出了說明這種關係的模型。他們主張「倒U形」的關係，就是極高和極低的激發水準對應於較差的作業表現——最好的表現出現在中等的激發水準，亦即所謂的「最佳」水準。這個模型歷經時間的考驗，以及廣泛的驗證，目前被稱為**葉道定律**（Yerkes-Dodson Law）（Hebb, 1955）。隨著時間過去，已有研究指出，不同種類的作業顯示出略微不同的表現——作業水準曲線。更明確地說，非常簡單或者已經學過的作業的最佳水準較高，只有在激發狀態非常高的時候才會干擾這些作業。相反地，非常困難、不熟悉的作業即使在中度激發水準之下也會受到干擾。有效的作業表現或作業難度主要由作業性質（例如速度或正確性）

所決定。因此研究者必須明確地描述在研究中所發生的事。在第三章中曾
經提到，物理環境中的許多層面，例如噪音和溫度，都會對作業表現有深
遠的影響，因爲它們具有激發的作用。

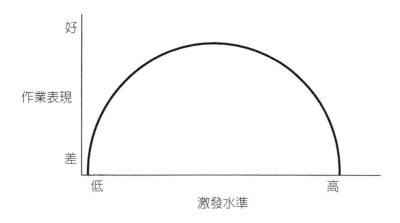

圖8-7　激發狀態和作業表現之間的「倒U型關係」（葉道定律）

　　雖然研究者對倒U形工作——激發狀態曲線很少出現不一致的意見，
但對於其發生原因目前仍不清楚。艾森克（Eysenck, 1982）的結論是，表
現和激發水準之間的曲線關係無法以單一機制加以解釋，它是激發水準改
變時，所發生的幾種不同歷程之副產品。其中一個歷程幾乎可以確定是個
體的注意能力之改變。

　　**注意和激發狀態**　卡尼曼（Kahneman, 1973）發展出注意容量模型，
以解釋激發狀態對注意力及作業表現的影響。他的模型是現在認知心理學
中相當流行的注意容量模型之標準範例。卡尼曼之模型的概要圖，請參考
圖8-8。

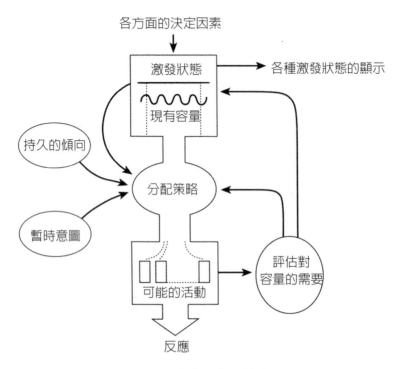

圖8-8　注意的容量模型

來源：Kahneman, 1973

　　根據卡尼曼的說法，所有需要使用有意識之注意力的活動都需要提取有限的中央訊息容量。有些活動需要較多的注意力，而且特定時刻的總注意容量會有所改變。個體必須以某種**分配策略**（Allocation Policy）來分配現有的容量，以滿足相互競爭的要求。在圖8-8中，決定資源分配的因素指向中央，也就是分配策略的所在處。刺激的持續特質迫使人們將大量注意力分配給它們。一般來說，較強烈和不可預測的刺激需要較多注意力，新奇刺激、突然的移動或具有私人意義的刺激（例如聽到自己的名字）在演化上的意義使它們能夠攫取我們的注意力，即使我們努力預防。暫時的意圖也會造成注意力的要求，例如實驗者要求你注意房間前方的燈光。此

外，有關現有容量和要求程度之持續回饋也會影響注意的分配。這將我們帶回到激發狀態的問題。在圖8-8中，激發狀態與現有容量在同一個格子中。根據卡尼曼的模型，激發狀態是決定現有注意容量的唯一最重要因素。當激發水準上升時，用於作業表現的注意容量便減少。因此，需要大量注意力的困難、不熟悉作業表現會因為激發水準的增加而受損。運動員、音樂家和士兵必須持續地複誦和練習，使得他們的技能更熟練和自動化，而且不致於因為真實的競賽、表演和戰鬥期間的高激發水準而受到干擾。因為熟悉的作業只需要極少的注意力，即使在激發水準非常高的狀況下也能有良好的表現。在這種參考架構之下，激發水準對作業表現的影響是出於它導致完成作業之可用注意力的改變。注意容量模型也有助於解釋後面的章節中將討論的現象，也就是在過度刺激、訊息超負情境中的社會行為（Cohen, 1978; Milgram, 1970）。

**動機和激發狀態**　除了控制注意力和作業表現之外，激發水準也是動機的重要部分。激發狀態同時扮演驅力（Drive）（推動行為的內在刺激）和誘因（Incentive）（個體努力想獲得的東西）的角色。許多動機理論主張，人類追求最佳的中等環境刺激水準，我們的大多數行為都是為了升高或降低激發狀態，以維持理想的刺激水準（Berlyne, 1960, 1967, 1971, 1974; Berlyne & Madsen, 1973; Fiske & Maddi, 1961; Wohlwill, 1974）。其他理論（McClelland, Atkinson, Clark, & Lowell, 1953）認為，人們實際上所追求的是與預期激發狀態之間的少許差異。史奈拉（Schneirla, 1959）肯定稍微偏離一般刺激水準似乎具有酬賞性，而且使許多動物產生趨近行為。但劇烈的偏離是令人嫌惡的，而且會導致退縮。羅素和莫拉比安（1975, 1977a, 1978）認為人們只有在愉快程度中等時才會偏好中等的激發水準；但是在愉快程度極高或極低的情境中，他們偏好能增加愉快或降低不愉快的激發水準（見圖8-9）。儘管有這些差異，但這些理論都同意：在許多情境下，激發水準是人類動機中不可缺少的部分。

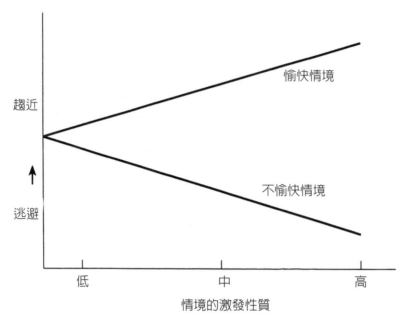

圖8-9　愉快—激發狀態假說主張，我們接近愉快情境和避免不愉快情境的傾向，隨著激發水準的上升而變得更強

## 物理環境與工作滿意度

　　有一研究是以8個不同機構的360位辦公室員工為對象，結果發現工作滿意度以及對物理環境的滿意度之間有顯著的相關性（Ferguson & Weisman, 1986）。雖然其他研究也顯示出相同的結果，但在工作滿意度調查中通常發現，物理環境對於工作滿意度來說並不重要（Sundstrom, 1987）。然而，桑史卓認為，受試者低估了它的重要性，因為他們可以適應環境，而且物理環境通常至少達到最低程度的適合性。物理環境在工作滿意度中的主要功能是赫茲伯格（Herzberg）所說的**保健因素**（Hygiene Factors）（Herzberg, 1966; Herzberg, Mausner, & Snyderman, 1959）。根據

赫茲伯格的說法，當工作者的安全和舒適的基本需求未能達成，則會導致對工作的不滿意。當這些基本的保健因素達成之後，工作者就不再感到不滿意，但是也並不保證他（她）一定滿意。由這種觀點看來，不適當的物理環境可能導致工作場所中的不滿意，但它本身並不足以導致高工作滿意度，即使它非常適當。物理環境的角色可以解釋工作滿意度和工作場所滿意度之間的巧妙關係。

在卻魯尼克和柯尼格（Cherulnik & Koenig, 1989）的研究中發現，物理環境和工作滿意度之間的關係可能更微妙。主觀的工作場所品質會影響觀察者對該環境中工作者之特徵的判斷。整體來說，受試者將比較令人喜歡的性格特質歸於與高品質工作場所有關的工作者。因此，似乎在愉快、高品質環境中工作可以增加個人的自我價值感以及在別人眼中的地位，因而導致較高的工作滿意度。

為了幫助你決定工作場所的物理特性對於決定你自己的工作滿意度有多重要，請看下面的專欄「物理環境對你的工作滿意度來說有多重要？」

---

**試試看：物理環境對你的工作滿意度有多重要？**

　　每個人對於從工作中獲得的各種報酬都賦予不同的價值。有些人主要被錢所推動，有些則覺得長假或工作的社會利益比財務所得更能決定他們對職業的滿意程度。為了幫助你探討自己賦予不同報酬的價值，並了解工作場所對你而言有多麼重要，你可以嘗試下列的練習。這個練習與吉卜森等人（Gibson, Ivancevich & Donnelly, 1979）所發展出來的方法相似。

　　想像你是一間大公司的經理。現在看看公司老闆可用的酬賞（列表）。從列表中，你可以列出與工作場所的物理環境直接相關的酬賞；並且另列一張表，包含與物理環境無關的酬賞。接著依照列表中各個項目對你自己之工作滿意度的重要性，分別將兩張列表中的各項酬賞加以排序（由最重要到最不重要）。在排序之後，分別由每張表中選出最重要的八個項目，再加以排序。這些項目中有多少是與物理工作環境有直接關聯的？

---

- 昂貴的辦公室家具
- 廣播音樂
- 長假
- 有一扇大窗戶的辦公室
- 對辦公室溫度的控制
- 旅行的機會
- 有關生涯進展的回饋
- 鄉村俱樂部的特權
- 辦公室娛樂設施
- 舒適的休息室或自助餐廳
- 私人停車空間
- 上司尋求你的建議
- 辦公室的位置接近「重要」人士
- 位於角落的辦公室
- 自始至終完成計畫的機會
- 公司的野餐活動
- 具有挑戰性的工作
- 因表現良好而獲得休假
- 私人辦公室
- 加薪
- 在公司中表揚你的工作
- 較大的辦公室
- 參與重要決策
- 安靜的辦公室
- 入股
- 辦公室中的長毛地毯
- 優厚的退休計畫
- 私人秘書
- 接近「總經理的洗手間」

# ❖物理環境和工作組織中的溝通❖

艾倫、貝克和史提利（Allen, Becker, & Steele, 1987）找出三種在工作組織中特別重要的面對面溝通類型。第一是**協調**（Coordination）或分享訊息，以協調不同的部門或工作團體。這種溝通通常是預定時間和正式的，而且發生在特別為此目的而設計的會議場所（例如會議室）中。有些工作場所的溝通是**訊息性的**（Informative）。這包括分享必要的訊息以便在個人的專業中跟上潮流。這種溝通可能是排定時間和正式的，但通常不正式地發生在走廊上或午餐時。第三種溝通是具有**啓發性**（inspirational）的，它能促進創造性思考以及新概念的產生。在本身團體之外的非正式接觸有助於增進啓發性溝通。

每種溝通都需要不同的會議區域。工作場所的設計者必須考慮每個組織的需要，以決定每種區域應分配的空間比例。設計適合工作者溝通所需要的空間是許多設計問題的核心，尤其是辦公室設計，這一點將在本章中討論。

員工覺得自己消息靈通以及身在組織溝通網之中的感受是影響工作滿意度的重要因素。研究結果顯示，工作組織中的非正式溝通（如謠言）通常比正式溝通網更有效（Davis, 1984）。因此，工作場所的物理設計能夠間接地影響工作滿意度，因為它能促進或抑制非正式溝通網的形成，人們在工作場所中自然地趨向使人們聚在一起說閒話或進行其他活動的地方（Bechtel, 1977）。大多數工作場所都有休息室、自助餐廳或其他供員工休息、吃午餐的地方。如果適當地設計這些區域，它們就可以建立員工的凝聚力，並且有助於工作滿意度。吉佛德（1988）發現，適當的照明水準和舒適的「家庭式」裝飾可以增進談話的親密性和長度。坎貝爾和坎貝爾（1988）研究中西大學的28個系休息室，並且進行全國的郵寄問卷調查，探討各學系的休息室使用情形。他們的結論是，如果達到以下幾個標準，

則休息室能夠成爲最有效的溝通中心。首先，休息室中必須有足以吸引人們進入的物品：信箱、自動販賣機或咖啡壺。第二，休息室必須有固定的特色，使得人們到達之後就捨不得離開。布告板和小型的咖啡壺使人們必須等候，而一壺剛煮好的咖啡也有助於醞釀工作。最後，休息室必須有能鼓勵溝通的舒適座位。

# ❖特定工作環境❖

## 工廠

桑史卓（1987）將工廠定義爲任何「致力於將原料轉變爲可銷售之產品」的機構。大多數探討工廠中物理環境對工作表現之影響的研究集中於溫度、噪音和照明等潛在因素的衝擊（請參考第三章以了解這類研究的背景和這些因素的詳細介紹）。在這些潛在因素中，最常成爲工廠和辦公室中不滿意來源的就是過熱或過冷的溫度（Boyce, 1974; Hedge, 1982）。帕修克（Paciuk, 1990）證實，對工作場所溫度的滿意度與控制感有密切的關聯。也就是，如果工作者覺得自己可以控制溫度，則會比較滿意。由於大多數工作場所中都並非如此，難怪對溫度的不滿意如此普遍。另一個經常抱怨溫度的原因毫無疑問地是人們對舒適溫度的意見不一致（Sundstrom, 1987）。然而，我們必須記住：大多數工作環境中的溫度限定範圍比較可能影響舒適和滿意度，而非實際的工作表現。

莫拉比安（1976a）描述工廠設計者所面臨的特殊問題。工廠中大部分工作都是低負荷、重複而且原本就令人不愉快的。因此，設計者所面臨的挑戰是創造令人激發和愉快的物理環境以彌補工作本身所缺乏的成分。在設計時必須特別注意自助餐廳和休息室，因爲在休息和午餐時間的社會

互動可能是許多工作者一天當中的巔峰。莫拉比安也指出，增加咖啡和午餐時間的彈性、改變工作者的作業以及創造凝聚、自動自發的工作團體能夠改善低負荷之工廠環境中的工作表現。

圖8-10　工廠中的工作者通常在高環境負荷的狀況下進行複雜作業

音樂常被引入工作場所中以創造更愉快的環境，許多人相信音樂可增進生產力。不過，到目前為止的研究指出，雖然員工喜歡在工作時聽音樂，但它對實際的生產力並沒有真正的影響（Fox, 1983; Sundstrom, 1986a）。

## 辦公室

關於辦公室設計的研究多於其他工作環境，其原因不只是環境心理學家大部分時間在辦公室裡工作。的確，半數以上的美國工作者受雇在

辦公室裡工作（Giuliano, 1982）。已有研究證實，辦公室的物理結構可以影響工作滿意度、工作表現和努力工作的動機（Becker, 1981; Sundstrom, 1986a; Wineman, 1986）。差勁的辦公室設計能使辦公室中原有的問題更加惡化，例如必須長期使用終端機的辦公室工作者所感受的眼睛疲勞、易怒和疲倦等（Kleeman, 1988）。

**辦公室環境中的隱私**　在影響個人對辦公室之滿意度的事物中，沒有任何事比隱私更重要。雖然在指出隱私程度和辦公室滿意度之間的關係時，必須考慮特定工作的複雜性和要求（Hedge, 1982）。但現有研究顯示：對辦公室的滿意度隨著隱私的增加而增加（Sundstrom, 1986b; Wineman, 1982）。在一項以大學教職員為對象的調查中，受試者評定辦公室中的隱私比空間、溫度、通風、照明和家具等其他因素更重要（Farrenkopf & Roth, 1980）。布拉克和史托克斯（Block & Stokes, 1989）近期的實驗室研究也得到偏好隱私的相似結果。在他們的研究中，169位大學生在私人辦公室或與其他四個人共同分享的辦公室中進行一項作業。在每種狀況中，所有受試者都在完全相同的工作空間中從事相同的作業。學生明顯地喜歡私人辦公室勝於共享的辦公室。如果受試者正在進行複雜作業（填寫報稅表格）而非簡單作業（剪報）時尤其是如此。

賈斯塔和葛藍（Justa & Golan, 1977）指出，通常我們很難區分可以和不可以經由空間設計所處理的隱私層面。辦公室中隱私的建立可以經由物理特性、社會規範和公定的辦公室政策共同完成，賈斯塔和葛藍在針對四所不同公司中的行政人員、會計師和程式設計師進行研究之後發現，調整互動的能力和隔絕噪音同樣地重要。

辦公室隱私的問題隨著60年代起，**開放式設計辦公室**（Open-Plan Office）之成長而更加明顯。通常，這類辦公室涵蓋整個辦公室建築物的樓板，其中沒有任何地面到天花板的隔間（見圖8-10）。植物、地毯或書櫃偶爾可以用來隔開鄰近的工作者，但在開放式辦公室中大部分地方沒有

視覺或聽覺隱私。唯一能擁有隱私的方式是使所有桌子朝向同一個方向，這種辦公室有時被稱為「牛欄」辦公室（Mehrabian, 1976b）。開放式設計的辦公室具有彈性、低成本建造和維修等優點，也有人認為它能促進團體凝聚力和溝通（Heimstra & McFarling, 1978）。

圖8-11 開放式設計的辦公室

開放式設計的辦公室的確能促進社會活動的增加，尤其是在低階層勞工之間。只要工作區域不致於太大（Allen & Gertsberger, 1973; Brookes & Kaplan, 1972; lves & Ferdinands, 1974; Nemecek & Grandjean, 19973; Wells, 1965）。西拉吉和霍藍德（Szilagyi & Holland, 1980）的結論是：如果社會和空間密度僅僅溫和地增加，而且涉及的工作不太費力，則開放式設計的辦公室的確可增進回饋、與同事的互動和工作滿意度。有些證據顯示，在開放式設計的安排下，簡單作業的表現可能較佳，其原因或許是社會促進（Block & Stokes, 1989）。

　　儘管有這些優點，一般來說在研究中並未肯定開放式設計之辦公室的預期利益；大多數員工對開放式設計的辦公室的反應都是負面的（Becker, 1981; Ng & Gifford, 1984）。在傳統或私人辦公室中工作的人，比在開放式辦公室中的人對其工作空間更滿意（Marans & Sprecklemeyer, 1982），而且由傳統的封閉式辦公室遷移到開放式辦公室的人在滿意度和動機上都滑落（Oldham & Brass, 1979）。開放式辦公室缺乏使傳統辦公室成爲私人之可防禦空間的界線；這導致員工經常抱怨缺乏隱私以及這種安排所固有的噪音和分心（Brookes & Kaplan, 1972; Oldham & Brass, 1979; Riland & Falk, 1972; Sundstrom, Burt, & Kamp, 1980; Sundstrom, Town, Brown, Forman, & McGee, 1982）。在克利瓦德（Clearwater）的一篇未發表的博士論文（cited by Becker, 1981）中提到，由傳統式辦公室搬到開放式辦公室之後，員工之間的溝通事實上更加惡化。

　　噪音是開放式設計之辦公室中缺乏隱私的副產品，也是工作者最常提出的問題。在第三章中曾經提到，不可控制和不可預測的噪音最容易令人分心、激怒和干擾作業表現。不幸的是，這確實是開放式辦公室中的電話鈴聲和交談聲所產生的噪音類型（Boyce, 1974; Hedge, 1982; McCarrey, Peterson, Edwards, & Von Kulmiz, 1974; Sundstrom, 1987）。噪音幾乎總是會使工作者產生不愉快的感受。溫史坦（Weinstein, 1977）指出，即使噪音事實上不會干擾工作表現，但員工仍相信如此。缺乏**談話隱私**（Speech Privacy），也就是不被其他人偷聽的談話自由，可能像「不必要的旁人」一樣地具有干擾性（Cavanaugh, Farrell, Hirtle, & Watters, 1962; Sundstrom, Herbert, & Brown, 1982）。

　　**以辦公室做爲地位符號和領域**　「具有權威的人經常操弄領域使下屬留下深刻的印象」（Merleman, 1988）。桑史卓（1987）認爲，除了上述作用之外，地位標示物在辦公室中還能滿足數種重要的功能。地位符號可以表達順序，提供訪客適當的行爲線索。它們也是工作表現的誘因或補

償（請參考下面的專欄）。經由辦公室來宣示地位是相當重要的，因此許多組織都明文規定，工作空間中應包含不同階級者的地位特徵（Konar & Sundstrom, 1986）。

---

辦公室政治

　　梭摩和史坦納（Sommer & Steiner, 1988）曾進行一項有趣的研究，描述隱藏在加州州議會大廈之辦公室布置和裝飾之後的政治。由於建築物中事實上還有許多可用的空間，因此衝突的來源主要是停車空間和辦公室家具等符號物體。關於漂亮家具的衝突實際上是權力和地位的檢驗，因為在議會領袖的眼中，這些「架子」是立法者所受到之尊重的可見訊號。建築物中的辦公室大小依照年資和責任來決定，而且通常伴隨著其他令人喜歡的特質，例如高水準的景觀和使內部空間個人化的自由。在州議會的政治鬥爭中失敗的人通常得到靠近洗手間而且位於建築物角落的辦公室，遠離可見性和權力的中心。用梭摩和史坦納（1988）的話來說，對這些政治家而言，「辦公室同時是自我的符號和他人如何看待自己的表示」。辦公室的政治重要性也是聯邦政府所關心的問題；美國的參議員也根據年資來分配位於「隱蔽處」的私人辦公室（Gugliotta, 1991）。

---

　　辦公室建築中的地位標記在不同背景中都極為相似，地位較高者必然有較大的樓板空間，而且每間房間中的人數比較少（Langdon, cited in Sundstrom, 1987）、位置較佳（例如在角落的辦公室、樓層數較高的辦公室），有窗戶、可控制他人接近之途徑（秘書）、圖畫和牆壁裝飾以及品質較好的辦公室家具和地板覆蓋物（BOSTI, 1981; Harris & Associate 1978; Konar, Sundstrom, Brady, Mandel, & Rice, 1982; Mehrabian, 1976b）。

　　桌子是調節互動和宣示地位的有效方法。例如，地位較高之工作者傾向於將桌子放在自己和門之間，而不是靠在牆邊（Joiner, 1971）。有些研究顯示，大學教授最喜歡坐在辦公室的門旁邊，公務員幾乎總是面對

著門而坐，而且偏好與訪客隔著桌子互動（Korda, 1975; Mehrabian, 1976b; Zweigenhaft, 1976）。即使在學術界中，地位較高的人也傾向於在桌子後方互動。行政人員（例如院長和校長）比職員更可能坐在面對著門的桌子後方。瑞根哈夫特（Zweigenhaft, 1976）發現，四分之三的資深教職員把桌子放在自己和學生之間，但資淺的人當中只有不到一半這樣做。瑞根哈夫特也指出，不從桌子後方互動的教授被學生認為較有風度且較可親近。因此，在許多環境中的研究都顯示，地位較高的人傾向於使用桌子來表示支配性，而且他們的行為很明顯地對訪客在辦公室中所感受的舒適性有所影響（Joiner, 1976; Morrow & McElroy, 1981; Zweigenhaft, 1976）。

## 專有名詞解釋

**分配策略（Allocation Policy）** 在注意的容量模型中，分配策略指依照相互競爭的要求來分隔注意的決定規則。

**建築特徵決定論（Architectural Determinism）** 相信行為完全由物理環境所決定的信念。

**協調（Coordination）（或稱為溝通〔Communication〕）** 分享訊息以協調不同部門或工作團體的努力。

**驅力（Drive）** 推動行為的內在刺激。

**霍桑效果（Hawthorn Effects）** 工作情境中引入新奇性之後造成工作表現之改善。

**保健因素（Hygiene Factors）** 在赫茲伯格的工作滿意度理論中，保健因素是缺少時會導致不滿意，但單獨出現不會導致工作滿意的工作特徵。

**誘因（Incentive）** 外在的推動刺激。

**訊息性溝通（Informative Communication）** 個人在專業中為跟上潮流而分享訊息。

**啟發性溝通（Inspirational Communication）** 可促進創造性思考和新想法產生的溝通。

開放式設計的辦公室（Open-Plan Officc）　在工作者之間沒有隔間的延展性工作區域。

疏社會的（Sociofugal）　阻礙社會互動的環境設計。

親社會的（Sociooetal）　鼓勵社會互動的環境設計。

交談隱私（Speech Privacy）　不被他人偷聽的交談自由。

葉道定律（Yerkes-Dodson Law）　激發水準和工作表現之間的「倒U型」關係。

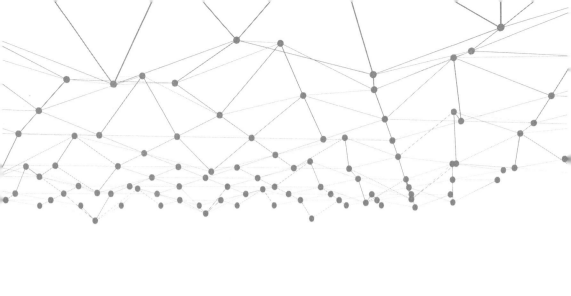

◆ 第九章

# 學習環境

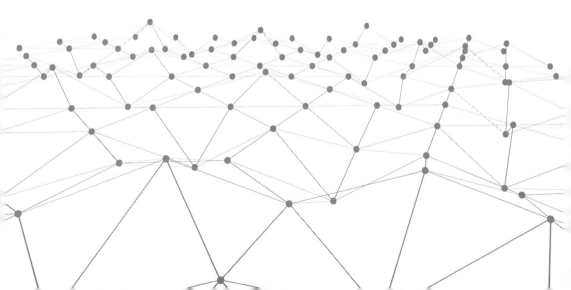

## 本章摘要

　　學校和教室的物理設計是教育過程的重要成分。研究結果顯示，座位位置以及教室組織為傳統式或開放式會影響學生的成就、參與和滿意度。雖然這些結果不完全一致，但大多數都指出，在傳統式教室中的學生表現優於開放式教室中的學生。

　　校園和運動場的設計通常在學習環境中為人所忽略。最近的研究開始顯示，兒童在這些環境中的活動類型大部分可由運動場的物理限制加以描述。

　　博物館和動物園是適合所有年齡層和背景者的教育機構。這些場所的設計應該使人容易辨認並感到愉快。在博物館中必須調整環境負荷以減少博物館疲勞。動物園必須考慮動物展示區的物理設計和動物園遊客的特徵之間的關係，使得動物園之旅既富有教育性又令人愉快。

# ❖學校和教室❖

　　任何閱讀這本書的人對於花費你一生中大部分時間的學校和教室都必然感到熟悉。根據剛普（1978）的計算，每個人由幼稚園到12年級平均花費14,000個小時在學校中。接受學前教育或進入大學的人甚至要花上更多的時間。事實上，年輕人大部分清醒的時間都待在學校環境中；因此，重要的是使學習環境既令人愉快又實用，而且促進學習經驗。

## 學校建築的物理特性

　　物理環境中最基本的特性就是照明、顏色和表面的軟硬程度等潛在變項。由研究中顯示，注重這些基本的潛在因素可以使學習環境變得更好，有時候只不過需稍加修正而已。莫拉比安（1976a）以一個故事來說明，當圖書館當中的桌椅由毛絨絨的地毯和靠墊取代之後，小學生使用圖書館

的頻率便大幅度地增加。此外，更有系統的實驗也證實了「較柔軟的」學習環境之優點。梭摩和奧森（Sommer & Olsen, 1980）發現，在大學教室中使用椅墊、可調整的照明和地毯可以增進課堂參與。尼爾（Neill, 1982b）指出，在一所護理學校中，僅僅使用地毯便可以比「較硬的」地板表面產生更多的師生互動。

許多討論都集中於教室窗戶的重要性，尤其是小學。現有研究已肯定，學生強烈地偏愛有窗戶的教室，但是老師有時候覺得沒有窗戶的教室比較有彈性，而且不易令人分心（Ahrentzen, Jue, Skorpanich, & Evans, 1982; Larson, 1965）。然而，這些研究中都沒有發現學生在這兩類教室中的表現有任何差異。

顏色似乎是決定兒童對物理環境之反應的重要向度（Cohen & Trostle, 1988）；柯亨和托勒斯特（Cohen & Trostle, 1990）發現女孩比男孩更喜歡強烈和複雜的形狀、顏色和其他物理刺激的組合。

## 班級和學校的大小

在學校環境中，與建築的物理設計和學生所接受的教育有重要關聯的一個層面，就是班級的大小。最適合學習的班級大小始終是許多學區所面臨的問題和迫切的政治議題。增加班級大小的主要問題之一是空間和社會密度通常會隨之增加。高密度的後果已經在第七章中加以討論：高密度很明顯地促進許多環境中的行為干擾，教室也不能例外。例如，洛伊和納夫爾（Rohe & Nuffer, 1977）發現，在學前班級中增加空間密度會減少合作行為、增加攻擊性。然而更糟的是，增加班級大小不只會增加密度，也會增加桌子、學習材料和老師的注意力等資源的競爭。葛拉斯（1982）曾對小學班級大小的重要性進行批判的分析。他們的結論是，較小的班級在任何一方面來說都是較佳的學習環境，包括老師和學生的態度互動以及學生

的實際成就。除此之外，他們也相信，一旦班級人數達到20至25人以上，再加入其他人就不會造成太大差異。換言之，在15名學生的班級中加入5個人對班級氣氛造成的變化，大於在28人的班級中加入5個人。

更進一步來說，設定最佳的班級大小關係到學校的最佳大小；在高中的階段，這個問題尤其麻煩。在下面的專欄中深入地討論了這個爭議。

---

一所高中應該有多大？

　　高中和中小學的差異在於前者能提供多種課外活動和環境。這些活動和環境毫無疑問地在青少年發展社會技能和心理認同時扮演重要角色。基於高中經驗的重要性，許多研究者都由經濟觀點探討大型高中和小型高中的相對優點。他們所強調的是保持學校中最佳人數對每位學生和整個學校的重要性。

　　這些研究發現，在小型高中裡，學生對運動、戲劇和學生政府等活動的比例，比大型高中更低。學生人數較少的學校要求每位學生負擔更大的責任使學校成功。因此，小型高中的學生比較容易擔任領袖，而且他們的能力也較可能得到認可。他們經常提到由於完成挑戰、身為生產團體的一份子和勝任感所產生的滿足（Baird, 1969; Barker & Gump, 1964; Gump, 1987; Schoggen, 1984）。這些額外的責任對於學業成績在邊緣地帶的學生尤其重要（Willems, 1967）。在小型學校中，學生對老師和同學都非常熟悉，因此能加深這些關係，或者增進個人的發展（Gump, 1987）。此外，小型學校中缺乏匿名性可能使越軌和犯罪行為減少（McPartland & McDill, 1977; Plath, 1965）。

　　小型高中通常是小鎮和都市之社區生活的核心；學校活動和運動提供了共同的焦點和交談的話題，因此也成為社區認同感的重要部分。通常這些社區最初反對以合併學校來裁減預算，反而為了保持自己的高中而付出代價。但是當他們了解到數字的力量後，社區居民開始團結在一起對抗大必然好的概念。最近在伊利諾州便有一個反對合併小型高中的運動。

　　現在我回到原先的問題：怎麼樣才算太大？據研究顯示，300人到700人之間是關鍵。當註冊人數超過上限時，多出的人數似乎效果不大（Garabino, 1980）。

## 教室座位的生態學

在傳統式教室中，學生的桌子面對著教室前方的老師和黑板。座位的位置和學生表現之間的關係，是教育者和教育心理學家多年來感興趣的問題。葛瑞菲斯（Griffith, 1921）早期研究學生成績和座位之關係的成果，由諾里斯（1982）加以描述。在這個研究中，許多班級中的學生依字母指定座位，其成績也被仔細地記錄。葛瑞菲斯最後累積了大約20,000筆成績，並且小心地檢驗學生的位置和成績之間的關係。很明顯地，坐在教室中央的人傾向於得到最高的成績，當學生坐在離中央愈遠的地方，其成績就漸漸地降低。最近的大學生研究也肯定座位的重要性，坐在接近教室前方的學生通常比後方的人得到更好的成績（Becker, Sommer, Bee, & Oxley, 1973; Brooks & Rebeta, 1991; Levine, O'Neal, Garwood, & McDonald, 1980; Stires, 1980）。

在解釋這些研究時所產生的問題是學生可以選擇自己的座位。高中生的研究顯示，學生對教室中不同部分有固定的知覺，並藉此選擇符合其目的、學業影響和團體中之非正式社會地位的位置（MacPherson, 1984）。麥費森（MacPherson）發現教室前方的座位與受老師控制、依賴老師的感受有強烈的聯結。教室後方則表示與同儕互動的自由和免於老師的控制。當學生可以自由選擇座位時，會發生許多自我選擇的例子。選擇靠近教室前方之座位的學生比較可能是喜歡上課的高成就者；一般來說，他們喜歡學校和努力工作。高成就者在自尊指標上的得分也比較高（Hillman, Brooks, & O'Brien, 1991; Millard & Simpson, 1980; Wallberg, 1969; Wulf, 1977）。布魯克斯和瑞貝塔（Brooks & Rebeta, 1991）指出，女性比男性更可能坐在教室前方。毫無疑問地，表現和座位之間的部分關係是出於自我選擇的歷程。在學生被指派座位的研究中，並非總能發現上述關係（Wulf, 1977）。即使在這些研究中，座位本身似乎仍對表現有某些影響

（Koneya, 1976; Levine et al., 1980; Millard & Simpson, 1980）。

　　由研究中顯示，對課程和課堂參與的態度受座位位置之影響更甚於成績（Levine, et al., 1980; Montello, 1988）。愈靠近教室前方和中央的學生，就愈常與老師互動（Adams & Biddle, 1970），而且也更注意教室中的作業（Breed & Colaiuta, 1974; Schwebel & Cherline, 1972）。從小學低年級（Schwebel & Cherlin, 1972）到大學的學生（Sommer, 1967）似乎都是如此。這種效果通常可以追溯到接近前方座位的可見性大大地鼓勵了參與（Caproni, Levine, O'Neal, McDonald, & Garwood, 1977）。關於這個問題，請閱讀「試試看」專欄。

---

**試試看：座位安排和課堂參與**

　　據研究顯示，當學生坐得愈接近老師和教室前方，則其課堂參與也隨之增加。你可以嘗試在課堂上驗證這個現象。首先你必須準備一張表。每一行上方分別寫著「前」、「中」、「後」。坐在教室中最靠近老師的1/3為「前段」，中央的1/3「中段」，最後的1/3為「後段」。在一個星期的觀察期之中，每當某一位學生在課堂上發問或回答問題，或者參與課堂討論時，便在適當的地方做個記號。因為你不是完全不知情的觀察者，所以不要記錄自己的反應。在一週結束後，計算每一行的總數並且檢查教室前方的同學是否出現較多課堂參與的行為。如果你沒有發現這種效果，則可以思考：是否由於教室的建築或班級大小等調節變項，而消除了坐在教室前方的學生之參與優勢？

---

# ❖傳統式和開放式教室❖

　　1960年代的教育變革之一是**開放式教室**（Open-Plan Classrooms）的趨勢。這些教室在設計上類似於第八章中所討論的開放式設計的辦公

室。它們擁有未分隔的大型彈性空間，而且提供了許多和開放式辦公室相同的優點（見圖9-1）。雖然教室設計和所實施的教育計畫之間並沒有直接必然的關係（Bennett, Andreal, Hegarty, & Wade, 1980），但梭摩（1967）相信老師安排教室空間的方式反映出其教育哲學。瑞夫林和羅森伯格（Rivlin & Rothenberg, 1976）認為：「開放式教室具體地表現出偏離傳統形式的教育政策和環境」。因此，一般人普遍相信：脫離傳統教室中所使用的標準「蛋盒式」設計（見圖9-2）將會同時產生新的教學和學習取向。行為環境研究中的「生態」觀點（Barker, 1968; Wicker, 1979）強調環境之物理和心理層面相互配合的重要性，也就是所謂的**契合性**（Synomorphy）。因此，教室設計和教學風格之間的配合是決定開放式教室的關鍵。提勞伯、魏斯和費雪（Traub, Weiss, & Fisher; in Gifford,

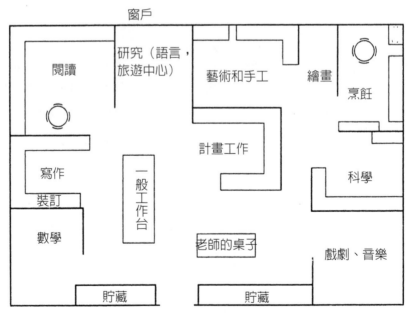

圖9-1 開放式教室之樓板規劃示範

來源：Stephens, 1974

1987）發現，教學風格和教室環境的配合確實是預測教師對教室環境之滿意度的良好指標。

Teacher's Desk

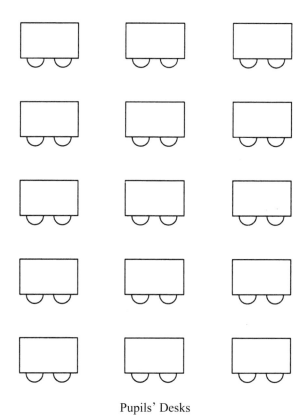

Pupils' Desks

圖9-2　傳統式教室的座位安排

你預期在開放式和傳統式教室中的老師有何差異呢？溫史坦和伍佛克（Weinstein & Woolfolk, 1981）向大學生展示不同種類之教室的幻燈片，並要求他們判斷使用這些教室的老師和學生。在開放式教室中的老師被認為比傳統教室中的老師更能回應學生，而且更有創造性。然而，有趣的是，在這個研究中有一個5年級的樣本無法區分。由於廣大的開放式空間鼓勵移動和主動玩耍（Loughline & Suina, 1982），而且兒童必須在開放式教室中的各個活動中心之間移動（Gump, 1974），所以可以預見：有強烈秩序和控制需求的人較偏好傳統式教室。至少有一個研究已經證實這一點（Feitter, Weiner, & Blumberg, Gifford, 1987）。開放式教室的教育利益究竟是什麼？有許多理由足以相信開放式教育的彈性和相對自由度可能會降低無聊和增進學生的參與和動機。利佛布拉克（Zifferblatt, 1972）發現，能鼓勵老師在教室中移動而不要固定坐在一處，可以使學生更專心且不吵鬧。開放式設計的學校確實使老師之間的互動增加（Meyer, in Weinstein, 1979）。因此，許多指標顯示開放式教室可能有實際上的教育優點，為了確實地回答這個問題，許多研究直接比較兩種教室設計的教育成果。不幸的是，這種田野研究的缺陷是物理環境的效果和教育計畫糾結在一起，因此難以區分這兩種影響（Gump, 1987）。教室環境改變所帶來的新教學取向之範圍使得這個問題更加複雜。在許多例子中，傳統學校所發展的方法被直接轉移到新環境中。讓我們記住這些限制，然後回顧關於教室設計和教育表現之間關係的部分研究。這些發現大多不鼓勵開放式學校的未來。

雖然有些研究顯示在開放式或圓形的座位安排之下，出現較多與作業有關的活動（Rosenfield, Lambert, & Black, 1985），但大多數研究卻發現圍坐在桌子旁的學生之間的互動較多，但是注意手邊作業的時間較少（Axelrod, Hall, & Tams, 1979; Wheldall, Morris, Vaughan, & Ng, 1981）。在開放式教室中的學生也花費較多時間漫無目的地移動（Moore, 1983; Neill, 1982a）和「準備」新作業，但較少實際地執行這些作業（Gump, 1984,

1987）。一般而言，研究者普遍同意：開放式教室比較吵鬧（Kyzar, 1977; Walsh, 1975），而且較容易令人分心（Ahrentzen, Jue, Skorpanich, & Evans, 1982; Rivlin & Rothenberg, 1976; Stebbins, 1973）。

溫史坦（1979）強調，許多研究中的資料品質令人懷疑，因為他們很少能夠適當地控制其他重要的變項，例如兒童的家庭背景和教育計畫的性質。她相信實際的成就行為較不受物理環境影響，但是注意力、課堂參與和滿意度等非成就行為比較容易受影響。雖然許多比較兒童在開放式和傳統式學校中之學業成就的研究確實沒有發現重大差異，但是也有些研究發現傳統式教室優於開放式教室（Angus, Beck, Hill, & McAtee, 1979; Bell, Abrahamsen, & Growse, 1977; Bennett etal., 1980; Gump, 1987; Sanders & Wren, 1975; Traub & Weiss, 1975）。在傳統式教室中的研究得到的成就測驗成績往往高於開放式教室，但其原因仍不清楚（Wright, 1975）。開放式教室通常不適合低能力或低動機的學生（Grapko, cited by Gump, 1987; Reiss & Dydhalo, 1975）或者不是接受母語教育的學生（Traub & Weiss, 1974）。

事實上這類研究都在真實的教育背景中進行。摩爾（1986）相信，界線分明的行為背景可以增進注意力和減少教室中的干擾，他在14個托兒中心進行田野研究，以驗證其假說。這些機構中空間地區的明確定義程度有所差異。他發現，明確界定的場所明顯地與「促進發展」的行為有關，例如探索、合作以及兒童以特定活動為焦點所引發的行為。在另一個田野研究中，瑞夫林和羅森伯格（1976）在兩所郊區小學的開放式教室中進行觀察。這些教室的內部圖示於圖9-3A以及9-3B。他們在整整一年之中追蹤教室中家具和設備的位置，並且建構出描述觀察期間個人之位置和活動的行為圖，他們也與學生和老師進行晤談。雖然老師和學生都有移動的自由，但瑞夫林和羅森伯格發現活動和移動，主要發生在教室中的部分關鍵部門，其他地方則被閒置。儘管其目標是團體計畫和互動，但仍有大量的

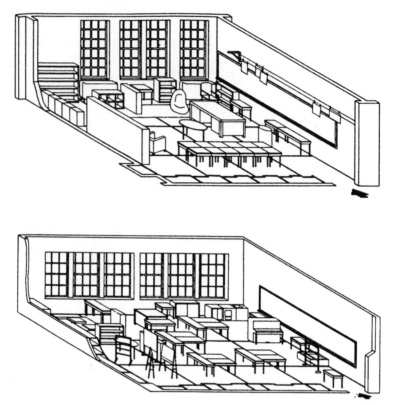

圖9-3A、B　在瑞夫林和羅森伯格（1976）的研究中所利用的教室

來源：Rivlin & Rothenberg, 1976

個人工作。

　　在瑞夫林和羅森伯格的研究中，學生和老師都經常抱怨缺乏隱私。雖然這些兒童強烈地表達「私人空間」的需要，但其他研究（例如Weinstein, 1982）卻顯示即使有上述空間也很少被用到，這可能是因為它們產生孤立感，或者因為實際上並沒有很大的移動自由。老師缺乏隱私是一個更嚴重的問題，因為共同使用開放式空間的老師可能會避免邀請外賓或使用音樂設備這種容易使其他團體分心的做法（Gump, 1987）。

# ❖校園和運動場❖

　　許多社會技能和建設性遊戲的非正式學習應當發生在兒童不上學時所處的校園和運動場上。許多研究（例如Becker, 1976; Moore, 1980; Moore & Young, 1978）表示，在兒童的戶外活動中有2%到42%發生在公共運動場上，其他9%則在學校校園中。這些環境對兒童的重要性被低估了。有一個研究指出，在兒童的圖畫中，運動場和校園的出現率是第二名。但是在改善學校的時候卻通常忽略了校園。許多校園仍然是所謂的「監獄運動場」（cited in Weinstein & Pinciotti, 1988），由鏈子連結的籬笆圍繞著水泥或柏油地面。根據蕭（Shaw, 1987）的說法，運動場和校園必須擁有清楚的通道所連結的不同空間，而且其安排方式能夠促進任何種類（語文、視覺和身體）的互動。最理想的校園景觀是多樣化而且複雜的，這和一般的情形全然不同。溫史坦和平西歐提（Weinstein & Pinciotti, 1988）研究一群由幼稚園到三年級的兒童在校園中的遊戲行為。他們使用多重時間序列設計（請參考第一章的內容）以檢驗在柏油地上搭起輪胎運動場之前和之後兒童遊戲的變化。輪胎占用了三分之一的柏油區域，包括由三個金字塔連結而成的長方形堡壘，整個結構由木頭或橡膠平衡木所圍繞。由平衡木或吊環可以到達另一個懸在洞穴上方的輪胎「山」。溫史坦和平西歐提發現在輪胎運動場完成之後，主動玩耍和假想遊戲大量增加，但是結構化的遊戲、「大打出手」和「閒盪」卻減少了。在新運動場上最受歡迎的遊戲是嘗試繞整個區域走一圈而不碰到地面上的碎石，因為這表示「鱷魚會逮到你」。當這些兒童克服了需要更多身體技能的困難作業時，也逐漸培育出勝任和成功的感受。由壞的一面來看，溫史坦和平西歐提認為，交談和集中的社會互動似乎減少，而爭奪不同設備的領域衝突卻增加。

圖9-4 以運動場作為學習環境的重要性通常被忽略

其他研究也肯定遊戲型態和校園性質之間的關係。在傳統校園（有圍籬的柏油地）中的兒童較可能玩球類運動或其他不需要設備的遊戲（Beth-Halachmy & Thayer, 1978），尤其是在高年級之間（Heusser, Adelson, & Ross, 1986）。毫無疑問地，這是由於大多數校園中運動設備有限和熟悉感所致。

不屬於學校的運動場通常有較多的可用空間，因此，在設計上有較大的彈性。海華德等人（Hayward, Rothenberg, & Beasley, 1974）區分了三種運動場。**傳統運動場**（Traditional Playgrounds）包括我們熟悉的鞦韆、溜滑梯、單槓和蹺蹺板。**現代運動場**（Contemporary Playgrounds）提供較多依美感和功能而設計的新奇設備。通常它們也提供較有彈性的遊戲材料，例如沙堆和灑水器或噴泉。**冒險式運動場**（Adventure Playgrounds）（有時也稱「垃圾」運動場）提供兒童非傳統的設備，例如輪胎、夾板、土

堆、挖掘用具、水坑和油漆刷。這些運動場通常是未結構化的區域，使兒童可以如自己所願地來規劃和改變運動場的性質。

海華德等人（1974）研究3個郊區運動場，每種類型皆包括在內。他們觀察行為、描述背景，並且記錄運動場上的人群之位置、年齡、性別和數目。受過訓練的觀察者計算和分類公開行為，而且將正在進行的活動錄音。除此之外，研究者還與在運動場上出現的人（主要是兒童）晤談。人們敘述他們到此地的原因、通常如何前往、最喜歡運動場的哪一部分以及誰提議到哪裡去。他們也詢問其他有關運動場的問題，在結果中最驚人的差異是他們的使用模式（見表9-1）。學齡前兒童從來不去冒險式運動場，但經常出現在傳統和現代運動場。學齡兒童（6至13歲）在各種運動場中都占大多數，尤其是冒險式運動場。在冒險式運動場上有41%的人是學齡兒童，但是他們在其他運動場只占20%。青少年在冒險式運動場中約占32%，但在其他地方都少於10%。當然，成人大多數集中於學齡前兒童出現的地方。成人是傳統和現代運動場中最常出現的年齡組（許多在運動場上的成人和青少年是遊戲領袖或日間營隊的指導員）。在冒險式運動場上的兒童通常獨自或者和朋友一同前往。在其他運動場上的成年人較常陪伴兒童，部分原因可能是在傳統和現代運動場上的兒童平均而言年齡較低，但也可能是因為這些運動場提供較多讓成年人坐著觀察的地區。此外，在冒險式運動場上的兒童最常提到這是他們最喜歡的運動場，而且是他們自己決定要到那裡去；在傳統式運動場上的兒童很少這樣說。兒童在不同的運動場上所進行的遊戲活動都是可以預期的。在冒險式運動場上，兒童會蓋房子以及玩假想遊戲，但在其他運動場上的兒童則是盪鞦韆、溜滑梯或在沙坑、水坑中玩耍。

表9-1 運動場使用者之年齡分布

| | 傳統運動場 | 現代運動場 | 冒險式運動場 |
|---|---|---|---|
| 學前兒童的百分比 | 29.48 | 35.23 | 1.74 |
| 學齡兒童的百分比 | 20.84 | 22.21 | 44.58 |
| 青少年的百分比 | 9.80 | 6.85 | 32.16 |
| 成人的百分比 | 39.78 | 35.71 | 21.52 |
| 總計 | 100.00 | 100.00 | 100.00 |
| 總人數 | (4,294) | (9,765) | (2,360) |
| 行為觀察的日數 | 10.5 | 11 | 11 |

　　雖然哈特和薛漢（Hart & Sheehan, 1986）發現在現代運動場上的身體活動少於傳統運動場，布朗和伯格（Brown & Burger, 1984）相信現代運動場只是表面上與傳統運動場不同。他們和海華德等人（1974）都發現，在這兩種地方的遊戲行為並無重大差異。相反地，冒險運動場與運動場應如何的傳統概念截然不同。海華德等人（1974）認為，冒險式運動場的優點在於使兒童在選擇活動時有更多創意，因此有助於自我澄清。史匹瓦克（Spivak, 1969）指出，兒童非常喜歡冒險式運動場，但成人卻恨透了它，因為這些地方既沒有吸引力，又滿是「垃圾」。

　　雖然加入植物和水等自然特徵大大地增進兒童對運動場的評價（Moore, 1989a），但事實上很少有人這樣做。這些自然元素之所以出現在運動場，通常是基於審美而非遊戲的目的（Bruya & Langendorfer, cited by Moore, 1989b）。摩爾（1989b）描述了將自然帶入運動場的許多優點。

　　自然界的物質是活生生的，並且不斷地在改變和更新。它們在遊戲中有極高的價值。經由玩弄植物、樹枝和泥土可以刺激想像力和小肌肉協

調。當兒童利用自然物質蓋房子時，也就等於進行問題解決。在樹叢之間玩躲迷藏和爬樹都能促進大肌肉的活動……生物性環境強烈地衝擊兒童的感官，刺激他們創造出沒有心靈界限的幻想和歡樂世界。

　　到目前為止的研究都表示，不同種類的運動場可能有利於不同發展階段的兒童，年齡層和運動場類型的配合可以促進家長和老師所不能給予兒童的經驗。摩爾（1989b）列出一些改善運動場的建議，它們應包括正式的出入口，做為解散／集合的地點，以及人們打招呼和閒談的聚集地。主要道路應能提供通往洗手間和電話等地的明確路線、次要道路（最好穿過草木）必須鼓勵探索和躲藏遊戲。運動場中應有各種不同的區域：開闊、平坦的區域可以進行球類運動或其他奔跑的遊戲；小山丘最適合攀爬、滑行和翻滾。玩沙和玩水尤其適合年幼的兒童。以簡單的圖表做為資訊和方向的記號也很有幫助。

# ❖博物館和動物園❖

## 博物館

　　博物館是適合各種年齡和背景者之教育機構。它和學校不同之處在於，它清楚地將學習和娛樂合而為一。根據莫拉比安（1976a）的說法，博物館（尤其是藝術博物館）的設計必須使展覽品儘可能引起別人的興趣。然而，建築物本身的環境負荷卻經常被忽略，結果這些大而黑暗的房間總是沉悶而單調的。這可能造成順從和不快的感受，使得訪客在博物館中的行為顯得正式、壓抑（Mehrabian, 1976a）。雖然在設計上有意要降低展覽品的衝擊，但根據展覽內容所固有的負荷來設計不同的房間或許是

更有效的方法。高負荷、令人驚異的藝術品應該陳列在較空曠的環境中，但比較精緻的作品在呆板的區域中卻會迷失。

令人混淆而且難以找路的博物館比那些較「容易辨認」的博物館更缺乏樂趣（Mehrabian, 1976a; Winkel, Olsen, Wheeler, & Cohen, 1976）。地圖等指引的協助以及觀看特殊展覽品的建議路線，都使得訪客在博物館中的經驗更趨於正面（Borun, 1977）。20和30年代的研究發現，人們參觀博物館的方式是可以預測的。通常訪客總是仔細地觀賞最先看到的少數展覽品，然後就開始匆匆瀏覽，只細究那些最吸引他們注意的東西。一般來說，他們在探究房間時靠右邊走，而且最可能使用容易看見和位於右邊的出口。這種由出口產生的「推力」稱為**出口梯度**（Exit Gradient）（Melton, 1933）。

**博物館疲勞**（Museum Fatigue）（Robinson, 1928）是訪客經常遇到的問題，它會降低參觀博物館的樂趣。雖然部分的原因是步行所產生的疲勞，但它主要是在高負荷環境中欲維持高度注意力所造成的結果。這種訊息超負荷使人無法注意細節。羅賓森（Robinson）早期的研究指出，展覽內容的中斷有助於緩和博物館疲勞（Thomson, 1986）。比方說，自然歷史博物館可能在全都是美國土著加工品的走道中，插入對當時重要之動物的展示。這種「認知喘息」使訪客可以轉而注意不同的項目，並且釋放長期注意過分詳細的相似刺激所造成的緊張。

# 動物園

動物園可能是北美洲成長最快的教育／娛樂環境。美國的合格動物園在1931年只有55座，但到1988年卻增至135座（Martin & O'Reilly, 1989）。每年美國有11,000萬人參觀動物園（Boyd, 1988）。動物園原本是為了娛樂人們，但這一點已逐漸有所改變。動物園的目標逐漸包括保存

稀有品種，以及維持動物的舒適安全。在動物園中訪客和展覽品之間的互動更加生動，因爲動物是活生生的（Martin & O'Reilly, 1988）。由1960年起，動物園努力利用這個特性，並且發展動物園參觀的教育價值。這些努力的措施由增設動物園和水族館的教育部門到以學童爲主要對象的跨社區計畫（Serrell, 1988）。畢竟，動物園是現代大多數都市人民與野生動物唯一的接觸方式（Livingston, 1974）。

　　雖然動物園遊客的平均教育水準和社經地位都比較高（Hood, 1984; Reed & Mindlin, 1963），但希瑞爾（Serrell, 1988）認爲：整體來說，動物園遊客的動物常識並不豐富。他們對動物有情感和情緒上的興趣，但並不是基於事實了解。有些研究顯示其他團體——例如賞鳥者、獵人和人道／環境組織的成員——在動物知識的測驗上得分都高於動物園訪客（Kellert, in Serrell, 1988）。對大多數人來說，到動物園是兒童和其他親友所樂於參與的社會事件。70%的動物園訪客是親戚所組成的團體（Brennan, in Serrell, 1988），而且有50%的團體中包含兒童（Rosenfeld, in Serrell, 1988）。除了社會化的利益之外，遊客認爲到動物園還有其他好處，例如放鬆、非正式學習和美感經驗（Loomis, in Serrell, 1988）。

　　由於動物園訪客的動機和背景差異懸殊，設計者必須注意不要使動物園的教育成分過分吃重。許多動物園訪客不閱讀園中的記號，所以這些記號必須簡短、引人注目又有關聯（Serrell, 1988）。在設計動物園中的記號和其他圖示時，必須由純教育哲學轉而使動物園經驗儘可能令人覺得愉快（Serrell, 1988）。遊客可以碰觸、傾聽和使用的經驗性展覽品比動物訊息的教導告示牌更有效。例如，芝加哥布魯克菲德（Brookfield）動物園的「空中步行」展示區強迫遊客以上半身和手臂來移動，以模擬鳥類飛翔的動作。在事前和事後的比較中發現，參觀這個展示區的成人和兒童對於飛行原理都有深刻的了解（Birney, 1988）。同樣地，到聖地牙哥動物園的非洲岩丘區參觀的遊客，利用展示區的互動性學到更多非洲植物

之岩石生態系統的知識（Derwin & Piper, 1988）。互動展示區比較吸引人（Bruce, in Derwin & Piper, 1988）。它們提供不同認知水準的學習經驗，並且強調廣泛的學習型態（Lee, 1985; Plaisance, 1984; Webster, 1985; White, 1986）。博物館中互動展示區的價值已得到有力的支持（Danilov, 1982; Fleming & Levie, 1978; Reart, 1984）但它的唯一缺點是在於建造和維修費用相當昂貴（Derwin & Piper, 1988）。

了解遊客的反應對於改進動物園來說非常重要。不良的展覽區會使遊客對動物的印象不正確，而且增強人類的優越感和冷漠。這些態度終究對野生動物的保存有害（Coe, 1985; Maple, 1983; Sommer, 1972b）。尤其重要的是，展示區應排除對動物的恐懼和誤解，以及任何古怪、惹人討厭或者移動時不可預測和出其不意的品種（Bennett-Levy & Marteau, 1984）。最後，詹姆斯和馬波（James & Maple, 1988）證實，動物園的環境確實可以影響遊客對動物的知覺。在這個研究中，受試者觀看在野外、自然式動物園或獸籠式動物園中動物的幻燈片。他們和未觀看幻燈片的控制組分別對動物做判斷。在動物園裡的動物被評定為較受限制和溫馴，動物園的背景有時傳達了動物是無害和友善的訊息。

動物園的展示區經過三代的演進（Campbell, 1984）。**第一代展示區**（First-Generation Exhibits）（見圖9-4A）始於18年紀中期，通常是側面相連、有柵欄的小型籠子或牆面平滑的深洞。**第二代展示區**（Second-Generation Exhibits）（見圖9-4B）是目前動物園中最常見的。它們通常是濠溝所圍繞的無柵欄水泥地區。**第三代展示區**（Third-Generation Exhibits）（見圖9-4C）在與動物之自然棲息地相似的植物和地形中展示動物的自然族群。

第一代展示區無法達到所有動物的需求。第二代展示區提供了較大的空間以及較佳的景觀，但對於動物而言仍然很貧乏和無聊。第三代展示區對動物比較合適，遊客也從中獲得較多樂趣和教育意義（Maple, 1983;

圖9-5A、B、C　第一、二、三代動物圖展示區

Maple & Stine, 1982）。不過，很少有研究是關於現有第三代展示區的優點。在最近的一個研究中，薛特爾—紐伯（Shettell-Neuber, 1988）比較遊客、工作人員和動物對聖地牙哥動物園中第二代和第三代展示區的反應。在研究進行期間，婆羅洲猩猩和黑猩猩分別置於第二代和第三代展示區。她追蹤展示區中的動物和遊客的活動模式。她計算遊客停留在展示區的時間，請他們填寫問卷，而且與動物園員工進行晤談。她發現兩種展示區中的動物在活動和健康情形上並沒有差異。遊客和員工都比較喜歡第三代展示區，但是工作人員承認它們較難維護。遊客的參觀時間和動物有關，在第三代展示區中觀察消極、移動緩慢的猩猩需要較長的時間，但是在第二代展示區中，活潑的黑猩猩顯得比較有趣而且易於追蹤。皮古德等人（Bitgood, Patterson & Benefield, 1988）對動物園遊客進行較廣泛的研究。他們在美國的13個動物園中研究遊客的行為，尤其是遊客在特定的動物展示區中所花的時間。他們的主要發現如下：

1. 活潑動物之觀賞時間大約是不活潑動物的兩倍。

2. 觀賞時間與動物的大小有直接的關聯。一般而言，愈大的品種觀賞時間愈長。

3. 初生動物的出現會使得觀賞時間增加。

4. 展示區之間的視覺競爭會減少遊客的停留。

5. 遊客和動物的接近會影響遊客是否停留。動物愈接近遊客，則遊客停留的可能性愈高。

6. 動物的可見性與遊客的觀賞時間有關。因此，照明程度過低、視覺障礙和視覺遮蔽物都與觀賞時間的減少有關。

7. 展示區的物理特徵似乎與遊客停留的百分比和觀賞時間都有關。

馬丁和歐瑞里（Martin & O'Reilly, 1989）建議，包含水域的展示區對遊客極具吸引力，尤其是兒童。

這些發現對動物園設計的意義相當明確。富有吸引力的展示區彼此不

可以過於接近。這樣可以使擁擠的程度降到最低，並且增加遊客在每個展示區的觀賞時間。藏匿處在設計上必須使遊客可以看到動物，但不會對動物造成壓力。通常，它可以使遊客不出現在動物的視線中，但反之則不成立。由於動物的大小是一個重要的因素，所以小型品種最好位於大小比例適當的展示區中。

這些建議可能不是所有的遊客都歡迎的。例如，維德伯等人（Verderber, Gardner, Islam & Nakanishi, 1988）發現，年長的市民對互動展示區較不感興趣，而且較不喜歡新的「開放式」動物園展示區。這些人不習慣以這些詞彙來形容動物園，而且對於在開放式地區自由地徘徊的野生動物感到不舒服。

## 專有名詞解釋

冒險式運動場（Adventure Playgrounds）　未結構化的地區，兒童可以如其所願也規劃和改變運動場的性質。

現代運動場（Contemporary Playgrounds）　提供兒童設計新奇又賞心悅目之設備的運動場。

出口梯度（Exit Gradient）　某些出口使用較頻繁的傾向。

第一代動物園展示區（First-Generation Zoo Exhibits）　側面相連的小型籠子或牆壁光滑之深洞中的動物展示。

博物館疲勞（Museum Fatigue）　通常因為在博物館這種高密度環境裡維持高度注意力所造成的疲倦。

開放式教室（Open-Plan Classroom）　未區隔之彈性空間的大型教室，學生座位安排不固定，在進行不同的活動時需前往不同的區域。

第二代動物園展示區（Second-Generation Zoo Exhibits）　由濠溝圍繞無柵欄的水泥地之動物展示。

契合性（Synomorphy）　行為背景的物理、心理和社會層面之間的一致或調和。

**第三代動物園展示區（Third-Generation Zoo Exhibits）** 以動物之自然族群和類似於其自然棲息地之植物和地形所組成的動物展示。

**傳統運動場（Traditional Playgrounds）** 以熟悉的徒手設備（如鞦韆和溜滑梯）為主的運動場。

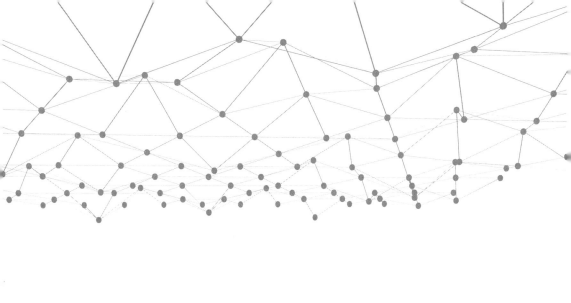

◆ 第十章

# 居住環境

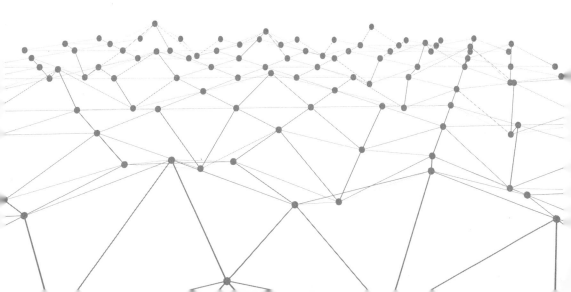

## 本章摘要

對地方的依附是個人與居住環境之間的正向情感聯結。它會隨著時間而增強，而且它不僅代表對物理位置本身的依附，也包含對於在那裡所發展的社會關係網的依附。家的位置是大多數人特別強烈依附的地方，因為家代表個人大多數時間都能控制的一個可預測又安全的地方。

獨棟房屋是大多數人心目中的理想住家。房屋可以強化自我意識、向他人傳達屋主的品味、界定團體成員的資格，並且彰顯社會地位。不過，基於多種不同的原因，許多人實際上住在公寓裡。雖然公寓中常有擁擠和噪音等問題，但在設計上有所改進可以使環境更適於居住。尤其重要的是要納入可防禦的半公共空間，鼓勵居民的領域控制和維護。缺乏可防禦空間是許多國宅中高犯罪率和缺乏社會凝聚力的關鍵因素。大學宿舍也使設計者面臨同時鼓勵學習和社會化的難題。

鄰近地區是家和城市之間的社會組織單位，它使人們具有社區意識。團結的鄰近地區促進聯合的領域控制（因此導致安全），而且提供居民社會性宣洩管道。雖然許多因素都會影響個人對鄰近地區的滿意度，但它終究是個人需求和目標與鄰近地區的整體配合程度。

當城市愈來愈大時，鄰近地區也愈來愈重要。如果可以避免，則許多人寧願選擇不住在都市。雖然城市環境帶來許多好處，但是其中強烈的物理和社會刺激以及潛在壓力源卻令人精疲力竭。郊區人口的成長反映出許多人希望同時擁有兩個環境中最好的部分。

# ❖對地方的依附與家的概念❖

在歷史上，人們總是在當下能夠提供可利用性的場所建立避難所（見圖10-1A、B），世界各地房屋建造的多樣性往往令人吃驚。人們可以住在帳篷、船隻、摩天大樓、泥屋和郊區的牧場上。無論他們的住所是用什

麼材料建造的，人們都對自己所居住的地方產生強烈的情感和情緒依附。
這些依附可能在本質上來自基因，因爲人們會依賴城市、高山和沙漠等不
同的地區或環境。屬於**整體性地方依賴**（Genetic Place Dependence）的人
可能在許多不同的地方都感到滿意，只要這些地方具有正確的特徵。相反
地，**地理性地方依賴**（Geographic Place Dependence）意指對特定的小鎮
或房屋產生強而有力的依附（Stokols & Shumaker, 1981）。

圖10-1A、B　人類總是利用環境所提供的任何材料來建造避難所，例如在樹上
　　　　　　　和岩壁上的居所

　　**對地方的依附**（**Attachment to Place**）　被界定爲個人與其居住環境
之間的正面情感連結（Shumaker & Taylor, 1983），一種能產生舒適和安
全感的連結（Rivlin, 1982）。人們和地方之間的情感結合也被稱爲**場所
親近性**（Topophilia）（Tuan, 1974）。舒梅克和泰勒（Shumaker & Taylor,

1983）認為，對地方的強烈依附中原本就有演化上的優點。在早期的人類族群中，這種依附能促進對熟悉地點的防禦、減少不必要又危險的探索和通行，而且能利用個人在自身領域中的「主位優勢」（請參考第六章的內容）。

我們對於各種生活環境之依附程度各有不同。魯賓斯坦（Rubinstein, 1989）描述四種不同依附水準的特徵。在最低的層次上，人們對某一個地方幾乎不了解，而且想到這個地方時也沒有任何強烈的感受或個人記憶。在稍高一點的依附層次上，也就是所謂的**個人化依附**（Personalized Attachment），表示個人對地方的記憶與個人經驗是不可分的。你所就讀的學校或孩童時玩耍的田野或森林都可以代表個人化依附。如果某個地方能激起高度情緒化的記憶或使人產生心理涉入，則我們所體驗到的依附感更為強烈，稱為**延伸**（Extension）。依附的最高層次稱為**具體化**（Embodiment），意指自我和環境之間的界限已經模糊。個人終生居住的房屋或是配偶、兒女和父母的基地可能激起極強烈的依附感。對這些人來說，個人認同和地方認同已經融合在一起（Howell, 1981）。

個人對地方的認同受到許多因素的影響。舒梅克和泰勒（1983）認為個人的需求及目標與環境資源之間的調和、其他環境的吸引力都是依附歷程中重要的成分。兒童、老人和行動不便的人尤其可能依賴某個地方（Saegert, 1985）。為了幫助你思考自己對地方的依附，請閱讀「試試看」專欄。

---

試試看：測量對地方的依附

　　每個人對所居住的地方之依附程度都不相同。有些變異是出於年齡或社經地位等人口變項，但有些差異毫無疑問地是源自性格差異。雖然我們很難用明確的方法來測量個人對地方的依附，不過你可以藉著以下的簡短問卷來

探討自己依附於居住地的程度。你可以根據以下的量尺決定對每道陳述的同意或不同意程度：

5＝非常同意

4＝同意

3＝無所謂

2＝不同意

1＝非常不同意

　　請在每道敘述之後的空白處填入數字，表達你的感受。計分說明列於問卷結尾處（此量表未經過實徵的驗證，只能當作課堂練習）。

1. 我到任何地方都很快地覺得像在家一樣。＿＿＿＿＿

2. 我對現在的家極為滿意。＿＿＿＿＿

3. 我對故鄉的歷史不甚了解。＿＿＿＿＿

4. 我可以繪出故鄉的正確地圖。＿＿＿＿＿

5. 由一處搬到另一處令人覺得既刺激又有趣。＿＿＿＿＿

6. 我一生中都住在同一個鄉鎮或城市中。＿＿＿＿＿

7. 我對於餘生將要住在同一個地方感到不愉快。＿＿＿＿＿

8. 住在海洋或高山等自然景觀附近對我而言很重要。＿＿＿＿＿

9. 我居住的鄉鎮或城市的大小對我來說並不重要。＿＿＿＿＿

10. 我和家人非常親近，如果無法定期探視他們會令我不快樂。＿＿＿＿＿

11. 我喜歡到沒有人認識我的地方。＿＿＿＿＿

12. 我有一些親密的終生朋友，我絕不想失去他們。＿＿＿＿＿

13. 我在目前的地方沒有前途。＿＿＿＿＿

14. 我的父母仍然住在我出生時的同一幢房屋或公寓中。＿＿＿＿＿

　　將所有單數題和雙數題的數字分別相加，然後將單數題的總和減去雙數題的總和，再將所得的差加上28。這就是你的「對地方之依附」的分數。最高分為56分，最低分為0分。雖然它並沒有確定的分界點，但是你的分數愈接近56分，則你所表現的特徵愈接近強烈地依附地方的人。

　　對地方的強烈依附使個人對家的滿意度及未來穩定性的預期升高。同時伴隨而生的是更加了解當地的歷史和地理知識，以及投入更多時間和資

源在那個地方（Shumaker & Taylor, 1983）。

雖然社會關係網也是地方依附的一部分（Fried, 1982; Shumaker & Conti, 1985），但這些感受卻超越了對其他人的依附，而代表一種對物理位置本身的真正情感。遷往他處的人即使在多年後，仍然經常說起對從前家鄉的山水和居住地區的懷念。有強烈地方依附的人植根較穩固，較不願意遷移，而且對其居住地點較為滿意（Stokols, Shumaker, & Martinez, 1983; Tognoli, 1987）。

時間的流逝似乎是發展依附感的關鍵；因此，老人對家鄉的依附最強烈也就不足為奇了（Kasarda & Janowitz, 1974; Norris-Baker & Scheidt, 1990; Rowles, 1980; Taylor, 1988）。諾里斯—貝克和薛特（Norris-Baker & Scheidt, 1990）研究堪薩斯州一個沒落小鎮中年長居民的依附。逐漸沒落的小鎮是許多年長居民的難題，尤其在美國中西部，因為社區人口逐漸減少，使得年老居民的比例上升（Clifford, Heaton, Voss, & Fuguitt, 1985）。過去20年以來，許多從前繁榮的小鎮隨著工作機會和年輕人的外流而消失了。大多數情況下，被留下的總是老年人，其中許多人甚至一輩子都住在鎮上。諾里斯—貝克和薛特與小鎮上的年老居民進行深度晤談，以了解他們對於行為環境衰微的反應。這些年長居民的確認為他們對鎮上建築物和地點的依附此年輕人更為強烈。這種強烈依附具有多種功能。強烈的地方依附有助於確認他們隸屬於鎮上的社會組織，並且在面對不確定的未來時，提供了過去和現在之間的心理連續性。以地方為基礎的記憶似乎也是維持社會光榮和精神的方法之一。

有些研究指出，來自低社經階層的人特別依賴與鄰居之間的有力人際關係，因此發展出對鄰近地區的強烈依附（Gans, 1962; Fried, 1963; Suttles, 1968）。不幸的是，這些人卻是最可能被迫遷移的一群。波特斯（Porteous, 1978）指出，在1950和60年代，共有10,000名波士頓人被迫遷往市區西邊。遷居的居民來自低收入、社會凝聚力強，且多代同堂的倫理

團體，主要是義大利後裔。市區西邊是高房租的公寓，可以爲城市帶來更多收入，並且鼓勵私人開發。

這些遷居者保證可獲得新的豪華公寓，但沒有人有能力負擔。大多數人分散在偏遠的地方。遷往西郊的人失去了原先依附的支持環境。舊有的家庭和友誼關係網被破壞，而且這些居民共同分享的認同感也粉碎了。在原先的居住地被破壞之後，許多人只能回到老家的街道上閒逛。

弗萊德（Fried, 1963）提出一項令人感嘆的證據，73%的女性都遷往他處。她們的悲傷程度足以引起反胃、憂鬱、腸胃疾病和嘔吐等身體症狀。

我們的物理環境有助於創造生活中的意義和組織（Little, 1987）。當然，對於居住地點的感受通常和我們的個人認同有密切的關聯，因爲我們對自己的了解大部分是由生活的地方以及在那裡所獲得的經驗而定（Dovey, 1985; Feldman, 1990; Little, 1987; Proshansky, Fabian, & Kaminoff, 1983; Relph, 1976）。「無家可歸」就等於在社會上已經不存在。無家可歸是帶有強烈情緒且不可預測的生活事件，可能導致嚴重的心理創傷。根據古德曼等人（Goodman, Saxe, & Harvey, 1991）的看法，無家可歸的人通常表現出創傷後壓力失調（請參考第四章的內容）的典型症狀。伴隨無家可歸而產生的社會隔絕、憂鬱和營養不良，通常會因爲精神疾病和藥癮而更加嚴重。無家可歸的長期後果具有很大的破壞性，對於兒童來說，無家可歸尤其是悲劇性的經驗（Rafferty & Shinn, 1991）。

因此，「家」這個字的意義不只是一間房子而已（Lawrence, 1987; Saegert, 1985）。家的概念代表人們和居住場所之間以情緒爲基礎的意義關係。它代表個人在其間覺得有控制力和適當時空定向的一處可預測又安全的地方（Dovey, 1985）。假日返鄉的重要性反映出家在維繫人們之間的連結時所扮演的重要角色。這些返鄉的儀式將個人重新定位於家庭中，它們通常是保留家庭中社會組織的關鍵因素（Saile, 1985）。對於美國西

南部的蘇尼族人來說，家是活生生的東西；它是撫養兒童、與神和靈魂世界溝通以及生活本身所在的地方。某些家庭中每年所舉行的慶祝和奉獻儀式（稱為夏拉可〔Shalako〕）是年終冬至慶典的一部分。以家為中心的社會關係在儀式中受到祝福，他們宴請所有到屋裡來拜訪的人，而且象徵性地供養在儀式期間造訪以重建家庭之間聯繫的先人靈魂。這種儀式藉著強化社區、家庭（包括已死的祖先）、靈魂和神明與家的連結而強化上述對象與個人的連結（Werner, Altman, Oxley, 1985）。

對所有人來說，家都是世界的中心，也是與其他混亂形成對比的一個有秩序的地方（Duncan, 1985）。如果要求年幼的兒童和青少年畫出「你所住的地方」，他們通常會圍繞家所在的位置為中心，使家成為其他事物的參考點（Filipovitch, Juliar, & Ross, 1981; Schiavo, 211 1987）。對於女性來說尤其是如此；女孩對於家的評價比男孩更傾向於正向的和情緒的（Csikszentmihalyi & Rochberg-Halton, 1981; Schiavo, 1988）。巴瑟斯特島（位於澳洲北部的海面上）的提米人甚至相信，他們的島是世界上唯一可以居住的地方。其他所有地方都是「死島」。提米人相信，在島上遭遇海難的水手是死去的靈魂。他們的死亡原因是因為不屬於活著的島（Hart & Pilling, in Duncan, 1985）。

由於家是主觀的概念，所以通常經由**環境傳記**（Environmental Autobiography）等以質為主的技術進行研究（Boschetti, 1987; Marcus, 1978）。環境傳記是個人生活事件的文字回憶錄，其中所強調的是物理環境的角色。個人回憶對他們而言較重要的環境，以說和寫的方式描述這些環境，並且繪出環境的圖畫或簡圖。這種技術在設計住家環境時十分有用，而且在研究兒童對於居住地方的感受時格外有價值（Boschetti, 1987; Marcus, 1978）。

居住滿意度對我們來說非常重要。它會受到許多物理特性的影響，由貯藏空間的大小到管線的品質。適當的隱私和與鄰居之間社會聯結的發展

等非物理特性，也在居住滿意度中扮演重要的角色。房屋的物理設計反映出許多不同因素的影響，例如氣候、技術、資源、社會中的文化價值以及個人的品味和資源（Altman & Chemers, 1980; Rapoport, 1969）。阿特曼等人（Altman & Chemers, 1980; Altman & Gauvain, 1981）描述多種區分住家的主要分類。家可以分為永久、絕對固定的結構，或是帳篷、圓屋或易於組合的小屋等可移動的暫時居所。家也可以根據同質性的程度來分類。在此，同質性意指在同一社會中的居所之間的差異或是家中不同位置的分化程度。住家的公共程度以及與鄰居互動的意願也各不相同。一般來說，北美洲的住家大部分是永久的、分化的和非公共的。

大約四分之三的美國家庭擁有自己的房屋，而且大部分位於大都會的郊區（Wright, 1981）。許多英國、澳洲和美國的研究指出，獨棟附院子的單一家庭住宅是多數人所追求的理想，尤其是有小孩的家庭（Cooper, 1976; Michelson, 1968; Professional Builder, 1985）（見圖10-2）。對單一家庭住宅的強烈渴望反映對隱私和領域需求的追尋（請參考第六章的討論）。我們將由單一家庭的住宅開始討論特定的居住環境。

## 單一家庭的住宅

基於大多數讀者的背景，我所強調的是這些房屋通常是西方工業化社會的典型。不過，我必須指出，西方房屋的規範通常和其他國家不同。氣候和宗教對於非西方文化中的住家結構和安排有著更重要的影響；在許多東方文化中，房間並不總是與特定的活動相連（Canter & Lee, 1974; Kent, 1984; Tagg, 1973）。當社會愈遠離遊牧生活時，依據特定功能來分隔家中空間的程度也隨之增加；它也反映出家庭中的活動是否專屬於某一年齡層和性別族群（Kent, 1984; Layne, 1987）。如果你有興趣了解住家的文化差異，請參考阿特曼等人的著作（Altman & Chemers, 1980; Bochner, 1975;

Kent, 1991; Patterson & Chiswick, 1981; Rapoport, 1969; Tuan, 1974; Turnbull, 1961）。

圖10-2　獨棟房屋仍然是大多數人的居住選擇

「房屋是個人經驗的倉庫。」（Lawrence, 1985）因此，房屋可以增強自我意識，表達屋主的特性，界定團體成員的資格，並且象徵社會地位。事實上，房屋已成為居住者的自我符號，這可能有助於促使人們藉由它所提供的行為機會而彼此分享（Becker, 1977; Cooper, 1976; Csikszentmihalyi & Rochberg-Halton, 1981）。根據薩達拉、維雪和伯羅斯（Sadalla, Vershure, & Burroughs, 1987）的說法，房屋和其內容物是個人用以彼此溝通和控制他人所獲得之訊息類型的一種姿勢語言。房屋的風格宣示了居住者的性格和社經地位，而且人們通常會購買特定種類的房屋以增進其自我形象（Cherulnik & Wilderman, 1986; Cooper, 1976; Nasar, 1989）。以房屋作為自我表達的方式可能是許多中等和中上收入家庭的特

徵。用貝克（1977）的話來說，它主要是中等階級所使用的方法，因爲他們接受家是安全處所的概念，所以更加注意作爲自我表達和自我實現之方式的房屋。擔心冷氣、管線和老鼠的人沒有閒情逸致去理會房屋的形象。

薩達拉、維雪和伯羅斯（1987）的研究是以亞利桑那州鳳凰城12位高收入的屋主和99位亞利桑那州立大學的學生爲對象。他們選擇高收入者的原因是，這些人可以依據自己的品味來挑選和裝修住家。這些屋主都接受晤談，並且塡寫包括36題的性格量表。他們要評估自己的家、由街道所見的住家景觀以及客廳能夠反映出其性格、興趣和生活型態的程度。大學生觀看12間房屋的幻燈片，然後依據對屋主的印象回答同樣的性格量表。所有的屋主都覺得他們的家至少「相當不錯地」表達出他們的認同，而且屋主對自己性格的評估和學生的評估相當一致。如果學生看到的是客廳而非房屋外部的幻燈片，則一致性會更高。其他研究也肯定客廳是家庭對外界展示財富和宣示社會地位的重要所在（Amaturo, Costagliola, & Ragone, 1987）。

高夫曼（Goffman, 1957）區分了經常展示的房屋「前段」和通常禁止訪客進入，而且居住者不會積極整理的「後段」地區。顯然，面對街道的房屋外部是主要的前段地區。中等階級的郊區美國住家通常在住宅和街道之間有草地。阿特曼和高維恩（Altman & Gauvain, 1981）描述，許多屋主花費大量的時間和金錢來維護草地、灌木和房屋前方的表面。正是在所有區域的最前方，個人不但公開地傳達其個人性及舒適，而且也向鄰居展示鑑賞的標準和社交性（Altman & Guavain, 1981; Guavain, Altman, & Fahim, 1983）。這看來似乎有些矛盾，其實不然。人們藉著維護庭院、使用可以接受的油漆顏色和展示適當數量的節日裝飾品，顯示他們是願意與其他居民結交，而且也留意到社區規則的「好鄰居」。另一方面，在這些一般的指導原則之外仍有不少餘裕，可供屋主表達對自我認同很重要的興趣和價值觀。通常，房屋背面比較不受重視，因爲後方區域是他人無法接

近的（Altman & Guavain, 1981）。

房屋前方的入口和走道是最受重視的部分。通常它們是為訪客所保留的，家人則使用側門或後門進出（Altman & Chemers, 1980; Altman & Guavain, 1981）。阿特曼等人也指出，這些地區通常都用燈光、墊子、花圈和其他裝飾品精心布置，具有邀請別人越過界限的象徵意義。

房屋內部是私有、個人領域和共用的家庭區域之組合（Altman & Guavain, 1981; Sebba & Churchman, 1983）。這些區域可以更進一步區分為前方和後方地區。在前方地區中，居民表現出順應社區規範（例如，不要在客廳中睡覺、不要將「不適當的」動物放在室內）和表達個人興趣及價值觀的混合（Altman & Guavain, 1981）。這些前方區域通常包括家庭照、藝術品、水族箱和其他為訪客準備的陳列品。家具和裝飾品的選擇反映出屋主的品味、價值觀和財務資源，而且也將這些訊息傳達給他人。在傳統上，家的內部反映女性的意見，而男性則負責房屋外部的狀況（Altman & Chemers, 1980）。房屋內部的前方區域通常是家人在正常狀況下很少使用的正式客廳和餐廳。這些房間是家庭地位和價值的象徵，通常有一扇可觀景的窗戶，而且是為特殊場所保留的。真正的「生活起居」發生在家人的房間、廚房和後院天井（Altman & Chemers, 1980; Altman & Guavain, 1981）。已有研究證實，廚房通常是真正的家庭活動的中心，正式的客廳卻不是有趣的地方，因為那裡的照明不佳、顏色單調又過於空曠（Heimstra & McFarling, 1978; Mehrabian, 1976a），莫拉比安（1976a）指出，通常在這些房間中長椅占有主要的位置，因此妨礙了舒適的交談。

其他區域——尤其臥室——是禁止訪客進入的主要私人領域和後方區域。浴室是介於其間的區域，有時可供客人使用，但是仍被認為是私人的。許多作者認為，雖然浴室相當重要，但在設計上卻很少考慮到人們的安全和舒適（Kira, 1975; Willis, 1975）。

家的物理環境對住在其中的兒童尤其重要。一到三歲的幼兒大約有

80%至90%的清醒時間都在與物理（而非社會）環境互動（White, Kaban, & Attanucci, 1979）。蕭拉（Chawla, 1991）回顧有關家庭物理環境對兒童之影響的文獻，得到了以下數點結論。第一，多樣化、複雜性和無物理障礙與認知發展有正相關。蕭拉建議給予幼兒許多探索的機會，甚至可以準備兒童專用的地毯放在旁邊。第二，通往各種戶外空間的途徑也很重要。蕭拉的結論是，到目前為止的研究顯示出：家中的高噪音水準會損害訊息處理並延緩語言發展。因此，如果家中的噪音是不可避免的，至少在部分房間裝置隔音設備是值得的。

## 公寓和國宅

雖然單一家庭的獨棟房屋是大多數人心目中的理想居住環境（Togndi, 1987），但事實上許多人都住在公寓中。公寓提供每個家庭的空間較少，而且上下、側面與鄰居相連的薄牆，通常無法維持聽覺隱私（Kuper, 1953; Prestomon, 1968）。因此，公寓建築中的擁擠程度是不滿意的主要來源之一（Aiello & Thompson, 1980）。

即使公寓緊靠在一起，但建築物的結構可以創造出較大的**功能距離**（Functional Distance）將人們分開。人們之間的功能距離意指個人經常與他人接觸的可能性。它通常受制於出入口、電梯和樓梯的位置。這些建築特徵對公寓住戶的社會生活有深遠的影響。費斯廷格等人（Festinger, Schachter, & Back, 1950）在一個典型研究中探討麻省理工學院的已婚學生宿舍中的友誼模式。他們發現建築和友誼之間有強而有力的關係；受試者的朋友當中有65%住在同一幢建築物中（在整個宿舍中共有17幢建築）；而且這當中有三分之二的人住在同一層樓。住在隔壁的人特別容易成為朋友。有趣的是，住在一樓的人當中，最容易和住在二樓的人結交朋友的是那些靠近樓梯（郵筒所在）的居民；或許他們有更多機會接觸樓上的鄰

居。

　　你可能由自己的經驗中發現：在適當的狀況下，公寓生活可以令人非常愉快。接近其他背景相似的人及都市、無需擔憂庭院和房屋的照顧和維修都是公寓吸引人之處，只要基本的安全需求可以達到，而且都市的壓力源不會過度地干擾。大型公寓和內部空間的發展息息相關（MacKintosh，1982）。雖然娛樂設施也會使公寓生活的滿意度上升，但是居民可以適應這一點，因此它們逐漸變得較不重要（Michelson，1977）。貝克（1977）摘要列舉了其他使公寓吸引居民的建築特徵。其中包括傾斜的屋頂（避免「商業」注視）、明顯且可為個人所辨識的單位以及明確的入口增加了人們的滿意度，也降低了維修費用。

　　設計者所了解建築結構對於公寓生活之影響，大多來自許多美國城市中國宅之設計錯誤。任何公共住宅計畫的設計錯誤都會因為居民的不幸遭遇而擴大。在美國有5%的租屋者住在國宅中。通常適合條件的多是單親家庭和低收入、失業的居民（Rohe & Burby, 1988）。國宅多半接近高犯罪率地區，而且老人、女性及黑人又是易成為犯罪受害者的族群（Rohe & Burby, 1988; Skogan, Maxfield & Podolefsky, 1981）。悲哀的是，這正是需要公共住宅者的人口特徵。

　　許多國宅居民對犯罪的恐懼可以直接追溯到住宅的建築特徵。相對而言，老舊的社區和貧民窟很少超過數層樓高，而且多半集中在交通量不大，又有人行道、台階和商店的街道上。這些特徵鼓勵人們外出，而且兒童可以在戶外安全地玩耍。居民彼此之間非常熟悉，而且延伸家庭也很普遍。雖然他們貧窮，但鄰近地區的社會凝聚力很強。社會凝聚力造成較大的社會控制感，並且使他們相信：一旦有麻煩時其他人會協助。居民的恐懼和危機感與鄰近地區的社會關係網有負向的關聯（Greenberg & Rohe, 1986; Greenberg, Rohe, & Williams, 1982; Yancey, 1971）。當這些地區因為要興建公共住宅而被剷平後，所有正面特質也就消失了。新的建築傾向於

多層的垂直結構，建造費用合理但維修費用昂貴，而且住在其中很危險（Newman, 1972）。

高樓式的國宅建築完全缺乏紐曼（1972）所謂的**可防禦空間**（Defensible Space）。那裡沒有老社區的台階和人行道等半公共空間，這些地方對於非正式社會網的形成至為重要。在城市中的「小鎮」環境因為密集的高樓式建築被完全破壞，因為住在其中的居民無法監督戶外的行為或辨認陌生人。建築設計可以顯示某個區域是否在一群人的控制之下，並且警告入侵者：他們可能會被看見、認出和盤問。以紐曼（1972）的話來說，建築特徵成為「社會組織的物理表達」。相反地，匿名的「垂直式社區」（Moore, 1967）把太多人塞進沒有可防禦空間的地方。許多國宅的僵硬與周遭地區形成強烈對比。建築物本身是由損害社會凝聚力的藏匿處和逃生通道所形成的迷宮。「當人們（被迫）保護自己而非團體的時候，對抗犯罪是無效的。」（Newman, 1972）。

有一項在全國15個以上的城市所進行的研究，強烈地支持以紐曼的可防禦空間來解釋高樓式國宅中犯罪的說法（Newman & Franck, 1982; Normoyle & Foley, 1988）。在所有被研究的城市中，高樓建築中犯罪率和居民對犯罪的恐懼都比較高。例如，麥卡錫和薩傑特（1978）比較紐約市低收入住宅區中的高樓層和低樓層公寓。雖然住在這兩類住宅中的居民在所有重要的人口特徵上都相似，但對於住在高樓的居民來說有許多不利的地方。他們覺得較不安全，社會超負荷的情形較普遍，對建築物較不滿意，而且較少與鄰居往來。

國宅生活瓦解的最著名例子發生在聖路易的普魯特—伊果國宅（Yancey, 1971）。這個例子說明，貧窮社會受制於毫不考慮社區意識之發展的建築設計，因而缺乏社會凝聚力。普魯特—伊果（建於1954年）包括43幢11層樓的建築，取代了原先三層樓的內城式建築。普魯特—伊果可供12,000人居住（見圖10-3）；但惱人的恐懼、犯罪、暴行和空屋，卻使

圖10-3　普魯特─伊果國宅

它在18年之後被破壞。揚希（Yancey, 1971）描述在普魯特─伊果中的生活是襲擊、強暴和藥物所組成的恐怖世界。人們提到他們喜歡現在的公寓，但是不敢離開那裡。樓梯是完全不可控制的危險地區，而且人們幾乎不認識左鄰右舍。缺乏社會控制和高度恐懼所帶來的後果（例如野蠻行為、髒亂、被棄置的公寓、青少年幫派）（Hunter, 1978）在普魯特─伊果中比比皆是。電梯每兩層樓才停留一次和一樓缺乏廁所等省錢的措施，使生活更令人不愉快。

　　有小孩的家庭對高樓式國宅最不滿意。兒童在戶外玩耍時無法監督，建築物之間荒涼的「無人島」往往被幫派所控制。有些作者（例如Becker, 1976; Moore, 1969）指出，高樓不僅無法支援兒童的各項活動，而且只適合「在外面遊蕩」而非主動的遊戲。有計畫的遊戲區域很少，而且沒有任

何地方是兒童可以去的。此外，兒童和公寓中的廁所距離很遠，所以常在走廊和電梯中便溺。當然，許多父母大部分時間裡都把兒童留在室內。不幸的是，當兒童在公寓內玩耍時，家庭中的緊張和衝突卻會升高（Becker, 1974）。

許多出自善意的國宅社區卻造成災難的結果。不過，將過去錯誤中學得的教訓，應用在未來住宅區設計上卻永不嫌遲。研究者列出一些能使國宅更安全且可供居住的建議。有些提議比較明顯，例如提供適當的照明和安全鎖（Rohe & Burby, 1988）。其他比較微妙的安排包括增加居民之間的互動。紐曼（1972）和莫拉比安（1976a）將這些建議列出摘要。多數改善措施的底限是使住在建築物裡的人，重新恢復對公寓之外的公共區域的控制。由此方向來看，第一步就是儘可能避免高樓式設計。研究中已顯示，在6層樓以上的建築物中犯罪率急遽地上升。紐曼（1972）建議只供2到3個家庭居住的3到6層建築共用一條走廊，可以將人口密度調整為相等，而且管理費用和目前的高樓相同。此外，如果每層樓少於6間公寓，則走廊可以作為公共空間，使居民得以監督和保護，家庭之間變得更友善也更熟悉。更大的單位會造成匿名和公共空間防禦的減弱，尤其是當走在每扇門都相同的漆黑走廊上的時候（Mehrabian, 1976a）。

內部空間的分隔可以鼓勵居住者的領域行為。制式的內部雖能防止破壞，但是卻使氣氛變差，降低居民的驕傲，而且阻止人們照顧他們的空間。顯然這是應當避免的。由於在空間中的人數較少可以促進防禦態度，以出入口和植物等象徵性障礙再細分空間，表示進入私人空間和鼓勵居民負擔責任。窗戶的位置必須使居民可以監督內外的公共區域，建築物的大廳必須由外面可以看見（Mehrabian, 1976a; Newman, 1972）。

設計者必須避免不受歡迎的形式，並且創造出與周遭地區和諧地融為一體的建築物，他們也必須更加注意監督、犯罪和地理位置之間的關係。比方說，布瑞爾（Brill, 1972）發現靠近停車場、街道和娛樂區的地

點提供了方便的逃生通路，而且也和高犯罪率有關。布萊汀漢和布萊汀漢（Brantingham & Brantingham, 1975）發現，靠近邊緣的街區比內部區域的遭竊率更高。在這些位置上的建築物在設計時，必須格外注意監督和可防禦空間的需要。

在非都市地區，可移動房屋可以提供公寓和獨棟住宅之間的折衷方案。波勒斯、納迦爾和卡馬丘（Paulus, Nagar, & Camacho, 1991）研究住在公寓或可移動房屋中之美國陸軍家庭的反應。他們發現，整體而言，居民對兩種環境的滿意度並沒有差別，但兩者的優點各不相同。複合公寓一般來說較接近洗衣房和商店，所以較吸引人也較受到喜愛。相反地，可移動房屋的噪音較小，而且不容易招致犯罪。波勒斯等人的結論是，居民認為自己有所選擇的程度對於滿意度相當重要。對未來住宅的預期和過去的居住經驗強烈地影響他們對目前環境的滿意度。

# 宿舍

對許多人來說相當熟悉的一種居住環境就是大學宿舍。在那裡的生活受到許多和公寓或國宅相同的建築特徵所影響。然而，其間也有重要的差異。在宿舍裡，學生與另一個可算是陌生人的人共同住在一間房間裡。宿舍中也很少有個人專用的浴室、廚房和其他設備。此外，宿舍應當同時促進學習和社會化——但這些活動卻經常直接地衝突。

儘管有這些因素，有些設計問題卻是宿舍所獨有的。史托克斯（1960）認為每位學生有65%到78%的讀書時間都在宿舍中度過，而85%的學生寧願單獨念書。因此，對大多數學生來說，隱私的優先性很高（Van Der Ryn & Silverstein, 1967; Wolfe, 1975）。如果三位學生住在雙人房中，那麼上述問題會更加嚴重。由於大學中缺乏空間，所以一年級新生通常遭遇到這種痛苦經驗。目前已有研究指出，三個人的宿舍房間比

較可能產生緊張以及對室友的負面感受（Aiello, Baum, & Gormley, 1981; BAron, Mandel, Adams, & Griffin, 1976; Mullen & Fellman, 1990）。有些研究者相信，這是由於三人團體固有的不穩定關係以及空間缺乏所致。

許多研究都在探討學生對不同宿舍設計的反應。兩種最常見的安排是套房和走廊設計。在套房式設計中，數間獨立的房間共用休息室和浴室。較傳統的走廊式設計包括一道長走廊和兩側的房間，通常附有一間大的團體浴室。雖然在兩種安排下每個人所分配的總空間都一樣，但是套房式設計可以減少個人遇見和共享設備的人數。戴維斯等人（Davis, 1976; Davis & Baum, 1975）發現學生在套房式和走廊式宿舍中的互動模式有許多相異之處。「走廊式」的住宿者偏好與他人在走廊上互動。他們很少利用建築物中的休息室進行社交活動。顯然，這些休息室過於公開，而且使用人數過多，因此不適合與朋友的非正式會面。反之，「套房式」住宿生事實上最常在休息室中互動。此外，凡林斯和鮑姆（1973）指出，套房中的學生一般而言覺得較不擁擠，而且較善於交際。

當然，引起國宅中諸多問題的高樓式設計用在宿舍建築中也不受歡迎。住在高密度宿舍的學生認為學校中的社會支持較少，而且心理煩惱的程度較高（Lakey, 1989）。學生喜歡較小的宿舍勝過高樓，而且在較小的宿舍中社會關係較佳（Heilweil, 1973; Holahan & Wilcox, 1978; Sommer, 1968）。在高樓層宿舍中出現較多犯罪和暴行（Sommer, 1987）。畢克曼等人（Bickman et al., 1973）發現，在較小的宿舍中，助人行為較為頻繁，而且學生較少鎖門。

很明顯地，改善宿舍生活的途徑很多。避免高樓式設計，還有將使用休息室的人數降低是兩種明顯的改善方法。艾根博德（Eigenbrod, cited in Becker, 1977）比較有充分自由可以改變宿舍中環境（例如增加裝備、移動或改變家具以及在牆上使用膠帶）和無法這樣做的學生。在前一種情況下，宿舍中的花費較少，休息室中的裝飾較多，較少出現紀律問題，而且

學生較常維修宿舍建築。由於擁擠是很常見的問題，所以建造擴大空間知覺和減少噪音的宿舍相當重要。有些研究者發現，有陽光照射而且可利用之樓板空間較多的房間，感覺上比較大（Schiffenbauer et al., 1977）；他們也發現，如果房間中的家具安排嚴重地受限，則學生會覺得受到干擾。費勒（Feller, 1968）發現，只要將燈光變暗就能顯著地降低走廊上的噪音！

## 老人住宅

直到最近，為年老公民設計良好的居住環境才開始為人所關切。在1987年，美國人口中12%是65歲以上的人；到2020年以前，比例至少會上升到20%（Dickson, 1987）。老人住宅有幾個特殊的問題。首先，這種住宅通常住著失去健康、自主性，甚至被迫離開生活一輩子的家庭的人。如果他們同時有多種不幸的遭遇必然更具有創傷性。第二，高齡者的活動焦點通常在房屋內和周圍（Christensen & Carp, 1987; Rubinstein），因此必須注意娛樂和安全特徵。對於健康的獨居老人而言，這一點尤其重要，即使維修住宅的設備也必須考慮這些特徵。因為人們衰老的速率各不相同，因此在老人住宅中的居民有各種不同層次的需求。「住宅」和「機構」的設計特徵並不如以往區分得那麼清楚（Lawton,）。

有證據顯示，老人偏好低樓層建築和依年齡區隔的住宅，而且珍視控制日常生活的能力（Devlin, 1980; Grant, 1970; Normoyle & Foley, 1988）。由於老人購物大多限於離家附近的地區（Smith, 1991），因此社區中必須提供近在咫尺的服務。公園等戶外空間能提供獨處或社交的機會，在老人社區中極有價值（Gelwick, 1970）。為了鼓勵老人自立及促進日常生活的作業，建築物必須能抵擋入侵者和防火，並且具備欄杆和防滑表面等安全設備以防止跌倒（Bell, Fisher, Baum, & Green, 1990; Devlin, 1980）。

特殊住宅需求必須符合哈特曼（Huttman, 1977）所列出的心理、社會和生理需要。其中一項需要就是避免社會隔離。由於老人的行動性降低，即使他們仍有社交的意願，但其社會關係網仍然可能會縮小。在女性之間這種情形尤其普遍，因為40%的年長女性獨居；相對地，男性之中卻只有14%（Lawton, 1987）。

# ❖鄰近地區❖

對於鄰近地區的描述可以是房屋型態等物理特徵，或是它們所表現的社會互動和組織模式，以及居民的種族、社經和人口變項的組合（Holahan & Wandersman, 1987; Taylor, 1982）。瑞夫林（1987）定義鄰近地區為居民承認某一場所的存在，並且部分地同意它的名字、障壁和獨特的特徵。這個定義的問題之一是，外人通常比當地居民更常察覺界限所在，並且辨認出鄰近地區特有的種族或經濟組成，後者比較不清楚他們所居住的地區和城市中其他地方的對比（Tuan, 1974）。圖安（Tuan）對鄰近地區的定義是，它就是個人感覺在家的區域。有些研究者認為鄰近地區的概念不夠明確，因為對不同的人而言它代表不同的事物（Lee, 1968）。的確，認為鄰近地區只不過是有清楚地理界限的區域，無法抓住「鄰近地區」對多數人的真正意義。以居民的人口特徵來談論鄰近地區只會得到模糊的概念，未能考慮物理環境的重要性。儘管有這些困難，大多數社會科學家發現，這個概念可以用來描述介於家庭和城市之間的中間社會組織，使個人建立**社區意識**，並且與較大的社會順利地相連（Holahan & Wandersman, 987; Niscet, 1962）。正是這種模糊不清的社區意識（Sense of Community）最能代表鄰近地區的意義。

查維斯等人（Chavis, Hogge, McMillan, Wanderson, 1986）給社區意識下的定義是：成員感受到隸屬以及彼此相互的重要性，以及相信成員之需

求，因彼此許諾同在一起而達成之共同信念。泰勒（1988）指出，街區最常成為鄰近地區的連結焦點，在同一街區以內的家庭間傳播是最強的。泰勒也說明，街區是物理限制的行為背景，它容許對鄰近地區的聯合行為控制，因而導致居民較大的安全感和幸福。房屋和土地的外觀及維護明顯地點出這個地區受到監督和控制的程度，也傳達了人們應如何行動的預期。鄰近地區的規範包含可接受的行為，而且有強制力。在控制之下的鄰近地區很少出現違法行為和漫無目的的「遊蕩」（Taylor, 1987）。

根據華倫（Warren, 1978）的理論，鄰近地區的特徵可以用三個向度加以描述：居民之間互動類型和數量，居民因住在當地所產生的認同感，以及居民和外界聯繫的程度。華倫共找出可反映這三個向度的六種鄰近地區。**整合式鄰近地區**（Integral Neighborhood）的特點是居民之間有大量的面對面互動。他們具有凝聚力、積極主動，而且與較大的社區也維持聯繫。**教區式鄰近地區**（Parochial Neighborhood）之中也有高度互動，但與外界關聯較少。華倫描述它是「保護和褊狹的」。**擴散式鄰近地區**（Diffuse Neighborhood）缺乏非正式的社會互動，但可能存在正式的社區組織。擴散式社區居民與外界聯繫的程度各不相同。**踏腳石鄰近地區**（Stepping-Stone Neighborhood）完全由忠於外界團體的人所組成。鄰居之間只有正式的互動。由於大多數人預期要搬家，所以並不忠於這個地區。**暫時性鄰近地區**（Transient Neighborhood）的特徵是互動少，完全缺乏認同（通常踏腳石鄰近地區也是如此），而且流動率高。**異常鄰近地區**（Anomic Neighborhood）完全解體，居民彼此之間或對外界都沒有聯繫。在異常鄰近地區中可能也很少有流動現象。

終究，不同類型的鄰近地區賦予居民完全不同的社區意識。強烈的社區意識與居住時間、對社區的滿意度以及可以直呼其名的鄰居數目都有正向的關聯（Glynn, 1987）。在具有凝聚力的鄰近地區中，居民可以提供支援系統、社會性宣洩管道，並且增強安全感（Unger & Wandersman,

1983）。鄰近地區的人口流動、不穩定和低品質住宅會減少領域標示、居住滿意度和對外觀的控制（Taylor, 1987）。當然，由多層公寓所組成的鄰近地區較不具有凝聚力，其社區意識也比完全是獨棟房屋的住宅區更弱（Weeningm Schnidt, & Midden, 1990）。

　　強烈的社區意識能增進大多數人對鄰近地區的滿意度。然而，個人需求和社區大小及性質的配合不應當被忽略。單身、年輕的專業人士在藍領階級的獨棟房屋所組成的鄰近地區中，可能比不上住在較相近的人所集中的複合公寓中那麼快樂。許多研究都探討影響對鄰近地區之滿意度的因素。瑞納爾（Zehner, 1972）發現，在近郊的鄰近地區中有幾個因素可以預測居民的滿意度。其中包括鄰近地區的密度（與噪音和隱私有關）、鄰居的社會相容性、鄰近地區的維修水準，以及接近購物區、醫院、學校和其他設施的程度。在另一個都市鄰近地區的類似研究中，卡普等人（Carp, Zehner, & Shokrkon, 1976）發現，噪音、審美性、安全（交通安全和免於犯罪的安全）、機動性和對鄰居的知覺是滿意度的良好預測指標。一般而言，在其他有關鄰近地區滿意度的研究中也發現相同的因素（Taylor, 1982; Widgery, 1982）。

　　賴波特（Rapoport, 1980）認為，可以自由選擇鄰近地區的程度是決定居住滿意度的重要成分，但卻經常被忽略。至少有一研究發現，年輕、接受良好教育和富裕的家庭（通常被假定有很大的選擇自由）是對社區最滿意的一群（Miller, Tsemberis, Malia, & Grega, 1980）。

　　圖安（1974）指出，在親近教堂和鄰近地區滿意度之間有正向的關係（請閱讀下面的專欄）。

陌巷的人生

　　無家可歸毫無疑問地是個悲劇，因為它表示一個人既沒有可稱為家的居所，也沒有鄰近地區賦予社區意識和提供自我與社會之間的緩衝。圖安（1974）描述以流動人口為主的陌巷生活。下面的敘述來自他的研究。

　　由物理外觀來看，你絕不可能錯過陌巷。幾乎在每個大都市的市中心商業區或大眾運輸工具附近都散布著不合標準的旅館和民宿住宅、便宜的餐館、二手貨商店和當鋪；職業介紹所提供不需技術的工作，救濟院則提供救濟金和免費餐飲。沒精打采的人成群地站在街上，要不就在長廊或垃圾桶旁閒逛。他們的生活型態對一般人來說十分奇特，以致於較大的陌街竟然成為吸引觀光客的地方。有些人以浪漫的眼光將它視為無憂無慮的生活；但是大多數人認為它終究會走向墮落……這些邊緣人無法以文字表達他們的自我知覺，他們似乎對於外界的偏見感到滿意……街上的生活既豐富又灰暗。清晨，當城中大部分的人仍在沉睡時，人行道上就已經擠滿了人。街上的腳步起伏不斷，一直持續到晚上9、10點；之後他們便逐漸散去。到了週六和週日，人行道上滿是行人和閒逛者。他們的目的是逛櫥窗和社交。有時看櫥窗會花上好幾個小時；一天當中最重要的決定通常是讀菜單和挑選吃飯的地方。在旅館門口、街道角落和酒館附近有一群的人等著與熟人碰面。見面之後他們通常會進入酒館。許多人背靠著牆壁欣賞社會百態。在陌巷中最大的財富便是時間，但它也像所有財富一樣是個負擔。天黑之後最受歡迎的活動是看電視。其次則是在酒館喝酒。在北方的城市中，冬天是生存的挑戰；不僅如此，它會更進一步將人們隔絕。寒風和冰雪妨礙了溫暖季節中所進行的活動。在寒冷的天氣裡，電視成為生理和心理退縮的管道。陌巷居民也嘗試在圖書館的閱覽室中找尋溫暖，但卻失望於只有救濟站中得到溫暖和免費餐點的片刻，才能使靈魂得到救贖。除了食物之外，尋找睡覺的地方（廉價旅社）是流浪漢共同的問題。對那些可敬的市民來說，睡覺的地方就代表臥室，只有在特殊情況下才睡在教堂或睡袋中。但是對陌巷的流浪者來說，它可能是暖氣間、運棉花的馬車、樓梯間、垃圾桶、教堂、貨運碼頭……。在芝加哥的陌巷中，大部分居民都不喜歡他們的環境，但少部分的人──大約有四分之一──例外。不過，所謂「喜歡」只不過是為了適應生存的需求……。

雖然鄰近地區的滿意度和先前所描述的依附概念有密切的關聯，但是兩者並不相同。依附與房屋所有權、社會關係網的廣度和鄰居的相似性等因素有關，但它們並不一定可以影響滿意度（Guest & Lee, 1983; Ringel & Finkelstein, 1991）。

# ❖城市❖

許多與城市生活有關的環境因素，例如噪音、擁擠、汙染和合法性都在其他章節中討論到。以下將把城市當成可居住的地方。城市在人類歷史中的發展相當晚近。直到1850年為止，全世界人口當中只有2%住在城市裡（Fischer, 1976）。但在最近140年之中卻有重大的變化。1990年的美國人口普查顯示，聚集在都市地區的美國人比以往更多。在美國的歷史上，住在大都市的人首次多於住在鄉村和小城鎮的人。由於世界上其他國家也有相同的趨勢，所以明顯地出現所謂的城市生活。雖然人們不斷遷往都市地區，但他們的感受顯然是五味雜陳。1978年的蓋洛普民意調查中曾詢問美國人，他們願意生活在城市、郊區、小鎮或農村？在所有受訪者之中，只有13%的人選擇城市，而且實際上住在城市的人只有21%選擇城市。1985年美國廣播公司（ABC）與華盛頓郵報合作的調查中問到相同的問題，結果發現只有9%的人喜歡住在城市中。1990年的人口普查指出相同的趨勢，因為大多數美國都會區的發展，出現在郊區而非市中心。

在《城市生活經驗》一書中，密爾格（1970）指出，都市人的行為大部分是對城市中**系統超負荷**（System Overload）的反應。由於城市中有許多物理和社會刺激，因此人們必須漠視較不重要的輸入訊息，而且不得不分派較少時間在他們所注意的輸入訊息上。結果，人們在都市環境中經常遵循不涉入的規範，以避免不必要的互動，而且儘量減少浪費時間的社會習俗（例如多禮）。大多數關於都市中社會行為的實徵研究都與密爾格的

超負荷假說相符。例如，在都市環境中的人較不願意幫別人的忙或提供任何協助，尤其在非緊急情境中（Korte, 1980）。如果目前所在的位置充滿噪音，則人們更不願意幫助陌生人。莫瑟（Moser, 1988）發現，當人們靠近吵鬧的建築工地時，甚至較不願意幫助他人或參與語文互動。紐曼和麥考雷（Newman & McCauley, 1977）提出，在鄉村裡與陌生人的眼神接觸很平常，在郊區較少見，到了城市中更是罕見。不僅如此，人們進入城市後確實會改變凝視的模式，比他們在郊區時更少和陌生人發生眼神接觸（McCauley, Coleman, & DeFusco, 1978）。都市人和非都市人之間的社會互動差異幾乎完全表現在與陌生人的互動之中；相對於小鎮居民而言，都市人的確沒有朋友和熟人的過度負荷（McCauley & Taylor, 1976）。雖然城市居民和其他人在關係的數量和性質上並無差異，但有些證據顯示：城市居民與親戚、鄰居或宗教團體的聯繫較少，但是與朋友和同事的關係較近（Fischer, 1982）。

社會促進以及在高負荷環境中降低環境輸入之需要，可能導致城市生活步調加快。薩達拉、希特和麥克雷斯（Sadalla, Sheet, & McCreath, 1990）發現，人們確實主觀地將城市大小與知覺到的節奏相連。在九個不同國家進行的研究證實，至少在較大的城市中行人走路較快（Bornstein, 1979; Bornstein & Bornstein, 1976; Martin & Heimstra, 1973; Walmsley & Lewis, 1989），在都市地區中其他活動也進行得更迅速，例如在商店中購物或是在銀行櫃台兌換現金（Amato, 1983; Lowin, Hottes, Sandler, & Bornstein, 1971）。

與都市生活相關的刺激並非全是負面的。只出現在大都市中的文化、娛樂和經濟機會是許多人難以抗拒的；儘管城市生活有其缺點，但它仍可能成為令人滿意的經驗。整體而言，城市和小鎮居民所陳述的快樂程度大致相等（Shaver & Freedman, 1976）。而且城市居民的精神疾病罹患率並不比小鎮居民更高（Srole, 1972）。因此，高密度和高負荷環境未必與病

態行為的增加有關。在一項有關城市居民之酗酒、自殺、離婚和犯罪的研究中，李維恩等人（Levine, Miyake, & Lee, 1989）發現，這些問題在新遷入都市地區的人群當中最常見。他們相信有些因素與這個現象有關。不滿意的人比較可能搬家，而且帶著他們原有的問題一起遷移。同時，伴隨著遷往新居而產生的社會組織和支援系統的瓦解，可能使新移入者無法倖免於這些問題。

前面關於鄰近地區滿意度的討論也適用於都市環境。然而在研究中經常發現：城市居民比郊區和小鎮上的人更不滿意其鄰近地區，而且他們較常抱怨學校、住家、納稅和缺乏安全（Fischer, 1982）。庫克（1988）在研究中比較都市和郊區單親婦女對鄰近地區的滿意度。她發現兩組受訪者都認為自己和孩子的安全是最重要的因素，而且郊區婦女在鄰近地區覺得較安全。因此，都市婦女對鄰近地區較不滿意。在評估鄰近地區時，郊區婦女比較強調對家的滿意度、接近購物區的程度和學校的素質。雖然這些差異只是暗示性的，但我必須指出兩組受訪者在種族、工作地位、房屋大小和汽車所有權等重要特徵上亦有差別。這些因素都可能造成庫克所發現的結果。

許多對鄰近地區的滿意或不滿意的來源都可以直接追溯到物理環境的影響。其中最具影響力的是街道的交通容量，包括行人和車輛。艾坡亞和林特爾（1972）進行了一項研究，以圖示的方式說明日常生活中交通繁忙的效果。他們比較舊金山三條交通流量不同的南北向道路。第一條街道（他們稱之為「高流量街道」）是連接高速公路的單行道，平均每天有15,750輛車輛通過，在尖峰時間每小時平均為900輛。在這條街道上有許多卡車和公車，45%的時間中噪音水準大約是65分貝。第二條街道（中流量街道）是連接高速公路的雙向道，平均每天有8,700輛車輛通過（尖峰時間為每小時550輛），噪音水準高於65分貝的時間占25%。第三條街道（低流量街道）與高速公路不相連，每天平均有2,000輛車輛通過（尖峰

時間為每小時200輛），而且噪音水準很少超過65分貝。研究資料來自系統化地觀察街道上的生活以及與12位居民進行詳盡的晤談。

　　研究結果十分清楚。高交通流量與壓力、退縮、鄰居關係降低和很少利用街道或房屋前方等現象都有關聯。低流量街道上的居民結交鄰居的數目是高流量街道居民的三倍，他們所認識的熟人是後者的兩倍；尤其是住在街對面的朋友和熟人。中流量街道只比高流量街道稍好一些。高流量街道的居民覺得在鄰近地區中領域性較低而且缺乏隱私，對社區規劃也最不了解。很少有人出現在高流量街道或台階上；兒童也很少在戶外玩耍。在所有的指標上，低流量街道的居民都是三組當中最滿意的。高流量和中流量街道的居民經常抱怨噪音、廢氣和油菸——但是低流量街道的居民很少抱怨這些事。

　　此研究的涵義在於，降低通過住宅區的交通流量可以增加居住滿意度。即使不可能減少交通流量，用曲線或地面突起的條紋使車速減慢，以及用樹木、籬笆或牆壁保護人行道都可以使交通繁忙的地區更令人感到愉快。

　　住在有商店街區的城市居民感覺比較擁擠，而且無法調節社會互動。他們也表現出較多壓力、憂鬱和焦慮的症狀（Fleming, Baum, & Weiss, 1987）。凡史達登（Van Staden, 1984）有關都市青少年的研究指出，失去控制的知覺是潛在的壓力源，而且在決定都市的擁擠程度時比實際的空間侷限更為重要。它的涵意是，持續控制都市中鄰近地區的「半公共」開放區域（人行道、院子）對當地居民的健康相當重要。城市中的人行道是與鄰居接觸的主要地點，它們也是兒童與社區同化的遊樂場（Jacobs, 1961）。因此，對於兒童的發展來說，通往受控制之開放區域的捷徑可能比經常乏人使用和遭到破壞的公園和公共遊樂場更重要（Brower, 1977; Francis, 1987; Hester, 1984; Jackson, 1981; Joardar 1989; Moore, 1985; Perez & Hart, 1980）。公園通常距離人們實際居住的地區太遠，據研究顯示，

在不同的城市中，人們步行到公園的距離相當一致——大約經過三個街區（Hiss, 1990）。同時，這些地區通常被認為是不安全的，因為那裡的牆壁或濃密的草木形成了障礙，使劫匪、強暴犯或毒販有可藏匿之處（Nager & Wentworth, 1976; Stoks, 1983）。

迦斯特（Gaster, 1991）的研究證實，都市中的鄰近地區是兒童比較無法接近的地方。他與住在紐約市鄰近地區的數代人進行晤談，重新找出1951年到1976年之間兒童利用公共空間的情形。迦斯特發現，在這數十年之間，兒童在鄰近地區活動的自由明顯地縮減，尤其是從1940年代開始。以1976年來說，兒童可以不受監督而外出的年齡延後，他們也比前幾代的兒童參觀過更少地方。相對於以往的兒童來說，他們在戶外較可能參加受監督的活動。許多改變的發生都出自於父母認為鄰近地區不若以往那麼安全，因此將許多限制加諸兒童身上。

## 專有名詞解釋

**異常鄰近地區（Anomic Neighborhood）** 解體的鄰近地區，其中的居民彼此及對外界均無聯繫。

**對地方的依附（Attachment to Place）** 個人和其居住環境之間的正向情感聯結。

**可防禦空間（Defensible Space）** 很容易實施監督和領域控制的公共或半公共空間。

**擴散式鄰近空間（Diffuse Neighborhood）** 缺乏非正式社會互動的鄰近地區，居民與外界之聯繫程度不等。

**具體化（Embodiment）** 對地方的強烈依附，自我和環境的界限已經模糊。

**環境傳記（Environmental Autobiography）** 個人之生活事件的文字回憶錄，強調物理環境所扮演的角色。

**延伸（Extension）** 對地方的中等程度依附，通常表示某個地方可喚起高

度情緒化的記憶和心理涉入。

**功能距離（Functional Distance）** 建築特徵對於人們彼此接觸頻繁之可能性的影響。

**整體性地方依賴（Generic Place Dependence）** 一種對地方的依附，人們強烈地依賴具有某種特徵的環境（例如城市、高山）。

**地理性地方依賴（Geographic Place Dependence）** 對特定地點的極強烈依附。

**整合式鄰近地區（Integral Neighborhood）** 凝聚、主動的鄰近地區，居民之間有許多面對面的互動；居民也和鄰近地區以外的較大社區維持聯繫。

**教區式鄰近地區（Parochial Neighborhood）** 高互動的鄰近地區，但居民與外界幾乎沒有聯繫。

**個人化依附（Personalized Attachment）** 一種對地方的依附，個人對地方的記憶無法與個人經驗的記憶分開。

**社區意識（Sense of Community）** 隸屬於社區、成為他人鄰居的感受和居民之需求，因為他們許諾同在一起而達成的共同信念。

**夏拉可（Shalako）** 蘇尼族的年度慶典，也就是將房屋奉獻和接受祝福。

**踏腳石鄰近地區（Stepping-Stone Neighborhood）** 完全由忠於外界團體的人所組成的鄰近地區。

**系統超負荷（System Overload）** 物理和社會刺激過多，因而導致人們忽視優先性較低的感覺輸入。

**場所親近性（Topophilia）** 人和地方之間的感情結合。

**暫時性鄰近地區（Transient Neighborhood）** 其特徵為低互動、完全缺乏認同和高流動率的鄰近地區。

◆ 第十一章

# 自然環境

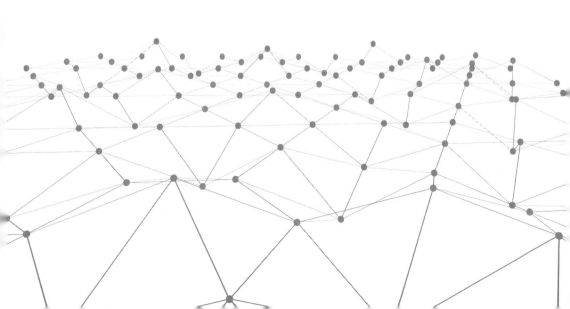

# 本章摘要

環境是否屬於「自然」的程度是人們區分不同環境的重要判斷。在現代西方社會中，對自然的態度由早先植根於基督教傳統的態度演進而來。這些態度大部分反映出人們不屬於自然世界的「征服」想法。自然的存在主要是為了滿足人類的需求。這些態度和非西方文化形成強烈的對比，後者認為人類是自然的一部分，而且對生態系統的其他部分有道德義務。

　　儘管有這些態度，但都市化的西方人卻逐漸轉而追求瑞秋‧卡普蘭所謂的「綠色經驗」──與自然環境的接觸。風景偏好的研究一致地顯示，人們偏好自然景觀勝於人工環境的景色。這些研究也指出，風景的吸引力不僅可以由物理特徵來預測，還有其他「心理」組織。更明確地說，能夠迅速地理解和了解，以及邀請人們拜訪和探索的風景比較令人喜愛。

　　許多學者提出有關人類環境偏好的解釋，但是最普遍的理論是演化觀點，它提出人類的環境偏好是由生存策略所演化的反應──人們偏好富有資源和避免危險的環境。

　　對許多人而言，自然提供大多數休閒活動的場所。這些娛樂活動只是與自然的短暫互動，但有充足的證據足以支持野外經驗，在維護心理健康上有極大的治療效果。基於戶外娛樂的重要性，有些研究以探討野外娛樂區使用者的特徵和動機為目的，這也是維護和改善娛樂區的重要步驟。這些研究顯示，人們追求戶外娛樂的動機各不相同，但是整體來說他們是都市居民和高教育水準的人。環境的客觀品質是野外經驗中重要的一部分；人為侵入和與他人相遇的跡象應該儘可能減少。

　　在前面幾章中我們討論過人為環境和人類行為之間的關係。本章的焦點是人們如何受到自然環境的影響。有關人們如何知覺和思考環境的研究顯示，環境趨於自然的程度是用以區分不同環境的最重要特徵之一（Herzog, Kaplan, & Kaplan, 1982; Ward & Russell, 1981）。心理學家花了許多時間想要發現，自然之所以不同於環境中其他「非自然」刺激的特

殊性質（Wohlwill, 1983）。希巴（1991）列出了一些自然環境和建築環境的相異處。自然環境中的形狀比較柔和、圓潤、有變化且模糊，通常刺激強度（溼／乾、熱／冷）的範圍較大，而且對於感覺輸入的強度控制也比在建築環境中更少。自然環境較多變化，而且經常包含雲朵、樹木和日月等移動物體。雖然有這些顯而易見的自然特徵，但是卻很難找出令每個人都滿意的定義。自然環境通常以反面來定義——也就是並非人類活動或介入所產生的環境（Wohlwill, 1983）。雖然這個定義在許多情境中都可適用，但是這表示充滿樹木、花卉和人工湖的城市公園，無論看來多接近「自然」，仍然不屬於自然環境。顯然，自然的概念似乎非常簡單和清楚，其實卻相當複雜。在閱讀的同時，請思考你用來確認自然環境的標準。

# ❖對自然環境的態度❖

態度（Attitudes）是對人、事物或議題的持續性一般評估（Petty & Cacioppo, 1985）。態度包含三種成分：情感、認知和行為的成分（Breckler, 1984）。情感成分是多數人聽到態度這個詞的時候所想到的，它是我們對某件事物的正向或負向反應。態度的情感成分使我們評估所討論的事物是好或壞，令人喜歡或不喜歡的。認知成分意指關於態度對象的知識或信念，與我們的反應無關。行為成分意指我們所涉入與態度對象有關的行為。

通常我們假定態度的學習經過三個不同歷程：古典條件化制約、工具條件化制約和社會學習。稍後我們會看到，有些證據顯示某些態度也受到基因傾向的影響。雖然這些基本原則都適用於對自然環境的態度，但其中所牽涉的條件化制約和社會學習歷程卻格外微妙。我們對廣泛而無所不在的「自然」所持的態度是如此理所當然，即使我們並不完全明白塑造它們

的力量。我們和社會中其他成員共同持有的集體信念尤其是如此。許多對自然的態度都可追溯到文化史的開端，當時它們的發展條件與現在極為不同。這對於了解這些態度非常重要，因為它們通常指出：人們經由貯存、農業和能源發展來處理自然世界。

雖然北美社會逐潮趨向多樣化和多元化，但過去數百年來塑造加拿大和美國之成長的法律、宗教和教育力量毫無疑問地是以基督教、白種人和西歐的觀點為主。這種觀點尤其會深入地影響對於自然環境的態度。

## 目前環境態度的歷史根源

原油外洩汙染了海灘，並且殺死野生動物；雨林消失的速率令人膽顫心驚；臭氧層的破裂；戰爭結束後油井燃燒的黑煙使天空變色——在我們周遭，因為對待自然環境的態度所造成的不幸後果比比皆是。許多學者認為這些態度並非從現代才開始出現，它們的根源早在西方工業化社會開始興起的時候。懷特（1967）指出，現代的技術和科學在西方社會有不同的起源，但兩者都可追溯到塑造西方文明的基督教傳統。根據懷特的說法：「人們對生態圈所做的事依他們心目中人與周遭事物之關係而決定。人類生態深深地受到關於自然和命運之信念——亦即宗教——所制約。」基督教源於猶太教，但是重新修正了對人類的思考方式，認為人類不只是自然界中普通的一部分——他們依照神的形象所塑造，與其他的生物都不相同。根據這種看法，自然的存在是為了滿足人類的目的，神的意旨是使它依照人類認為適當的方式去利用。這種態度在創世紀中明白地陳述：「神就賜福給他們，又對他們說：『要生養眾多，遍滿地面，治理這地。也要管理海裡的魚、空中的鳥和地面上各樣行動的活物。』」

克朗菲德（Crownfield, 1973）在他的論文《亞伯的詛咒》中也同意由創世紀這種古老的經典中發現目前對待自然之態度的起源。他以該隱和亞

伯的故事來強調他的論點：

　　亞伯是牧羊的，該隱是種田的。有一日，該隱拿地裡的出產爲供物獻給耶和華，亞伯也將他羊群中初生的小羊、和羊的脂油獻上。耶和華看中了亞伯和他的供物，只是看不中該隱和他的供物。（Genesis 4: 2-5）

　　爲何耶和華接受亞伯的供物而非該隱的？該隱似乎並未做錯什麼事；這兩兄弟之間唯一明顯的差異是：該隱種植穀物而亞伯飼養綿羊。根據克朗菲德的意見，這個故事表示古早的希伯萊人所看重的事物以及他們與自然的關係。希伯萊人是飼養綿羊的民族，與住在巴勒斯坦的耕種者之間有著永無止盡的紛爭。他們的社會組織是以半遊牧的部落和教區爲中心。他們的主要聯繫是關於族群而非土地或任何特定的地方。由生態的觀點來看，這種想法並不恰當，因爲綿羊是不能重複回收的資源。對於放牧者來說，遷移是解決問題的唯一途徑——當某一地區的資源消耗完畢之後，只要移到另一片草地上即可。這種遷居的生活取向已經滲透在有關自然和人類之關係的思考中，不只影響西方人對自然的態度，還有對於時間本身的看法。用克朗菲德的話來說，「現在是將要被否定、遺棄，並且和所有問題一同被拋棄的……現在的問題將要在戲劇化的、干涉主義的未來之中解決」。存在表示由這個世界邁向更美好的未來，信任的意思是相信（部落領袖、神聖的綿羊、彌賽亞、科技）終會發現一種方法，可以逃離惡化中的牧場、前往更好的地方。在這種社會當中的人強烈地相信，奇蹟的神聖力量會介入他們的行爲，矯正所有的事情。即使在今天，許多人仍然樂觀地認爲，科技、新能源，甚至移居外太空終究會解決我們的生態問題。通常在這些狀況下，我們很難使人們改變破壞環境的行爲。伯克（Burke, 1985）觀察到，這種觀點無可避免地會導致不穩定而且經常改變的科技。

　　人類和自然世界之間的鴻溝隨著中世紀初期基督教的發展而擴大。

在羅馬帝國晚期最普遍的哲學是基於柏拉圖（西元前427至347年）的學說所建立的新柏拉圖主義（Neoplatonism）。柏拉圖哲學假定我們在世界上所見到的並非真實的事物，只是真正實在的不完美翻版。至於真正的實在只存在於「真實形式的王國」中。根據柏拉圖的說法，我們經由感官來知覺不完美的實在，而且可能更進一步地將它扭曲。因此，對新柏拉圖主義者來說，得到真正知識的唯一方法是由物理世界的實徵檢驗轉向，以內省來探求由出生起就已具備的內在真理。新柏拉圖主義主要透過聖奧古斯丁（西元前354至430年）的作品，片斷地蒐集早期的基督教思想，形成第一個連貫的基督教義系統，而且指引往後一千年之中歐洲和西方世界的發展。這種新學說所產生的副作用是對一般日常生活和物理世界的興趣降低。人們不是自然的物理創造物，而是囚禁在血肉之軀中的精神生物。只有靈魂是真實的，在世間的生活只不過是必須忍受的不愉快遷居，以便獲得永遠的救贖和來生的「真實」生活。關於這些態度的紀錄和中世紀初期的生活描述可以由歷史學家畢德（Bede，西元673至735年）的作品中得知。畢德（1968）描繪了一個人類祈禱能逃脫「肉體監獄」的世界；一個充滿奇蹟和神諭的世界。任何事情都不是偶然的；在自然世界中的任何事件都是神的意旨。而且自然的存在只是為了讓神有傳達訊息和賞罰人類的媒介。在這種世界觀之下，對自然的態度混合了恐懼、自大和漠不關心。在中世紀的藝術中很少見到自然；圖畫中主要是人類和聖哲。即使對自然有所著墨，也只是附帶一提，而且並不真實。你只能看到理想化或神話中的動植物；自然景觀從未出現過。自然是令人感到無趣又提心吊膽的。

　　典型的歐洲下層階級過著不安定的生活；自然是將要被征服的敵人，而非滿足的來源。根據伯克（1985）的說法，「在黑暗時期，歐洲的確是一片黑暗的大陸，野生動物在深不可測的樹林中漫步：野豬、熊、狼和人類都過於暴力，無法生活在林中散布的小屋裡……只有具備武器或受到勇氣所保護的人，才能冒險進入森林。」源自十二到十五世紀之歐洲童話

和神話（例如小紅帽）中將森林描述為所有邪惡和恐怖事物的根源，是一個必須避免和逃脫的地方（Altman & Chemers, 1980; Itteson, Proshansky, Rivlin, & Winkel, 1974; Nash, 1967; Tuan, 1979）。

　　因此，在我們的社會中原本就認為我們並非自然的一部分：我們可以用自認為適合的方式來利用自然，而且沒有道德義務要保留它。早期的基督教觀點鼓勵人們將身體、地球，甚至時間都視為可丟棄的容器——不可循環使用、不可更新和暫時的（Crownfield, 1973）。克朗菲德相信這些態度隨著喀爾文主義、工作倫理和美國疆域的開拓而達到新的巔峰。人們似乎「有義務去追溯對地球之態度的根源。只有充分地利用這個暫時的歇腳處才能使我們回到真正的家」。

圖11-1　描述亞當為野獸命名的中世紀縮圖，為野獸命名的特權和亞當身著衣服的事實，反映出中世紀歐洲人認為人類優於自然事物的態度

對早期的美國居民而言，野外是具有威脅性的——這是一個必須「收回和恢復」的地方（Tuan, 1974, p.63）。西方人在傳統上使自然屈從於人的意志，而非使自己的生活型態適應自然環境。薩瑞南（Saarinen, 1988）記錄英裔美國人拒絕接受亞利桑那沙漠的原貌，試圖將它重新塑造為他們所習慣的溼潤環境。同樣地，獎勵十九世紀美國人向西部發展的宣傳文件強調土地的適應性，並且用更長的篇幅去冷卻對自然災害、深不可測的樹林和單調草原的恐懼。

這種不可循環的直線形觀點與許多非西方傳統形成強烈的對比，例如印度（Zimmer, 1951）和北美洲的印第安人（Waters, 1963）。美國土著與自然的關係就和白人大不相同（請參考下面的專欄）。

---

### 美國土著對自然的態度

整體來說，西方工業化國家的特徵是鼓勵為了人類的利益而利用和征服自然。相反地，北美洲的印第安人卻把自己看作自然世界的一部分；有德行的生物必須與自然和諧地共處，以尊敬的態度對待它，而且做一個地球的好公民。

麥魯漢（T. C. Mcluhan, 1971）蒐集了美國土著的故事、演說和晤談；許多人激烈地描述印第安文化的核心態度。

我們並不認為開闊的平原、美麗的山丘和蜿蜒的溪流是「野生的」。只有白種人才把自然當作「荒野」，也只有他們認為土地被「野生」動物和「野蠻」人所感染了。對我們來說，它是馴服的。地球是慷慨的，我們被偉大的神祕力量所賜福。直到來自西方的討厭鬼不停地在我們和我們所愛的家人身上施以不公平待遇，自然才成為「野蠻的」。當森林中的動物開始逃避他們的接近，「野蠻的西部」才真正開始。

偉大的神將人置於地球上，並且希望他們善加照顧土地，不要彼此傷害。

偉大的神是我們的父親，但是地球是我們的母親。她滋養我們；將我們放入土地裡的東西還給我們，而且也治好她給予我們的植物。如果我們受傷，就到母親那裡去，讓受傷的部位靠在她身上。

---

如果你把所有的書放在陽光下，經過雨雪和昆蟲的作用之後，什麼也不會留下。但是偉大的神提供你我一個機會在自然的大學中學習森林、河流、山川以及包括我們自己在內的所有動物。

我們因此賦予我們的鄰居（即使是動物）相同的權利，可以居住在這片土地上。

土地是沒有界限的，人們也沒有權利去劃分它……地球和我自己有相同的心境……參考我對土地的感情才能完全了解我。我從沒說土地是屬於我的，所以能為所欲為。有權利處理它的只有創造它的人。

泥土能撫慰人心、給人力量，也能淨化和治療。這就是為什麼年老的印第安人始終坐在地上，而不願離開賜與生命的力量。對他來說，坐或躺在地面上能夠更深入地思考和敏銳地感覺；他可以更清楚地看穿生命的奧祕，而且與其他生命更接近。

白種人從不關心土地、鹿或熊……但是白種人耕地、砍樹、殺死一切生物。樹在說：「難道我不會痛苦嗎？不要傷害我。」但是他們卻砍下它。土地的神痛恨他們。他們摧殘樹木，攪亂它的深處……他們爆破岩石，任它們散落在地面上。岩石說：「不要，你正在傷害我。」但是白人根本不理會……。土地的神怎麼會喜歡白種人呢？……白種人所接觸的每個地方都變成荒地。

對於美國土著而言，神聖的力量散布在人類、動物、地方和靈魂之中；只有當所有力量共同努力時才能產生和諧（Tuan, 1974）。他們與歐洲人不同的是將地方也視為神聖的。西南部皮布羅族印第安人認為，像山峰和洞穴這些位於地球表面以上和以下的自然場所是神聖而有力的，因為它們將地球與天空和地下的靈魂世界連接在一起。只有經過事前的適當禱告和神聖儀式，人們才能從事進入這些地方的活動（例如在山中鑿洞和探險）（Saile, 1985）。雖然土著對自然尊敬有加，但他們能夠敏銳地察覺自然的潛在威脅。比方說，住在加拿大北極圈的因紐特人始終相信月神、天神和海洋的存在。然而，「只有月神對人類是善意的」（Tuan, 1979, p.50）。

　　爲了公平起見，我們應當說明：在西方歷史上，許多個人和團體都曾試圖喚起對這些態度的重視並且加以改變。近年來著名的環境運動始於由里歐波德（Aldo Leopold）的沙群年鑑（A Sand County Almanac, 1949）。里歐波德論述各種對待自然世界的倫理立場，並且提出所謂的「土地倫理」。它的意思是指我們應該將對待其他人的道德責任感擴展到土地、水域、植物和動物身上。「土地倫理將人類的角色由陸地社區的征服者改變爲純粹的成員和公民」（Leopold, 1949）。里歐波德也建議，我們發展生態意識的原因不只是爲了經濟利益，而是人類身爲生態系的一分子，因此負有道德義務。里歐波德的想法已經凝聚成一股力量，他的影響力已經散布在釋放動物和荒地保留等運動上。這種對自然再度產生的興趣已經孕育出「環境倫理」的新學科，使哲學家和其他環境學家和社會科學家共同參與環境對話（Callicot, 1989; VanDeVeer & Pierce, 1986）。

# ❖環境偏好：追求「綠色經驗」❖

　　儘管人們一般來說對自然有負面的態度，但是他們長期以來都在追求美景和戶外經驗。這種傾向隨著都市化的程度日益增強。在十九世紀初期，英國浪漫主義運動的特徵之一，是相信自然有振奮、撫慰人心的益處。浪漫主義者追求自然背景，以繪畫和寫作的方式描述這些環境所啓發的感受。然而，在1800年之前，英格蘭在所有北歐國家中是林地最少的（Daniels, 1988）。而且浪漫主義者幾乎都是城市居民，他們與自然神交的概念與今天大多數人的野外經驗大不相同。

　　人們對自然景觀的反應毫無疑問地包括先天和學習的成分（Bourassa, 1990; Tooby & Cosmides, 1990）。因此，雖然樹林和流水等自然特徵總是比沼澤和沙漠灌木更令人喜愛，但是對自然環境的偏好也受到時代精神的部分影響。例如，在十八世紀時，牛頓、笛卡兒和其他受理性時代所啓發

的人認爲自然就像一部精細的機器，由神聖的監督者所啓動。自然是對稱的，其中充滿幾何圖形，而且如數學般精確，只要它能符合這些預期便令人喜愛。法國花園的嚴謹幾何學和雕刻整齊的線條及精確的設計是自然的最佳表現。後來，英國的浪漫主義運動卻反對這種趨勢，花園中開始出現自由流動的線條和略微彎曲的界線，試圖打破花園和鄉間的分界（Zube, 1978）。

自然界中最戲劇化的層面，尤其是高山和海洋，總是能喚起人們敬畏、恐懼和崇敬的混雜感受。根據圖安（1974）的說法，幾乎在每個社會中都有一座聖山扮演著宇宙的焦點：例如奧林帕斯山（希臘）、梅魯山（印度）、台伯山（以色列）和富士山（日本）。在不同文化中的傳奇故事尤其明顯。摩西在山頂接受十誡，而且亞伯拉罕也是在山上準備將他的兒子以撒獻給耶和華。諾亞的方舟歇息在山頂，耶穌也在山中受到魔鬼的引誘。希臘神話中的普羅米修斯被宙斯鎖在山頂，穆罕默德也說過：「到山上去」。漢武帝（西元前140至87年）也在山中祭天。很明顯地，在人類歷史上，自然的壯麗總是居於顯著的地位。

到了今天又如何呢？人們偏好和主動追求的是哪一種自然經驗呢？環境心理學家對這些問題相當感興趣，而且也蒐集了許多資料，能夠幫助我們了解在環境偏好背後的心理因素。

瑞秋·卡普蘭（Rachel Kaplan, 1978）描述與自然接觸是一種**綠色經驗**（Green Experience）。親近自然和追求綠色經驗的驅力在許多人身上都很強烈；通常他們會不怕麻煩地儘可能接觸自然。比方說，卡普蘭描述都市中裝配線工人會趁著午餐時間開車到幾哩之外有樹的地方吃午餐。

已有研究肯定，自然經驗未必是很壯觀的——即使是普通的一棵樹或一小片開放土地也能令人滿意（Kaplan, Kaplan, & Wendt, 1972; Little, 1975; Talbot & Kaplan, 1986）。也有一些研究證實，觀看自然景觀可以減少壓力（經由自我陳述和生理指標得知）。正面的心情和感受，也可以促進病

情的復原（Parsons, 1991; Ulrich, 1981, 1984; Ulrich & Simons, 1986; Ulrich, Simons, Losito, Fiorito, Miles, & Zelson, 1991）。亨第和史坦奇（Hendee & Stankey, 1973）、卡普蘭和卡普蘭（1978, 1989）都認為，自然是本能需求的例證，它自身就是為了追求的目的而非要交換其他的事物。

在環境偏好的研究中，受試者觀看不同景觀的幻燈片。他們要評估這些景觀是否令人愉快，自己是否願意到那裡去或者選擇最想去的地方。這類研究一致地顯示出，人們強烈地偏好自然景觀勝過人工景觀（Evans & Wood, 1981; R. Kaplan, 1975, 1977; Wohlwill, 1976）。如果幻燈片急速地閃過，類似由車窗向外看的景觀，則上述效果會更強；即使「有共鳴的」，有品味的人工侵入也可能減少自然景觀的吸引力（R. Kaplan, 1978; Schroeder, 1991）。只要貼上「野生地區」的標示也能提升景觀品質的評分；相反地，「商業林區」卻會使評分下降（Anderson, 1981）。在建築環境中加入自然元素通常被認為是受人歡迎的。希茲和曼日爾（Sheets & Manzer, 1991）發現，城市街道邊的樹木能使人產生正面反應，而且對當地的生活品質也有正面的評估。

自然環境對人類的持續影響在希巴（1991）最近的研究中得到證實。她要求以色列的96位建築系學生及102位老師和校長，指出在童年時代最有意義的一個地方。97%的人回答戶外的公園或海岸對他們而言最有意義。在另一個相似的研究中（Marcus, 1978），美國大學生所回憶的環境中有86%位於戶外。這種效果可能是出於戶外場所記憶持久的情緒性特徵，而非兒童時期活動的正確回憶。希巴研究174位以色列兒童（其地理和社經特徵與前述研究中的成人相似），這些未指明戶外場所在他們的生活中最有意義的兒童幾乎和能夠正確回憶童年生活的成人一樣多。她發現男孩和鄉村兒童最喜歡選擇戶外的地方，而城市兒童實際上偏好室內環境。

# 風景的物理特徵

　　為了解何種因素使自然景觀更吸引人，其中一種研究取向是分析風景的內容，以找出哪些項目與評分有關。雖然對自然景色的偏好部分由觀賞者的人口特徵和他們感興趣的戶外活動所決定（Schroeder, 1987），但有些研究也發現，某些特定的自然特徵幾乎總是會增加景觀的吸引力。由樹木圍繞在旁的空曠草地非常受到喜愛（Zube, 1976; Zube, Pitt, & Anderson, 1975），森林（尤其是落葉林）中沒有草叢，但覆蓋著草皮是最受歡迎的（Daniel & Bolster, 1976; Patey & Evans, 1979; Schroeder, 1991）。霍爾和哈維（Hull & Harvey, 1989）研究澳洲人對郊區公園的情緒反應。他們發現，植物和野生動物的數量、樹木的大小和密度，都會與環境中的愉悅感受有正相關。只有當草叢很密的時候，穿越公園的便道才能提高愉悅感。同樣地，派茲佛等人（Patsfall, Feimer, Buhyoff, & Wellman, 1984）研究對於沿著主要觀光道路之街景的反應，並且發現背景、中景和前景植物的相對數量是決定景觀吸引力的重要因素。夏佛等人（Shafer, Hamilton & Schmidt, 1969）在研究紐約州的風景時也發現一致性的結果。卡普蘭、卡普蘭和布朗（1989）認為雜草、灌木叢和農耕導致對景觀吸引力的負面評價，而帕瑪和盧伯（Palmer & Zube, 1976）則發現自然水域的數量和「粗糙」的程度強烈地影響風景的吸引力。

　　其他的研究也肯定水是自然景觀中相當受到偏愛的一部分。有關水邊風景的研究指出，不只水量的多少有所影響，其清澈度和新鮮性也是很重要的。山中的湖泊和急流，尤其是瀑布極度受人喜愛，但沼澤區和藻類覆蓋的水域則得到較低的評價（Calvin, Dearinger, & Curtain, 1972; Herzog, 1985; R. Kaplan, 1984）。安德森等人（Anderson, Mulligan, Goodman, & Regen, 1983）指出，連聲音也會影響環境的審美評價，所以聲音的適當性是一個重要因素。例如，鳥和動物的聲音可以增強森林、而非都市環境的

美麗。

有些景觀以往的因素也會影響個人對自然景觀的反應。有些研究發現，年齡便是如此。盧伯、皮特和伊凡斯（Zube, Pitt, & Evans, 1983）要求294位從6歲到70歲的受試者評定56張彩色相片中的風景。他們發現，兒童的評分和成人有所不同，老年人和年輕人、中年人也略有差異。更明確地說，兒童比年輕人和中年人更不容易受到環境中人為力量的存在所影響，但後者卻非常不喜歡這一點。老年人則介於兩者之間。年輕人和中年人對景觀的複雜度最敏感，但兒童最容易受景觀中的水所吸引。伯納德茲、盧茲和盧茲（Bernaldez, Ruiz, & Ruiz, 1984）肯定兒童比成人更喜歡較不自然也較不複雜的景觀；伯納德茲等人（Bernaldez, Benayas, & DeLucio, 1987）認為兒童特別喜歡風景中的水。在另一個研究中，伯納德茲等人比較加納利群島上11歲和16歲的受試者對風景的偏好。他們發現，像黑暗和粗糙這種與恐懼和不安全有關的特徵，是11歲兒童特別不喜歡的（Bernaldez, Gallardo, & Abello, 1987）。

最後，受試者參與研究的季節也可能影響其評分。布海歐夫和威爾曼（Buhyoff & Wellman, 1979）發現，人們在夏末時較喜歡落葉植物，春季時則偏愛綠葉植物。

## 風景的心理特徵

了解風景偏好的有效方法之一，是研究它的整體結構而非個別的物理成分。這種整體結構介於原始的物理特性和人們觀賞時的美感反應之間。這些風景的結構特徵稱為**對照特性**（Collative Properties）。它們會影響人們對自然環境和都市環境的反應（請參考第十章的內容）。

利特恩（Litton, 1968, 1972）強調景觀元素的組織決定其中哪一部分引起注意。他假定我們偏好能明顯地能將注意力指向重要部分、促進有秩

序之知覺的景觀。利特恩認爲有助於組織景觀知覺的關鍵性對照特性，包括框視、輻輳和對比。**框視**（Enframement）意指景觀提供自身的「畫框」，使觀看者迅速集中注意於關鍵部分。穿過近處的樹觀看山或湖，就是框住畫面的一個例子（見圖11-2）。**輻輳**（Convergence）意指景觀中兩條以上的線所匯聚的點，它能在景觀中占優勢的原因是使注意力集中在水平線上，例如有行道樹的道路逐漸消失在遠方。**對比**（Contrast）意指景色中不同元素之間的形狀、顏色或質地的明顯差異。這些差異使得元素無法混合，因此觀看者可以將風景清楚地區分爲背景和前景。一般而言，受到偏好的風景中應當包括焦點——框視、輻輳和對比都能使景色聚焦，因此也更吸引人。

圖11-2　框視以增進風景的吸引力，因為它能幫助觀察者組織知覺

賀特穆（Heat-Moon, 1991b）描述堪薩斯州西部的大草原幾乎缺乏所有的對照特性，所以要很費力才能了解和欣賞：

　　我相信在觀看大西洋（當時我服役於海軍）兩年之後已改變了我欣賞風景的方式，尤其是水平、滾動的東西……我開始愛上美國的草地，但並非因它們像山和海岸一樣引起你的注意，而是因為它們幾乎抗拒注意……我喜歡清晰的線條，它們似乎要求我帶來某些東西而且主動打開它：向遠方看，向細處看。我明白了草原的祕密；逐步地品嚐令人麻木的遠景，並且貪婪地享受向你招呼的細節。草原不會輕易地放棄任何事，除了地平線和天空……我必須開始自由而無益地思考，不設定焦點而觀看，首先發現地平線，然後將視線收回到中等距離，那種似乎沒有任何東西存在。

　　瑞秋·卡普蘭和史帝芬·卡普蘭曾提出極具影響力的風景偏好之「心理模型」（R. Kaplan, 1977; S. Kaplan, 1975; Kaplan & Kaplan, 1982）。他們的成果出自早期有關自然的一般審美判斷研究，尤其是博林（1960, 1971, 1974）的研究。博林假定我們在判斷任何事物的美感時，都特別注意複雜性、新奇性、不調和及意外性等對照特性。根據博林的說法，任何能刺激我們、喚起好奇心的事物都是最令人感到愉快的，它能使我們藉由探索而消除不確定性，因此獲得滿足。缺乏新奇性、不調和、複雜性和意外性的物體或環境令我們感到無聊、不刺激和不吸引人。相反地，過度激發的刺激通常也不受歡迎。我們最喜歡的是新奇性、複雜性、不調和和意外性中等的事物。

　　卡普蘭延伸博林的想法，並且發展出專門解釋對環境之審美反應的模型。在卡普蘭的模型中，有四個因素可以決定我們對環境的反應：凝聚性、識別性、複雜性和神祕性。

　　就本質上來說，卡普蘭的模型將環境特徵區分為立即可以經驗和只能期望在未來經驗到的（Heath, 1988）。凝聚性和複雜性屬於立即可見的特性。**凝聚性**（Coherence）是指景色有組織，可以聚合成為整體的程度。凝聚性愈大也就愈受到喜愛。**複雜性**（Complexity）反映出景觀中元素的

數目和種類。只要複雜性不過於極端，它也和喜愛的程度同時增加。

　　識別性和神祕性這兩種特性要求觀看者預期未來可能的環境經驗。**識別性**（Legibility）是環境易於閱讀的程度，或是個人可以廣泛地進行探索而不致迷路的程度。容易識別的環境比較受到偏好。**神祕性**（Mystery）意指景觀中包含多於此刻可見的訊息，所以個人可以在步行和探索中學到更多有關環境的訊息。史帝芬・卡普蘭（1987）強調，推論在神祕性的定義中相當重要。許多研究都肯定，人們認為神祕性是景觀的獨特性質，而且神祕的景色可以大幅度地增加自然環境的吸引力（Gimblett, Itami, & Fitzgibbon, 1985; Herzog, 1984, 1985, 1987, 1989; R. Kaplan, 1973; Kaplan & Kaplan, 1989; Kaplan, Kaplan, & Brown, 1989; Ulrich, 1977）。唯一的例外是當神祕性伴隨著危機感產生的時候，例如在深窄的峽谷和都市巷道中（Herzog, 1987; Herzog & Smith, 1988）（見圖11-3）。

圖11-3　如果神祕性與危險連在一起，則不會增進環境的吸引力

　　艾里歐森（Eliovson, 1978）描述如何策略性地運用這些特性，以產生日式花園的魔力（見圖11-4）。這些花園通常位於極小的土地上，所以巧妙地運用植物、樹木、岩石和水流創造出寧靜和美麗的環境極為重要，這也是日式花園最著名之處。在前景和接近房屋的地方種植大型樹木，而在遠方種植小型植物，這樣可以製造距離和深度較大的錯覺。這會造成樹木比實際上更大的印象，因此使花園顯得更大。將前景中的特徵變得更精緻，則背景中的物體會更不明顯、向後退卻，增加尺寸和距離的錯覺。在日式花園中常以模糊的景觀來製造神祕性。如果有技巧地放置石塊或種植樹木，便可使整個花園無法一眼看穿，觀看者可以走在其中而發現新的視野。如果花園中包括流水、噴泉或瀑布，通常是隱藏在景觀中（不像在美式花園中置於聚光燈下），讓水流聲引起訪客的好奇心，促使他們向花園

圖11-4　日式花園

中探索以發現聲音的來源。通道經常是蜿蜒地消失在灌木叢中，造成神祕感和較大的距離。

## 人類之環境偏好的起源

在描述人類對特定自然環境的一致偏好之後，接著便要探討這些偏好是如何發展的。許多學者聲稱環境偏好是學得的反應，由個人的生活經驗和文化價值（例如與自然和諧相處）所塑造（Lyons, 1983; Tuan, 1979）。諾福（Knopf, 1987）摘要說明支持這種立場的證據。人類的環境偏好是先天或習得反應的問題至今尚沒有結論。少數風景偏好的文化比較研究試圖檢驗這個問題。近期有一個研究發現峇里島土著和西方遊客對當地景觀的評價極為相似（Hull & Revell, 1989）。

盧伯（1990）指出，雖然在景觀偏好的研究中也曾發現倫理團體和種族間的差異，但這些研究通常受到教育水準和都市或鄉村人口的因素所混淆。目前所得到的共識是，人們開始顯示對熟悉環境的強烈偏好之年齡和經驗相近，但熟悉度似乎並不是環境偏好的良好預測指標（Balling & Falk, 1982; Kaplan & Kaplan, 1989）。卡普蘭和卡普蘭（1989）在文獻回顧之後所下的結論是：不同的文化團體很少彼此同意他們所喜歡的自然環境是什麼，而是他們如何受到不同的自然特徵所吸引。

近年以來，將環境偏好視為人類演化之副產品的觀點逐漸受到重視（Kaplan & Kaplan, 1989; S. Kaplan, 1987; Ulrich, 1977, 1983）。根據這種想法，人類偏好的發展是由於對個人和種族的生存極為重要。查爾渥斯（Charlesworth, 1976）認為，對於一個種族來說，僅僅辨認環境尚不足以使它們發揮良好功能，但是強烈的偏好卻能促進個體主動尋求環境。史帝芬·卡普蘭（1979）描述參加環境偏好研究的受試者之反應——這些反應最終導致他的演化解釋。

圖11-5　提供眺望和避難的環境似乎非常受到喜愛，而且經常是兒童遊戲的地方

受試者很迅速和輕易地做出偏好判斷。他們甚至很喜歡這個過程。結果並不像民間傳統那麼紛歧，不同背景的團體反而顯示出相當穩定和重複出現的結果……偏好逐漸像是由直覺性行為導引的表現、使人們避免不適當環境而趨向適當環境的決策傾向。

簡單地說，演化觀點意指：偏好「正確」環境的個體可以生存的更久，也繁殖的更成功，而且這些偏好相同環境的傾向也傳到我們身上。用圖安（1974）的話來說，「偏好質地堅硬的環境就像沙漠或和尚的頭髮一樣罕見，因為它違反一般人對輕鬆和豐富的喜好。」

在上述參考架構之下，人類偏好包含流水、草木和光線的景觀是完全有道理的。英國地理學家艾普頓（Appleton, 1975, 1984）沿著這個方向思考。他假定具有下列兩個特徵之棲息地是合宜而有吸引力的，即眺望和避難。葛林畢（Greenbie, 1982）說明這些環境提供「可觀察而不會被看見，可覓食而不會被捕獲以及繁殖能生存之後代的機會。」避難

（Refuge）意指有一個安全的藏匿處，能夠躲避環境中的威脅和危險。
眺望（Prospect）是指個體能清晰、不受阻礙地觀看風景。艾普頓認為人
們偏好能提供避難和眺望的環境和風景；初步研究支持他的預測（Nasar,
Julian, Buchman, Humphreys, & Mrohaly, 1983）。

　　兒童普遍地表現出在密閉空間玩耍的偏好。眺望和避難的概念可能有
助於解釋孩童時期喜愛的地方所勾起的神奇感受，以及對這些兒時「藏匿
處」之詳盡記憶（Boschetti, 1987; Hester, 1979; Marcus, 1978）。埃伯-艾比
斯佛特（Eibl-Eibesfeldt, 1988）指出，我們在許多情境中都偏好能提供保
護的地方。在餐廳中，顧客最先選擇靠牆的座位。視野無礙的卡座最受歡
迎。他同意這些偏好是殘餘的成功演化策略，它們曾經幫助我們的祖先偵
測和躲避侵略者和敵人。梭摩（1969）以一位倫敦妓女的敘述為例，說明
中央位置的缺點：

　　這是我最喜歡的桌子，我可以背靠牆、面對著門而坐。這是一個有
利的位置，可以不費太大力氣來觀察出入口。沒有人會站在我背後，這表
示我很安全。如果有任何麻煩，比方說發生打鬥那麼靠牆的位置是最好
的……如果你在房間中央，不管多麼當心，打架的人還是可能在出拳之前
撞倒你的椅子，如果你夠幸運的話還可以保住自己的腳，但你可能正好位
於戰鬥的中心，這時候局外人也已經牽涉在其中。

　　演化觀點相當符合卡普蘭和卡普蘭的環境偏好架構，凝聚性和識別性
之所以能夠增加環境的吸引力，是因為它們使人很快地理解、記憶和了解
環境，這些全都有利於生存。複雜性和神祕性雖然與危險無關，但卻表示
可能有豐富的資源和較好的生存機會。

　　人類美感偏好的演化解釋仍是有爭議的，我們不得不承認許多支持的
證據是間接和事後的。儘管如此，埃伯—艾比斯佛特（1988）仍然摘錄出

一些研究,顯示人們的先天美感標準中強調視覺的規律和對稱。許多研究指出,包括猴子、浣熊、鳥類和黑猩猩在內的許多動物都有相似的審美標準(Eibl-Eibesfeldt, 1988; Morris, 1962; Rensch, 1957, 1958)。

有關環境偏好之基因基礎的問題也大多依靠動物研究來回答。許多研究指出動物的棲息地選擇有強烈的基因基礎(Brockmann, 1979; Drickamer & Vessey, 1982; Jackson, 1988; Partridge, 1974, 1978),魏克爾(Wecker, 1964)在一個典型的研究中證實,即使住在不同環境中的同種生物也能將對特定棲息地的基因偏好傳給後代。在他的研究中,親代在空曠的田野或森林中被捕捉的鹿鼠仍然偏好相同的棲息地,無論牠們初生時接觸何種環境。歐卡克(Alcock, 1984)認為,雖然動物的棲息地選擇多少可由早期經驗所修正,但是早期經驗並不能壓倒以基因為基礎的發展程式。

儘管沒有人認為人類的環境偏好像動物一樣僵化,但我們仍假定人類必然透過塑造動物的相同力量獲得某種程度的先天偏好。如果人類確實發源於非洲大草原,則最有說服力的證據就是人們一致地受到類似草原的環境(廣大的草原上點綴著樹木)所吸引,尤其是兒童(Balling & Falk, 1982; Falk, in Hiss, 1990)。佛克(Falk, cited in Hiss, 1990)將屋主對草坪的迷戀歸因於強烈的演化依附。賀特穆(1991b)明顯地以這種觀點來表達他對草原的喜愛:

　　長草使人站立:以四肢著地,蹲在6英吋高的世界中是盲目而且易受攻擊的。人們可能偏愛高山和海洋的醒目美景,但我們是因為草原而成為兩足動物;人之所以為人就是因為長草。當我穿過大草原的時候,經常想到:儘管我的祖先可能長期以森林為避難所,但他們也能辨認出這種開闊的地方才是適合他們之處。

# ❖ 戶外娛樂和野外經驗 ❖

當人們想到娛樂時大多數都意指自然的戶外環境。當然，釣魚、健行和露營等戶外活動一直是北美洲居民最喜歡的休閒活動；毫無疑問地，你們也很可能如此。在阿特曼和卻摩斯（1980）的研究中，亞歷山大（Alexander）評論戶外休閒活動的穩定成長：

　　二十世紀文化的最顯著現象之一就是到戶外去的願望。在歷史上，人類努力創造能保護自己免於自然環境侵害之避難所和找出更好的烹調方法。然而，現在堅固、有空調的建築已經很普遍，烹調設備也已足夠，人們便逐漸轉向戶外消磨時間，並且用火烹調食物。

　　隨著環境心理學的發展，心理學家也將注意力轉向休閒行為和使用自然娛樂區的人。這一類野外和戶外娛樂的研究大多出自實用的興趣。當使用這些地區的人愈來愈多，而他們又想維持所追求的經驗品質時，自然就會產生緊張。了解使用者的特徵、動機和偏好是解決這個問題的關鍵。這類研究強調科際整合，來自森林學、地理學、經濟學和社會學等其他學科的學者也有相當的貢獻。

　　通常，有關戶外娛樂經驗的研究必須由非常基本的問題開始著手。娛樂是什麼？它與其他行為有何不同？自然環境如何滿足使用者的需求？這些都是探討的方向。海姆史塔和麥費林（Heimstra & McFarling, 1978）強調，當我們談到戶外經驗時必須區分與自然環境的暫時和永久互動。到遠方森林遊覽的人和每天住在那裡的人必然有相當不同的經驗。

　　就定義上來說，娛樂表示暫時而非永久的互動。它也指出這種行為是出於自由選擇，而且在本質上能令人滿足。背著背包在沙漠裡行走是娛樂；但是因為空難而困在那裡卻不是。同樣地，正在工作的伐木工人或巡

山員通常不會被認為在參與娛樂行為，但是走在森林中的公車司機或大學教授可能是有空閒的。顯然，娛樂是一種模糊的概念，沒有明確的界線。戶外的娛樂必定比空閒時待在自然環境中更複雜。（畢竟，許多人甚至認為在冰上釣魚充滿樂趣！）克勞森和耐區（Clawson & Knetsch, 1966）將娛樂視為數個不同階段所組合的經驗。第一個階段始於個人開始思考、計畫和預期這種經驗。第二個階段則是前往娛樂活動發生的地點。第三個階段是現場活動，也就是多數人心中所想到的娛樂活動。克勞森和耐區認為上述戶外娛樂的概念可能過於狹窄。第四個階段是離開娛樂場所，第五個階段（也是最後的階段）則是在娛樂活動結束之後的回憶。

當你更廣泛地思考娛樂的時候，往返於娛樂地點以及回憶娛樂經驗，顯然也很重要。它們甚至成為你的假期中最值得回味的部分！有些人認為開車兜風是美國最普遍的戶外娛樂（Highway Research Board, 1973），在開發通往新風景區的道路時也開始考慮這一點。

由於觀光是主要的戶外活動，所以辨認和回憶的能力是決定我們對環境的了解和喜愛程度，以及在接觸自然時所獲得的樂趣之重要因素。哈米特（Hammitt, 1987）在田納西國家公園的大煙山進行一項自然環境之視覺辨認和回憶的研究。他在一條小路的盡頭訪問750位正要出發或已經歸來的登山客。登山者判斷自己對32張拍攝小徑特徵的黑白照片之偏好。已經完成登山的人還要判斷他們對這些特徵的熟悉程度和信心水準。這些登山者不僅對視覺特徵的偏好相當一致，而且在回憶時也是如此。水──尤其是瀑布──最容易被記住，連根拔起的樹木和著名的小徑也是記憶較清晰的。神祕的風景──例如看不見盡頭或繞過小山的蜿蜒步道──也是受試者所熟悉的。哈米特發現沿著小徑所樹立的紅色路標顯著地增強觀光客對關鍵位置的記憶。

# 野外地區遊客的特徵

在研究中顯示，使用國立和州立公園的人在遊客當中是一個特殊的團體。根據美國內政部（The United States Department of theInterior, 1979）的報告，使用國家公園和野外地區的人大多是高收入、受雇於專業和技術工作，而且來自都會區。其中大學和研究所學歷的人較多；老師和學生是兩個最大的團體。這些發現和其他自然環境使用者之特徵的研究結果相當一致（Gilligan, 1962; Lime, 1986; McDonald & Clark, 1968）。

雖然這種人口變項組合大致上被接受，但是我們仍不清楚他們為何具有這些特徵。或許對自然環境的興趣與來自都市的專業人員有關，或者這些人的餘暇和閒錢較多。有些研究指出，同樣的特徵通常和個人希望擁有的野外經驗有關。史坦奇（1972）將野外地區的使用者分為「純粹主義者」和「非純粹主義者」。他的根據是與蒙大拿、猶他、懷俄明和明尼蘇達州野外地區的600位以上的遊客所進行的晤談。純粹主義者（Purist）比非純粹主義者（Nonpurist）更想要獨處，而且比較容易受到人類侵入自然環境之跡象（露營地的損耗、垃圾）所干擾。希卻提（Cicchetti, 1972）發現，男性的純粹主義分數較高，而且其分數隨著教育程度和童年故鄉的都市化程度而增加。此外，個人擁有第一次野外經驗的年齡愈大，則愈容易趨向純粹主義量表的極端。他認為，生長在鄉村地區會使人們對野外的觀點較傾向實用主義；鄉村居民比較可能把自然當作資源的來源以及日常生活的環境。利用自然的事業（例如農業、礦業、伐木業）在鄉村的普及性可能與這種實用主義有關（Buttel, Murdock, Leistritz, & Hamm, 1987）。為了讓你了解自己在純粹主義量尺上的落點，請閱讀「試試看」專欄。

試試看：你是不是一個「純粹主義者」？

　　每個人偏好野外地區、逃避人類影響的跡象的程度各不相同。請完成下列簡短的問卷，探究你自己的「純粹主義」。你可以根據以下的量尺決定對每道陳述的同意或不同意程度：

5＝非常同意

4＝同意

3＝無所謂

2＝不同意

1＝非常不同意

　　請在每道敘述之後的空白處填入數字，表達你的感受。計分說明列於問卷結尾處（此量表未經過實徵的驗證，只能當作課堂練習）。

1.我生長在鄉村地區。＿＿＿＿＿＿

2.在露營時，看到或聽到其他露營者會干擾我。＿＿＿＿＿＿

3.我在兒童時期就曾經多次到野外地區露營或釣魚。＿＿＿＿＿＿

4.我喜歡遠離「文明」的感覺。＿＿＿＿＿＿

5.露營和徒步旅行是認識新朋友的好方法。＿＿＿＿＿＿

6.我打算念研究所或是取得專業資格。＿＿＿＿＿＿

7.我喜歡可以迅速又輕易到達的野外地區。＿＿＿＿＿＿

8.我生長在大都市中。＿＿＿＿＿＿

9.個人和國家的財務利益比保留野外地區更重要。＿＿＿＿＿＿

10.我看到有人在野外地區丟垃圾就感到憤怒。＿＿＿＿＿＿

11.汽艇比獨木舟更有趣。＿＿＿＿＿＿

12.自然地區應該永久被保留，即使要花費大筆金錢。＿＿＿＿＿＿

13.我最喜歡的自然地區是不用離開汽車就可以欣賞美景的地方。＿＿＿＿＿＿

14.越野滑雪比雪車更有趣。＿＿＿＿＿＿

15.我獨自一人的時候絕不會喜歡戶外生活。＿＿＿＿＿＿

16.我最喜歡必須走一段長路才能發現的風景。＿＿＿＿＿＿

　　將所有單數題和雙數題的數字分別相加，然後將單數題的總和減去雙數題的總和，再將所得的差加上32。這就是你的「純粹主義」的分數。最高分為64分，最低分為0分。雖然它並沒有確定的分界點，但是你的分數愈接近64分，則你所表現的特徵愈接近先前研究中的純粹主義者的人。

只有少數研究嘗試將性格特質與戶外娛樂模式連在一起。羅斯曼和尤歷拉（Rossman & Ulehla, 1977）指出，參加河釣和野營等純粹戶外活動的人之親和需求分數很低。在另一個研究中，狄瑞佛和諾福（Driver & Knopf, 1977）比較網球選手、露營者和徒步者的性格剖面圖。他們發現這些人在親和及社會認可的分數上低於全國的常模，但在自主性和感覺情緒意識上得分較高。雖然狄瑞佛和諾福指出性格與娛樂活動的選擇和參與程度有關，但他們的結論是：性格對娛樂行為的預測力比其他因素更弱。

## 野外地區使用者的動機

人們在自然中追求的是什麼？什麼原因促使人們花費時間和金錢到遙遠的野外地區？諾福（1987）回顧有關自然對人類之價值的研究。他的結論是：有四種方式可以描述自然環境的誘惑。

首先，我們可以將自然視為修復者，相較於由人群所圍繞的複雜環境來說，是一個較和平寧靜的地方。史帝芬・卡普蘭（1977）假定我們由演化而預先設定對自然環境的正面反應。由於自然的模式原本就能抓住人類的注意力，所以我們不費力氣就可以過濾和壓抑無關刺激。因此，我們在自然環境中感到更輕鬆自在。許多研究都符合上述概念。曼德爾和馬朗斯（Mandell & Marans, 1972）與家族領袖進行晤談，並且要求他們就12種參與喜愛的戶外活動之原因來評定其重要性。他們所引用的最重要原因是「消除緊張」。其他研究也指出，利用野外的重要性在於幫助人們達到獨處和逃避都市的目的。如果在自然環境中遇到其他人通常會降低滿意度（Cicchetti & Smith, 1973; Rossman & Ulehla, 1977）。

另一種方式是認為自然能創造勝任感。根據這種觀點，自然提供個人增進自立和自信的機會。在廣闊的野外，個人被迫要學習新技能和新經驗；重新評估個人的長處和短處具有治療效果，對個人的身體和心

理健康都有益處。許多研究都支持野外經驗可以治療和產生勝任感的想法（Bernstein, 1972; Burch, 1977; Gibson, 1979; Hanson, 1977; R. Kaplan, 1974）。例如，泰伯特和卡普蘭（Talbot & Kaplan, 1986）花費十年以上的時間進行一項研究，探討野外經驗的治療利益。受試者參加野外挑戰計畫，在隔絕的野外環境中依靠求生技術生活兩星期。這些人所感受到的好處是對環境的了解增加，而且感受到自然的神奇。他們認為自己獲得更多領悟，而且更能專注於有價值的事物。斯洛茲奇（Slotsky, 1973）也發現一群日間病房的精神病患在五天的徒步旅行中大有改善。

這些研究的問題之一，在於研究者無法控制受試者的選擇，因此很難決定肯定結果是否完全出於野外經驗。哈提格等人（Hartig, Mang, & Evans, 1991）在兩個實驗中隨機地分派受試者，比較精確地檢驗野外經驗的治療效果。在第一個實驗中，有經驗的徒步旅行者被隨機地分派到野外徒步旅行、非野外的旅遊（例如汽車旅行、觀光或拜訪家人和朋友）或無假期的控制組。在實驗結束後，受試者填寫問卷，並且參與和假期前相似的校對作業。哈提格等人發現，即使加入較多控制，野外經驗仍然增強快樂和幸福的感受，而且他們也是唯一在校對作業表現上有所改善的實驗組。在第二個實驗中，哈提格等人（1991）將大學生分派到自然步行、市區步行和放鬆的控制組中，也得到相似的結果。

在第三章中我們討論過人類對刺激和變化的需求是許多環境中的行為動機。諾福的第三種描述自然的方式——自然就是轉換——相當符合這些參考架構。自然環境所提供的感覺輸入與都市環境大不相同。花點時間離開城市，有助於消除太多相同感覺刺激所造成的單調。霍爾和哈維（1989）發現，人們偏好令人愉快和激發的公園；這種觀點可以解釋人們為何參與滑翔翼、攀岩和坡道滑雪等刺激、冒險的戶外活動。

對於某些人來說，戶外娛樂代表生活中的樂趣核心所在，並且向他人傳達有關自我的重要訊息（Jacob & Schreyer, 1980）。第四種思考自然的

方式就是將自然看作代表其他事物的符號。許多人認為自然象徵著重要的特質：生命、連續、神聖和神祕。符號的自然有助於肯定個人所追求的基本價值。

　　因此，人們尋求戶外經驗的動機明顯地有所不同，這些差異也會影響他們對環境的反應。另外，野外經驗也可以成為因應日常生活壓力、投射特殊的自我形象、發展和表現技能或者與他人親近的方式（Driver, 1972）。確實，有關野外使用者之需求的研究顯示，從事相同活動的人通常並沒有共同的動機（Driver & Brown, 1978; Knopf, 1983）。Brown、Hautaluoma與McPhail（1977）發現在科羅拉多州的獵鹿人當中有8個動機不同的團體。這些動機差異與打獵型態和社經背景的差異有關。在有關徒步登山者（Bowley, 1979）、越野滑雪者（Ballman, 1980）、釣魚者（Driver & Cooksey, 1977）、旅行家和其他野外利用者（Brown & Haas, 1980; Knopf & Barnes, 1980）的研究也得到相似的結果。參與不同活動

圖11-6　四分之一的戶外活動與水有關

的團體間差異更加顯著。根據傑克森等人（Jackson & Wong, 1982）的研究，越野滑雪者喜歡獨處、寧靜和不受干擾的自然環境，但是駕駛雪車的人卻追求冒險和社交。釣魚者不是為了覓食而釣魚，反倒是為了有放鬆、成就和社交的機會（Knopf, Driver, & Bassett, 1973），就像獵人對躲避、友誼和運動的興趣多過收割和展示會（More, 1973; Potter, Hendee, & Clark, 1973）。

美國戶外委員會（The President's Commission on Americans Outdoors, 1987）對2,000位旅遊者進行調查，試圖找出美國人對戶外娛樂的真正需求。這個研究的結論也是動機的差異極大。大約三分之一的人可以歸類為「健康意識聯誼會」。這些受訪者的年齡中位數是49歲。整體而言，「健康意識聯誼會」的成員喜歡野餐、觀光和輕微運動，但是不想要高度冒險或刺激；他們經常喜歡開車渡個短假。另外三分之一的人是「逃跑的活躍者」（年齡的中位數為35歲），他們偏好安靜、隔離的活動，例如打獵和划獨木舟。大約16%的人（年齡的中位數是32歲）屬於「追求刺激的競爭者」，喜歡划皮船和登山等費力、冒險的活動。另外8%的人是「健康導向」，追求極端艱辛的活動（例如三項馬拉松和馬拉松長跑），其他8%的人屬於沒有動機的一群，他們對任何形式的戶外娛樂都不感興趣。娛樂區的規劃者必須注意隨年齡而改變的興趣，因為這對於出生於「嬰兒潮」的這一代有重要的涵意。

有些人使用野外地區的動機很容易解釋；他們到那裡去只不過是因為社會壓力。齊克和伯區（Cheek & Burch, 1976）發現在戶外地區的遊客當中有96%的人是隨團體前往，個別的人相當少見。超過半數的人承認他們是應別人的要求而到那裡去，滿足社會義務便是追求自然經驗的目的。凱利（1976）的研究也得到相似的結果。

# 環境品質和野外經驗

多夫曼（Dorfman, 1979）指出，娛樂地區和個人偏好及經驗的配合是決定戶外經驗滿意度的重要因素；不過，個人的野外經驗也取決於環境的實際品質。環境退化和過於擁擠的明顯訊號，例如惡意破壞、垃圾或可見的空氣汙染和水汙染都會大幅度地降低戶外經驗的品質。除了這些明顯的因素之外，影響野外經驗的原因也有很大的個別差異。這是因為它大多靠個人的知覺而定，而且在野外娛樂環境中的擁擠知覺並不是簡單的歷程（Westover, 1989）。其中有一個非常重要的變項就是個人預期會遇見的人數，它會使得在野外地區的擁擠標準不同於城市的公園或海灘（Hammitt, 1983; Westover & Collins, 1987）。

哈斯（Haas, 1975）發現，雖然許多人認為獨處是正面野外經驗中的重要元素，但另外一部分人卻認為遇見陌生人是刺激的來源。一般而言，認為獨處很重要的人會過度高估他們遇見的人數，而且見到其他人後的滿意度降低（Lucas, in Stankey, 1989）。露營是戶外娛樂活動的好例子，它可以吸引兩種極端的人。對於純粹主義者而言，露營表示一個人獨自在野外，遠離人跡。他們通常不滿那些喜歡在有電力、蛇欄和加溫游泳池的公園中渡過週末的露營者。儘管如此，兩組人都喜歡正統的戶外娛樂。

由某一群人對其他人做價值判斷似乎不公平。如果取向不同的人想要同時使用同一個野外地區，則不同的價值觀可能會導致衝突。尤其是所謂娛樂者的「動力化」程度最令人關心。有些研究顯示，動力船、機車和動力滑雪嚴重干擾了划船的人和越野滑雪者（Catton, 1983; Culhane, 1981）；而且動力化團體愈大，對其他人來說也愈感到不愉快（Lucas, 1964）。

測量野外地區使用者的滿意度已日益迫切。環境心理學家致力於發展可以有系統地描述和評量環境背景的技術。許多成果都是由環境管理者和

規劃者的實用需求所促動，他們必須藉著測量群眾對自然環境的偏好來評估環境品質。

有一種稱為**主觀環境品質指標**（Perceived Environmental Quality Index，簡稱PEQI）的工具最常用來量化地測量個人對環境的評估。對PEQI的發展和使用之詳細說明請參考下列著作：Kasmar（1970）、Craik & Zube（1976）、Zube（1980）、Craik & Feimer（1987）。PEQI是問卷形式的自我陳述工具。雖然它通常用來評量人工環境，但也逐漸用於自然環境的評估。在研究自然環境時，PEQI通常和其他環境品質的客觀指標共同使用，例如空氣汙染或水汙染的程度，有證據顯示這兩種測量工具通常達到一致的結論（Coughlin, 1976; Moser, 1984）。

PEQI對環境的評估一般是基於人們對照片或幻燈片的反應，而非第一手接觸。他們的反應被轉換為數字量尺，以進行統計分析和比較。由於PEQI在本質上測量的是個人對自然的態度，所以也可應用測量態度的其他技術。在第三章中討論的**語意差別法**（Semantic Differential）就是最常見的例子（Osgood, Suci, & Tannenbaum, 1957）。語意差別法是由成對的**雙極形容詞**（Bipolar Adjectives）（相對地）排列在量尺兩端。個人需在量尺上加註標記，記號與兩端形容詞的距離可以反映出他對某環境的感受。在建構PEQI時必須注意所選擇的形容詞和評估向度的數目。語意差別量尺曾經成功地評估自然環境的品質（Evans & Wood, 1981）。

研究者長期以來都嘗試發展可用於任何環境的PEQI。然而貝區特爾（Bechtel, 1976）卻指出，被評估的環境和評估原因的差異相當大，似乎不可能以一個指標涵蓋所有情境。我們必須記住，已經發展的測量工具仍然不盡完善，因為呈現環境的方法和呈現時的情境脈絡都會影響受試者的判斷（Brown & Daniel, 1987）。

# 管理野外地區的涵意

有人或許希望由這些研究中得到的成果，可以應用在管理野外地區的問題上。皮特和盧伯（1987）在說明管理自然環境之歷史和問題之後指出，未來的關鍵問題是正確地評估每個自然環境的娛樂負載容量。「負載容量」用在野外地區管理中的意義，是指根據現有的食物、水和避難所能夠負擔的動物族群限制（Stankey, 1989）。**娛樂負載容量**（Recreational Carrying Capacity）意指在環境遭到負面影響之前所能招待的人數。

未來，正確地決定娛樂環境之負載容量是將成為關鍵。在1990年，有6,000萬人曾參觀美國的國家公園，到2010年之前，人數估計會達到9,000萬（Coates, 1991）；自1965年起，國家森林的使用率每年約增加5%（Stankey, 1989）。更進一步來說，90%的遊客集中在10%的野外地區（Hendee, Stankey, & Lucas, 1978）。國家公園和野外地區過於擁擠已被公有土地管理者稱為**綠色監牢**（Greenlock）。當「擋風玻璃」內的遊客數目隨著人群的年齡而增加時，問題會更加嚴重。約塞美提國家公園已有一座21個隔間的監獄（通常是客滿的）用來處理因交通堵塞而發生的糾紛。緬因州的阿卡迪亞國家公園由於每年四百萬遊客所排放的引擎廢氣而造成空氣汙染（Coates, 1991）。這些遊樂區的可接近性問題相當複雜。遊客當然希望易於往返，但是若過於方便，就難以長期維持原始的野生風貌。

馬奇里斯（Machlis, 1989）提出，有效的公園管理只有在人類（包括遊客和當地居民）成為公園生態系統中的主要種族時才可能達成。只要管理者了解這一點，就可以設計出適應人群的公園生態系統，因為人們在這些環境中的行為是可以預測的。研究者（Hayward, 1989; Heimstra & McFarling, 1978; Hiss, 1990; Stankey, 1989）已經提出許多管理娛樂區的珍貴建議。改進遊客行為和影響遊客之時間、空間分布的訓練愈來愈重要。為了維持獨處，必須儘量減少使用量，即使必須使遊客排定日程以免環境

負荷過重。管理者應熟知每個地區的遊客，因爲「主動休閒者」（例如獵人、划船者和釣魚者）和「被動休閒者」（例如野餐的人和步行者）的需要大不相同。小徑在設計上應連接每一個景觀，而且儘可能減少人工特徵。負責監督該地區的人也要知道影響遊客之審美滿意度的原因。夏佛和梅茲（Shafer & Mietz, 1972）在研究中發現，健行的人認爲下列三點最重要：

1. 突出且利於觀察的大塊岩石；

2. 照明、顏色和可見距離不同的自然森林開口；以及

3. 沿著溪流旁的小徑。

娛樂區之中的水資源必須小心規劃，因爲這是最常使用的部分。大約四分之一的戶外娛樂與水有關（Pitt, 1989），而且「在11歲以上的美國人當中，有三分之一的人每年至少游泳、釣魚和划船一次，大約10%到20%的人划獨木舟或竹筏、滑水、獵水鳥或玩帆船」（Lime, cited in Pitt, 1989,）。在某一特定地點的水上娛樂類型可以顯示遊客的特性和公園管理者的需求。在河流上進行活動（例如划竹筏和賽艇）的團體通常比其他娛樂活動的團體人數更多（Lime, 1986）。滑水等耗費體力的活動在年輕人之間較流行，較不活躍的活動（例如釣魚）適合年齡較大的人。海灘永遠是最受青少年歡迎的（Field & Martinson, 1986; Hecock, 1970; Kelly. 1980; McDonough & Field, 1979; Pitt, 1989）。

在都市中開發自然地區的重要性不應被忽略，因爲這是大多數人的主要休閒地區。除了娛樂之外，開發「都市中的森林」還有許多優點。它們可以改善空氣品質、調節溫度、降低噪音水準、控制磨損，並且增進都市居民的主觀感受和經驗（Grey & Deneke, 1986; Schroeder, 1989）。都市森林的遊客通常來自附近地區（其中一半的人所花費的往返時間在10分鐘以內），而且只停留短暫的時間（53%的人停留1小時以下）（Young & Flowers, in Schroeder, 1989）。可以促進長距離景觀和包含水景和開放草

地的公園，被認為是較安全和吸引人的。濃密的樹木、塗鴉和垃圾使公園顯得較危險（Schroeder & Anderson, 1984）；尤其是對都市中的非洲裔美國人來說（Kaplan & Talbot, 1988）。

事實上，有些研究顯示非洲裔美國人偏好有較多人為影響之跡象的娛樂環境；整體而言，他們對自然和戶外的興趣較低（Kellert, 1984; O'Leary & Benjamin, in Schroeder, 1989; Pitt, 1989; Schroeder, 1989; Spotts & Stynes, 1984）。然而我們還不清楚，這一點是出於種族或者對自然環境的熟悉度（Kellert, 1984; Schroeder, 1983）。

## 專有名詞解釋

態度（Attitude） 對人、事物或議題的持續性一般評估。

雙極形容詞（Bipolar Adjectives） 一組彼此意義相反的形容詞。

凝聚性（Coherence） 在卡普蘭的偏好架構中，凝聚性意指景色聚集為整體的程度。

對照特性（Collative Properties） 環境或風景的一般結構特徵，它不依靠任何特定的物理特徵所決定。

複雜性（Complexity） 在卡普蘭的偏好架構中，複雜性反映出風景中元素的數目和種類。

對比（Contrast） 在風景元素間的形狀、顏色或質地的顯著差異。

輻輳（Convergence） 在風景中，兩條以上的直線所匯合的點。

框視（Enframement） 風景是否提供自身「畫框」的程度。

綠色經驗（The Green Experience） 瑞秋·卡普蘭（1978） 用來描述與自然環境之遭遇的名詞。

綠色監牢（Greenlock） 形容國家公園和野外地區過於擁擠，尤其是汽車的壅塞。

識別性（Legibility） 在卡普蘭的偏好架構中，識別性是指環境易於了解的程度。

神祕性（Mystery）　在卡普蘭的偏好架構中，神祕性表示風景中包含多於此刻可見到的訊息。

新柏拉圖主義（Neoplatoism）　基於柏拉圖（西元前427至347年）的學說所建立的哲學。它的信條之一是，個人不可能依靠感官和對自然世界的實徵觀察來認識真理或了解實在。

非純粹主義者（Nonpurist）　相對而言不受野外地區之人類侵入記號所干擾的人。

主觀環境品質指標（Perceived Environmental Quality Index，簡稱PEQI）　對環境之主觀評量的量化指標。

偏好架構（The Preference Framework）　史帝芬‧卡普蘭和瑞秋‧卡普蘭（1975, 1977, 1982）所發展出的風景偏好模型。

眺望（Prospect）　艾普頓（1975, 1984）所發展的概念，意指個人可以清晰、不受干擾地觀賞風景。

純粹主義者（Purist）　很容易因為野外地區之人類侵入記號而受到干擾的人。

娛樂負載容量（Recreational Carring Capacity）　在環境受到負面影響之前，娛樂區所能招待的人數。

避難（Refuge）　艾普頓（1975, 1984）所發展的概念，意指景觀似乎可以提供安全的藏匿處。

語意差別法（Semantic Differential）　包含雙極形容詞的態度測量技術。

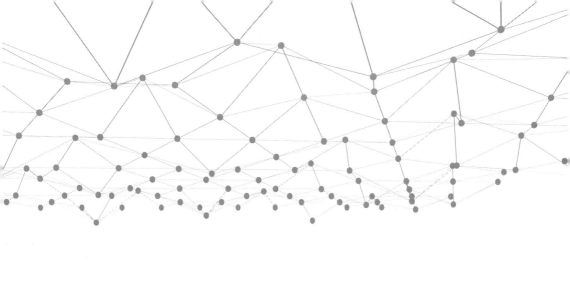

◆ 第十二章

# 環境問題及行為對策

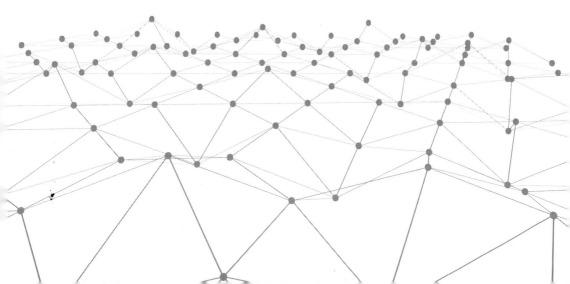

## 本章摘要

環境汙染和地球資源枯竭是未來十年中最迫切的問題。環境心理學家正在研究可以改變環境破壞行為的方法。到目前為止發現，似乎只靠教育是沒有用的，提示也只在有限的情況下能夠發揮效果，以強化為基礎的行為塑造比較成功，但在實施時可能很昂貴又難以執行。

目前進展在於對環境美觀問題的了解，例如亂丟垃圾和惡意破壞。汙染和資源管理的問題更加複雜，因為它們牽涉到其他的經濟和社會因素。雖然如此，空氣和水汙染以及資源枯竭的問題正嚴重地威脅著人類和地球的健康，必須盡快地處理。

抑制空氣汙染的努力集中於汽車排氣和工業廢料所造成的都市空氣汙染。有關能源問題的研究集中於個人層次的行為，例如回收和節約能源。

1970年春季時，我只不過是一個高中生。那時候，人們逐漸開始察覺汙染問題，而且自然資源的有限性也愈來愈明顯。為了喚起人們重視這些問題，「地球日」宣言凝聚了群眾對環境價值的支持，也帶來生活型態的改變，最終導致對能源和資源的保存和汙染的減少。我清晰地記得，我的同學從當地的殯儀館中借來一具棺材，把假人模型放在裡面，用地球當作它的頭。我們將棺材展示於學校大廳中，以戲劇方式呈現地球的困境。許多國家的學生和民間團體都參與了類似的教育和保存活動（見圖12-1）。

當時我們希望，這一天能夠成為環境意識之新紀元的開始，新的「土地倫理」（請參考第十一章的內容）即將產生。

不幸的是，往後數年的政治和經濟風暴（越戰、水門事件和經濟蕭條）使環境不再為人們所注意，地球日很快地就成為記憶。然而，在20年後，環境再度成為頭條新聞：大規模的原油外洩、核能意外、化學廢料造成的疾病和死亡以及臭氧層破裂都是令人無法忽略的事件。紐約市的垃圾船由一個國家駛向另一個國家，尋找一個能棄置貨物的地方。幾乎每個地

圖12-1　1970年的地球日

區都面臨「土地爆滿」的危機，所以沒有任何地方可以放置廢物。

　　環境清潔和保護是1988年美國總統大選的主要話題之一，美國人認為環境問題是他們最關切的事。從電視指南到美國新聞及世界報導等大眾化雜誌都以環境作為1990年代的話題。1990年的地球日以更誇張的手法促使新一代的行動者注意下一世紀的環境戰爭。地球日當天有40個國家的兩億人參與活動（Cahn & Cahn, 1990）。在美國的活動包括亞利桑那州的植樹和華盛頓州國家動物園中，大象踩扁鋁罐以推廣回收。只有時間能告訴我們：1990年的地球日是否成功地開啓新的環境運動，但是已有一些令人鼓舞的徵兆：在紐約市和華盛頓特區共有875,000人參加慶祝地球日的活動，卻只留下161.3噸的垃圾（U.S. News and World Report, December 31, 1990-January 7, 1991）。但是時間本身也是陷入危機的資源。洛喬伊

（Thomas Lovejoy）（quoted by Miller, 1990）相信：「1990年的環境戰爭可能成功，也可能失敗，但是到下一世紀可能一切都太遲了。」環境心理學家不論在個人或是專業立場上都希望處理環境問題。所有環境資源都以令人警覺的速率消失，2030年的人口水準將會達到地球的最大負載容量（Stern & Oskamp, 1987）。

　　環境危機不是我們這個時代所特有的。古老文明曾廣泛地變更自然環境，而且過於依賴農業（例如美索不達米亞文化和中美洲的馬雅人），最後使他們的生態系統令人類無法再忍受（Ponting, 1990）。當時和現在最重要的差別在於早期的危機大多是區域和地方性的，目前的危機則是全球性的，而且大多數環境問題比表面上看來更複雜。例如，許多人相信免洗尿布對環境有害，因為它不像傳統尿布可以再循環利用，而且又占據可貴的空間。雖然免洗尿布的確占用大量空間，但科學新聞（Science News, 1990）指出，製造免洗尿布所需要的能量和水只有傳統尿布的一半，而且所產生的空氣汙染也只有一半，水汙染則只有七分之一。因此，環境問題中的「正確」決定未必很明顯。

　　另一個困難是：一般人通常認為環境問題是工程師、物理學家和其他「硬式科學」的實務工作者能夠處理的工程或技術挑戰。然而，環境危機的核心其實是適應行為的危機（Maloney & Ward, 1973）。儘管如此，在尋找解決方案時，我們經常忽略了環境問題的社會、政治和心理根源，而且堅決地反對聯邦政府和州政府以社會科學的技術來處理環境問題（Stern & Oskamp, 1987）。至少其中一個環境問題的政治和社會層面相當明顯，那就是戰爭產品。關於戰爭和自然環境之間關係的進一步內容請參考下面的專欄。

### 戰爭與環境

　　戰爭，或者即使是備戰，也會對環境造成威脅。伴隨著與戰爭相關的活動而產生的環境毀損本身就是對自然安全的威脅（Deudney, 1991）。這並不是最近才發生的事，從人類有歷史開始，環境就一直是戰爭的一部分。爭奪自然資源及開採礦藏、使用水源的權利是許多衝突的催化因素，這些資源在戰爭期間也是重要的戰略目標（Gleick, 1991; Roberts, 1991）。在歷史上，環境也經常被當

圖12-2　在波斯灣戰爭之後，科威特油井發生大火。

作武器。在西元前146年，羅馬人用鹽毀壞迦太基人的田地。成吉思汗破壞了美索不達米亞的灌溉系統。中世紀的歐洲陸軍使用病死的動物屍體在水源中下毒（Mathews, 1991）。美國在越戰期間也大量使用有毒的除草劑。

　　從古到今，唯一不同的只有戰爭中環境危害的規模。在1991年波斯灣戰爭中，美國威脅要截斷流入伊拉克的幼發拉底河，雖然最後並未實現，但是伊拉克人卻在戰爭期間恣意破壞環境。溢出的原油面積達到600平方英哩，而且汙染了300英哩長的海岸線，這是有史以來最大的漏油事件（Canby, 1991）。雖然有些漏油來自輸送管線和貯藏設備，但是大部分都是故意被倒入海洋中的。伊拉克人也在數百座科威特油井中放火（見圖12-2）。每天所燃燒的原油有五百萬桶，它們釋放出五十萬噸以上的空氣汙染物到大氣層中（Canby, 1991）。這些汙染物包括毒氣、煤灰、一氧化碳、二氧化氮和二氧化硫（Roberts, 1991）。浮油、大火和戰爭期間使用炸藥所釋放的有毒金屬物質將會進入食物鏈中，對人類和動物造成無法估計的傷害（Canby, 1991）。

　　波斯灣地區的脆弱生態系統完全被毀滅了。野生動物，尤其是烏龜、海豚和海鳥，都成群地死亡；蝦群的數目減少到至少十年之內都不具有商業價值。有些專家相信，這一場浩劫的遺跡會在波斯灣生態系統中持續一百年之久。

在本章中，我將探討對環境問題的可能行為對策。其中包括美觀的問題，以及威脅地球上生物的健康和資源問題。首先，我將敘述試圖改變環境破壞行為的一些技術。

# ❖行為技術和環境問題❖

「**行為技術**」（Behavioral Technology）一詞意指影響重要的人類社會行為之科學、藝術、技能或工藝（Cone & Hayes, 1980）。行為技術之目的與環境的關聯在於增加環境保護行為，例如回收、清理垃圾和節約能源；並且減少環境破壞行為。這種技術又可分為三類：環境教育、提醒物和強化技術。

環境教育和提醒物的使用通常是所謂的**事前策略**（Antecedent Strategies），因為它們用於相關行為發生之前，其目的是促進或防止行為發生。**事後策略**（Consequence Strategies）──強化就是最普遍的例子──則是操弄行為結果，使目標行為導致愉快或不愉快事件（Russell & Snodgrass, 1987; Stern & Oskamp, 1987）。一般而言，研究結果顯示事後策略比事前策略更有效，而環境教育是效果最差的（Cone & Hayes, 1980）。我將簡短地說明每種取向的有效性，在本章後半段將介紹如何將它們應用於特定的環境問題。

## 環境教育

或許改變環境行為的最普遍方法就是透過教育活動。它們的形式通常是廣告看板或廣播電視中的廣告。許多為培養環境保護行為而設計的教育計畫都以小學生為對象。無論是不亂丟垃圾或節約能源活動都很受歡迎，因為它們不需要花費大量金錢，而且是同時向多數人推廣的最方便辦法。

這些計畫背後的理念是，訊息可以使人們察覺環境問題、改變態度，最終可以改變行為。

上述推論中最弱的一環是，有關環境的態度和實際行為之間的聯結非常薄弱，除非所測量的態度非常明確（Diamond & Loewy, 1991; Fishbein & Ajzen, 1983; Herberlein, 1971; Herberkein & Black, 1976; Robinson, 1976; Weigel, 1983; Weigel, Tognacci, & Vernon, 1974）。薩姆森和畢克（Samuelson & Biek, 1991）在德州進行了一項1,000人的節約能源態度調查。他們的結論是，在活動中必須強調消費者的舒適和健康、全國能源問題的合法性以及個人行為在節約能源時的角色，因為對特定因素的態度和實際的節約行為有關。關於節約能源的一般性問題並沒有太大的幫助。換句話說，人們口中說，要做的行為和實際行為可能極不相同。例如，畢克曼（1972）將垃圾丟在走道上，並且觀察經過之大學生的反應。99%的學生沒有將垃圾拾起，但是其中有94%的人同意下列敘述：「每個人都有責任拾起他所看見的垃圾。」除了態度和行為之間的關聯薄弱之外，可能還有其他原因使環境教育計畫未能成功，皮特和盧伯（1987）指出，訊息和教育計畫只能防止出於疏忽的垃圾和惡意破壞。這些計畫對於更具攻擊性或故意的行為完全沒有效果。夏姆和霍日爾（Schahm & Holzer, 1990）在一項以167位德國成年人為對象的研究中證實，環境知識和環境保護行為之間並無關聯。在他們的研究中，女性比較關心環境問題，而且較可能從事環境保護行為，但是男性對環境問題比較了解。

馬勒（Marler, 1971）的研究是探討反對垃圾的傳單對丟垃圾行為的影響。他認為教育計畫不成功的另一個原因是人們根本不去閱讀傳單或注意廣告。

雖然在某些例子中教育活動的確對環境行為有所影響（Sutton, 1976; Thompson & Stoutemeyer, 1991），但是大多數研究者對於只經由教育來改變環境破壞行為的前景感到悲觀（Clark, Hendee, & Burgess, 1972; Cone

& Hayes, 1980; O'Riordan, 1976）。儘管如此，費雪等人（Fisher, Bell, & Baum, 1984）認為，即使教育不能真正地改變行為，仍然可以強化適當的態度和行為。其他研究者也建議，將環境行為（例如丟垃圾和回收）明確地與道德連在一起，引發個人違反道德標準時的罪惡和羞恥感，可以使教育更有效（Grasmick, Bursik, & Kinsey, 1991; Hopper & Nielsen, 1991）。

## 提醒物：提示或線索的效果

使用提示或線索來提醒人們適合的環境行為，就像教育一樣是事前策略。這些提醒物在人們有機會行動之前便已出現，並且按照預期可以影響個人的行為。大多數提示是以書面的圖畫或文字訊息引發人們注意已經知道的事情：他們不該亂丟垃圾，或者離開房間時應該關燈。雖然研究結果並不一致，但在某些條件之下，提示可以有效地遏抑環境破壞行為（Geller, 1980; Geller, Winett, & Everett, 1982; Geller, Witmer, & Tuso, 1977）。許多研究的細節將在後面再討論。一般來說，有禮貌的提示和明確的提示（例如，「將垃圾丟在前門附近的垃圾桶裡」相對於「適當地處理垃圾」來說是較明確的），以及提供正面建議而非告訴人們不要做什麼的提示似乎最有效（Geller, Witmer, & Orebaugh, 1976; Reich & Robertson, 1979）。德本等人（Durban, Reeder, & Hecht, 1985）認為，提示之所以有效的原因是可以消除社會期許行為的不確定性。

有時，其他人的行為也可能是一種提示。賈森等人（Jason, Zolik, & Matese, 1979）發現，提供芝加哥的狗主人清掃狗糞便的工具並示範使用方法，可以減少當地狗糞便的數量，而且最後促成制定法律，要求狗主人在遛狗時必須攜帶鏟子。

# 應用行爲分析：酬賞和懲罰的效果

應用行爲分析（Applied Behavior Analysis）是最常使用的行爲科學技術，通常也用來解決環境問題（Geller, 1987）。它由極端的行爲主義者史基納（Skinner, 1938, 1958）所發明，屬於一種事後策略，也就是以酬賞和懲罰來改變環境行爲。因此，應用行爲分析在本質上是將操作條件化制約的原理，應用在眞實情境中的人類身上。

強化的概念是操作條件化制約的核心。強化刺激或強化物是跟隨在行爲之後，能增強行爲和增加其未來發生之可能性的刺激。你可能習慣於把食物、金錢、分數或其他實質的酬賞當作強化物，不過由字面上來看，任何可以增加目標行爲之頻率的事物都是強化物。

在行爲之後給予令人滿足的酬賞性刺激稱爲**正強化**（Positive Reinforcement）。正強化技術曾用來降低環境噪音水準（Meyers, Artz, & Craighead, 1976; Schmidt & Ulrich, 1969; Wilson & Hopkins, 1973），以及鼓勵共乘和使用大眾交通工具以降低交通擁擠和空氣汙染（Deslauriers & Everett, 1977; Everett, Hayward, & Meyers, 1974; Katzev & Bachman, 1982）。強化也可以使汽車乘客繫上安全帶（Geller, 1984; Geller, Kalsher, Rudd, & Lehman, 1989）。

如果在目標行爲出現之後，令人嫌惡、不愉快的刺激被除去，則稱爲**負強化**（Negative Reinforcement）。正強化表示給予愉快刺激，負強化則是除去不愉快刺激；在這兩種情況下，目標行爲都被增強。相反地，**懲罰**（Punishment）通常與負強化混淆，事實上它的效果卻是相反的。懲罰意指當個人做出目標行爲之後，給予嫌惡的不愉快刺激。懲罰的效果是減弱而非增強行爲，它會減少行爲再度發生的可能性。

以罰金來懲罰丟垃圾和空氣或水汙染等環境破壞行爲，是政府最常用來控制環境行爲的策略。然而，蓋勒（Geller, 1987）在檢討各種行爲改

變方法的有效性之後的結論是，正強化的效果比懲罰的策略更好，較能爲社會所接受，而且長期來說成本效率較佳。許多成功的計畫所處理的都是垃圾問題。與金錢誘因有關的酬賞，通常是金錢、彩券或是食物和飲料的兌換券（Bacon-Prue, Blount, Pickering, & Drabman, 1980; Chapman & Risley, 1974; Couch, Garber, & Karpus, 1979; Hayes, Johnson, & Cone, 1975; Kohlenberg & Phillips, 1973; McNees, Schnell, Gendrich, Thomas, & Beagle, 1979; Powers, Osborne, & Anderson, 1973）。

給予強化物的時間表是決定強化物之有效性的重要因素。雖然有許多種可能的時間表，但是最重要的區別在於**連續強化**（Continuous Reinforcement）和**間歇強化**（Intermittent Reinforcement）。在連續強化時，個人每次做出目標行爲時都得到強化；在間歇強化時，根據預定的時間表，只有部分反應得到酬賞。雖然兩種方法各有優點，但是間歇強化比較受歡迎，因爲它的花費較少，而且行爲不容易消弱。如果個人先前接受連續強化，則強化物除去後，行爲很快就回復到自然發生的頻率。不過，在間歇強化的情況下，行爲回到先前水準的時間較久。

爲了控制相關的環境行爲，可以使用多種不同的間歇強化時間表（Geller, 1987; Hayes & Cone, 1977）。其中之一是**不定個人比率**（Variable Person Ratio，簡稱VPR）。在使用VPR時，每當一群人當中出現了大約一定數目的反應之後，便給予其中一人正強化。例如，如果人們因爲交出裝滿垃圾的垃圾袋可以得到酬賞，則平均每5個人將袋子交回回收中心時，就給予其中一個人酬賞。大團體的強化所使用的強化時間表與用在個人身上的傳統時間表不同。其他鼓勵環境保護行爲的時間表包括**固定個人比率**（Fixed Person Ratio，簡稱FPR）、**不定個人間距**（Variable Person Interval，簡稱VPI）和**固定個人間距**（Fixed Person Interval，簡稱FPI）。在間距時間表中，維持時間表的關鍵變項是上次強化之後所經過的時間，而非反應的次數。例如，如果利用VPI來控制撿拾垃圾的行爲，則必須平

均每小時給予數次酬賞，無論上次強化之後有多少人交回垃圾袋。

　　無論何時使用強化來控制行為，關鍵在於實施者要知道強化物是否有效果。雖然沒有確實的方法來決定強化物的有效性，但有數種技術可以增加對其效用的信心。為了確定強化物的有效性，研究者必須考慮對情境的控制；目標行為必須清楚地加以定義；而且必須明確地確立行為的自然發生頻率（即基準線〔Baseline〕）。為了得到有意義的結論，穩定的基準線是很重要的。任意波動的基準線或者持續增加或減少的趨勢中，很難看出由強化物所導致的改變。只要確立穩定的基準線，就可以使用某種程序來評估強化物。其中一種程序稱為**撤銷設計**（Withdrawl Design）：首先引入強化物，然後將它撤銷，看看行為是否回到基準線，然後再引入和再撤銷。如果行為一致地隨著強化物的出現或消失而改變，則可以合理地假定強化物造成改變。例如，假定市政府的衛生部門想要鼓勵居民將垃圾分為可回收和不可回收的項目，他們提供的酬賞是免費的高爾夫球課程或游泳池門票。為了解這種做法的效果，必須決定平時垃圾分類人數的基準比率。在確立可接受的基準線之後，接著就開始強化計畫。衛生人員會在蒐集日將酬賞交給做垃圾分類的居民；他們在三個星期中測量將垃圾分類的人數。在三星期的強化之後，接著三星期撤銷強化物，看看垃圾分類的頻率是否回到平常水準。如果情況確實如此，則強化和撤銷再度進行各三星期。假如垃圾分類的人數隨著免費門票的出現和消失而波動，那麼就可以說發現了有效的強化物。若是並未出現上述關係，則必須尋找其他的強化物。

　　有時候，撤銷可能有效的強化物會造成實用或倫理問題。此時研究者應避免除去強化物的風險，而使用**多重基準線程序**（Multiple Baseline Procedure）來評估強化物的有效性。在應用這種程序時，是以一系列目標行為來檢驗強化物。例如，若是市政府不想冒險讓居民回復到先前的不分類行為，則需以免費門票來鼓勵其他行為，例如節約能源、共乘或撿拾公

園中的垃圾。如果再度引入強化物也造成目標行為頻率的變化，則對於特定強化物的效能就更有信心。有些研究者批評這些技術無法概化到其他情境中（Kiesler, 1971），但是如果它能在特定情境中發揮作用，就不是很嚴重的問題。

# ❖環境美觀的問題❖

　　許多目前的環境已經非常明顯；它們最明顯的特徵就是醜陋。在都市中蔓延發展的人口構成一幅毀滅的景象，自然環境也加緊腳步追趕。老舊市區的敗壞毀掉了所有倖存的美感。垃圾和惡意破壞所造成的景觀汙染是可以避免的問題，但是政府直到最近才開始關心美觀。在美國建國之後的最初幾百年，土地管理的目的只是為了要促進公有土地的開發（Pitt & Zube, 1987）。國家公園到1916年才成立，而且在二十世紀之後才通過以保護和節約為目的之法律。經濟發展和環境保護之間的緊張是當代最棘手的問題之一：土地利用和資源開發的問題超過了審美性。例如，伐木不只會破壞景觀，而且會毀損表土、汙染河流，導致全世界的溫暖氣候。稍後將討論資源和健康問題。接下來，我們的焦點是垃圾和惡意破壞所造成的美觀問題。

## 垃圾

　　一個美國人每年要製造1噸的固體廢棄物（Forester, 1988）；這些東西最後大多數成為垃圾。垃圾不只難看，還會危害動物和人類的健康，每年的清理費用也是龐大的數目。造成這個問題的原因有許多種。或許最可能促使人們亂丟垃圾的原因是其他垃圾的出現。人們在髒亂的地方似乎比較不抑制亂丟垃圾的行為，許多研究也肯定「垃圾招來垃圾」（Finnie,

1973; Geller, Witmer, & Tuso, 1977; Iso-Ahola & Niblock, 1981; Krauss, Freedman, & Whitcup, 1978; Reiter & Samuel, 1980; Robinson & Frisch, 1975）。唯一的例外發生在戶外娛樂區（例如露營地），在那裡的人較可能撿拾別人留下的垃圾（Crump, Nunes, & Crossman, 1977; Geller, Winett, & Everett, 1982）。

　　一個人是否亂丟垃圾與人口變項也有關係。丟垃圾的年輕人多於老年人，男性多於女性，住在鄉村的人多於城市居民，而且單獨一人多於團體中的人（Cialdini, Reno, & Kallgren, 1990; Osborne & Powers, 1980; Robinson, 1976）。希伯連（Heberlein, 1971）觀察到丟垃圾和參與不同娛樂行為之間的關係。他發現，對於反對丟垃圾的訊息反應較強的，是從事賞鳥、自然散步和划獨木舟的人，在他所研究的團體中也是最不可能丟垃圾的。相反地，打獵、釣魚、露營、駕汽艇和滑水的人經常丟垃圾。打高爾夫球、野餐和開車觀光的人介於上述兩者之間。

　　前面曾經提到，單靠教育計畫無法有效地減少丟垃圾或增加清理垃圾的可能性。儘管如此，蓋勒等人並未放棄以事前策略來預防丟垃圾；他們的研究顯示，利用提示可能比教育更能有效地減少垃圾（Geller, 1975; Geller, Witmer, & Orebaugh, 1976; Geller, Witmer, & Tuso, 1977; Tuso & Geller, 1976）。蓋勒等人（1982）也探討使提示最有效的情境。整體來說，特定的反對丟垃圾提示比一般的提示更好；如果個人可以輕易地將垃圾丟在垃圾桶裡，在提示後可以很快地做到，而且使用有禮貌的言辭時比較有效。研究者也指出，肯定敘述（請幫忙！）比否定敘述（請勿亂丟垃圾！）更有效（Durdan, Reeder, & Hecht, 1985; Reich & Robertson, 1979）。垃圾桶的存在也可以作為提示，增加垃圾桶的數目有助於減少亂丟垃圾的情形，但是在清潔的地區比較有效（Finnie, 1973; O'Neill, Blanck, & Joyner, 1980）。

　　研究者曾發明許多巧妙的技巧，用以探討提示對丟垃圾行為的影響。

貝爾茲和海華德（Baltes & Hayward, 1976）以不知情的足球迷作爲受試者，研究足球場中丟垃圾的情形。每位球迷在進場時都拿到乾淨的塑膠袋。在研究中共有五種實驗狀況，每個實驗組位於球場中不同的位置。在其中一個狀況裡，塑膠袋中有一個號碼。如果球迷交回裝滿垃圾的塑膠袋，就有機會贏得獎品。另外兩組受試者拿到印有提示語的袋子。其中一個是肯定敘述：「請將垃圾投入袋中。你就是別人的榜樣。」另一組則是否定敘述：「請將垃圾投入袋中。不要亂丟垃圾，否則別人會討厭你。」第四組受試者拿到空白的袋子，控制組沒有得到袋子或任何指示。依變項是球賽結束後，各處遺留的垃圾重量。結果，拿到塑膠袋的四組之間並沒有差異，但他們比控制組遺留的垃圾顯著地較少，這表示提供處理垃圾的便利方法的確會減少丟垃圾的情形。

　　蓋勒等人（Geller, Witmer, & Orebaugh, 1976）曾進行一項有關提示效果的研究。在研究中，他們觀察雜貨店顧客丟垃圾的情形。受試者在進入維吉尼亞州的一個小鎮上的兩間雜貨店時，獲得一張宣傳當天特價品的傳單（見圖12-3）。有三個20加侖的垃圾桶放在店裡不同的位置。其中一個銀色垃圾桶放在顧客最先停留的走道前方，綠色的垃圾桶則放在橫跨商店後方的走道中央，第三個銀色垃圾桶放在距離結帳櫃枱不遠的最後一條走道上。在40個非週末的營業日中，兩位研究助理每天下午5點至7點站在門口分送傳單給進門的顧客。有時，傳單底下的特殊指示會用紅筆圈起來。這些指導語的性質就是獨變項。依變項是顧客丟棄傳單的地點。在實驗中共有五種狀況。控制組的傳單上沒有任何反對垃圾的提示。在其他狀況中，所使用的提示屬於下列四者之一：

一般提示：請不要亂丟垃圾。請丟在適當的地方。
特定提示：請不要亂丟垃圾。請丟在後方的綠色垃圾桶裡。
命令提示：不准亂丟垃圾。你必須丟在後方的綠色垃圾桶裡。

回收提示：請幫助我們回放。為了要回收，請丟在後方的綠色垃圾桶裡。

每天的提示都不相同，所以一週當中每一天都屬於不同的狀況。在最初40天過後的6個營業日當中，研究者又使用下列兩種避免提示：

特定提示：請不要丟在手推車裡。請丟在後方的綠垃圾桶裡。
一般提示：請不要丟在手推車裡。請丟在適當的地方。

在第7週，研究者純粹為了好玩，而在傳單上印著「請亂丟垃圾。請將它丟在地板上。」

其結果相當直接。在兩家雜貨店中，使用命令、特定和回收提示時，綠色垃圾桶中發現較多傳單。以避免提示來說，特定提示比一般提示更有效。而當提示中要求顧客把傳單丟在地上的時候，他們確實會這麼做！在這個研究中，一般提示確實可以減少丟垃圾的情形，但是要引導顧客丟到特定地點，則必須使用特定提示。

最難控制垃圾問題的環境就是電影院。在匿名、黑暗的電影院中，許多平日循規蹈矩的人覺得把東西丟在地板上是完全可以接受的。伯格斯等人（Burgess, Clark, & Hendee, 1971）研究週六兒童場時戲院中丟垃圾的情形，試圖找出解決方法。通常只有11%到24%的垃圾被丟在垃圾桶裡，其他都在地板上。伯格斯等人把垃圾袋發給兒童，並且告訴他們要使用垃圾袋，結果丟進垃圾桶的比例增加到31%。如果提供塑膠袋，同時在中場休息時發表聲明（將垃圾丟在垃圾袋中，並且在離開前將袋子丟進大廳中的垃圾桶裡）可以將比例升高到57%。如果告訴他們：把一袋垃圾帶到大廳中丟棄可以得到10分錢（不要忘記這是在1971年之前），則可以回收94%的垃圾。在所有狀況中都使用撤銷設計以證實結果是出於提示和誘因。將

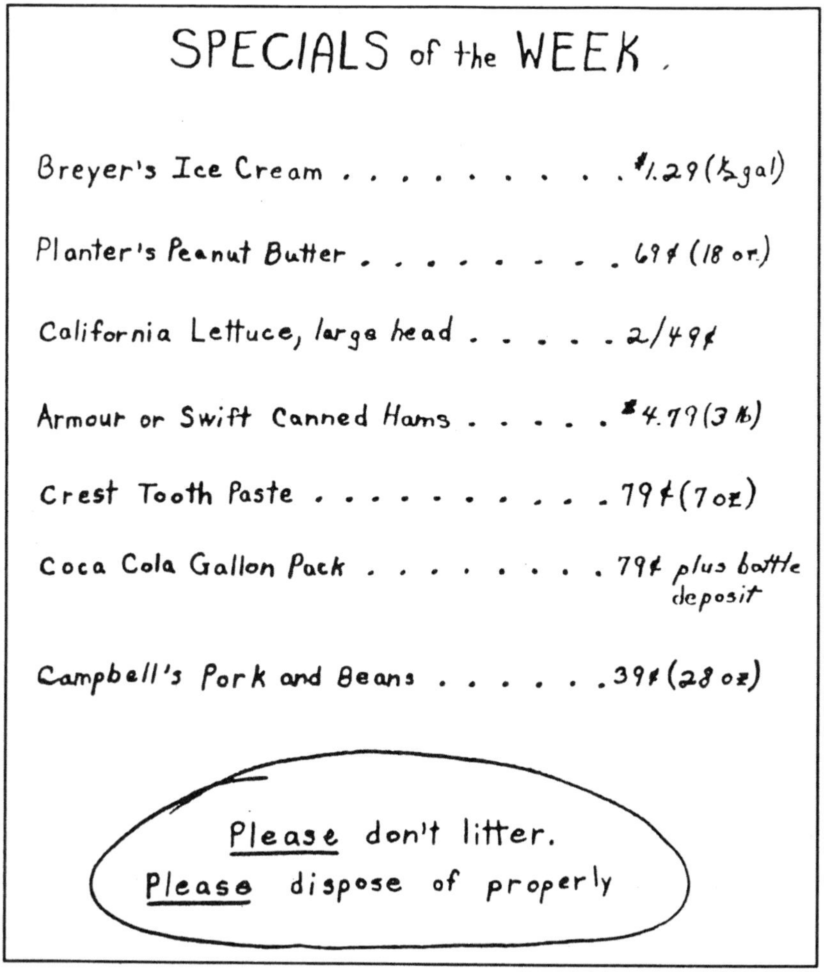

SPECIALS of the WEEK.

Breyer's Ice Cream . . . . . . . . . $1.29 (½gal)

Planter's Peanut Butter . . . . . . . 69¢ (18 oz)

California Lettuce, large head . . . . . 2/49¢

Armour or Swift Canned Hams . . . . . $4.79 (3 lb)

Crest Tooth Paste . . . . . . . . 79¢ (7oz)

Coca Cola Gallon Pack . . . . . . . 79¢ plus bottle deposit

Campbell's Pork and Beans . . . . . . 39¢ (28 oz)

Please don't litter.
Please dispose of properly

圖12-3　蓋勒等人（Geller, Witmer, & Orbaugh, 1976）在研究中所使用的傳單

垃圾桶的數目加倍或是以卡通人物為塑膠袋命名都沒有效果。但是，以一袋垃圾換取免費電影票，使清理垃圾的比例增到95%。其他在電影院中，以兒童和成人為對象的研究也得到相同的結果；酬賞可以奏效，喊口號和訓話則否（Lahart & Bailey, 1974; Zane, 1974, Both cited in Cone & Hayes, 1980）。

除了澄清社會規範之外（Cialdini, Reno, & Kallgren, 1990），提示之所以能發揮作用，有時候是因為它們能提醒人們做出符合自我形象的行為。米勒等人（Miller, Brickman, & Bolen, 1975）發現，如果兒童認為自己是整齊清潔的，則較少丟垃圾。

提示較能促使人們處理自己的垃圾而非清理別人的垃圾（Geller, 1976; Geller, Brasted, & Mann, 1980）；在前面的實驗中，提示和強化物合併使用時特別有效（Byers & Cone, 1976; Kohlenberg & Phillips, 1973）。吸引人接近和使用的垃圾桶可以增加提示的有效性。具吸引力、色彩鮮明的垃圾桶可以減少附近的垃圾，會「說話」、造型類似動物或其他新奇的垃圾桶也能吸引人前去丟垃圾（Finnie, 1973; Miller, Albert, Bostick, & Geller, 1976; O'Neill, Blanck, & Joyner, 1980; Silver, 1974）。

適當地利用強化物也能得到很好的效果（Clark, Hendee, & Burgess, 1972; Geller, Winett, & Everett, 1982）。不過，大多數研究都是短期的，很少持續數個月以上，而且有時會產生無法預見的副作用，例如有人把垃圾移往他處而非清理乾淨（Stern & Oskamp, 1987）。儘管如此，有些強化的結果卻令人印象深刻。有一種較成功的實驗技術是項目標示技術（Item-Marking Technique），也就是將「標示」的垃圾放在髒亂的地方。將標示的垃圾和其他垃圾一起帶回來的人可以獲得酬賞（Bacon-Prue et al., Hayes, Johnson, & Cone, 1975）。

在美國的一個森林遊樂區當中，撿拾垃圾的人有機會得到20美元的獎金（Powers, Osborne, & Anderson, 1973）；在國家公園中給予兒童清理垃圾的酬賞也有很好的效果（Clark, Burgess, & Hendee, 1972）。凱西和洛伊德（Casey & Lloyd, 1977）發現，允許清理垃圾的兒童免費在公園裡騎馬，事實上比雇用工人清理公園更划算。他們的結論是，例行清潔程序的花費要多出兩倍到一倍半。同樣地，查普曼和瑞斯雷（Chapman & Risley, 1974）發現，以金錢酬賞兒童可以減少國宅附近的垃圾，但是只發生在持

續酬賞的期間。它不能改變長期行為，而且僅有口頭請求是沒有效果的。

　　雖然強化計畫可能花費較長的時間，但卻相當值得。這些計畫在露營地和戶外娛樂區中已日漸普及。

## 惡意破壞

　　惡意破壞是相當麻煩的環境問題，因為它看來似乎既沒道理又無必要，但仍然非常普遍。在1976年，美國每年由於惡意破壞所花費的費用約為十億到四十億美元，而且金額每年都在增加（Fisher, Bell, & Baum, 1984）。通常惡意破壞與環境本身並沒有關聯。它大部分由涉入者的心理和社會脈絡所決定（Christensen & Clark, 1978）。惡意破壞可能是對環境發揮控制力的方式，並且也是環境和使用者之間配合不當的癥兆（Allen & Greenburger, 1980; Warzecha, Fisher, & Baron, 1988）。費雪和拜朗（1982）提出惡意破壞的理論模型。他們認為，當人們覺得自己遭受不公平待遇，而且無法以其他方式恢復公平時就會惡意破壞。許多學者也指出，惡意破壞通常是其他行為的副作用，例如遊戲、領域行為或財務利益，而非為了自身的目的（Cohen, 1973; Miller, 1976; Pitt & Zube, 1987; Sokol, 1976; Williams, 1976）。通常，被破壞的物體或場所是達到其他目的的手段。

　　有些環境特徵可能影響它們被破壞的可能性。在前面的章節中，我們曾討論過「可防禦空間」，惡意破壞最可能發生在顯然沒有人控制的地方。醜陋、無趣的地方比吸引人的地方更有可能被破壞（Pablant & Baxter, 1975），破壞某些物品可能帶來更大的樂趣（Allen & Greenburger, 1980; Greenburger & Allen, 1980）。就像垃圾一樣，充滿塗鴉和其他損害的地方似乎在邀請其他人繼續破壞（Sharpe, 1976）。惡意破壞在城市中比較普遍（Zimbardo, 1969）。

關於防止惡意破壞的研究很少。有些研究的確指出，改善照明
（Einolander, 1976）和改進可見性及監督性的環境設計都有所幫助
（Magill, 1976）。馬吉爾（Magill）也建議設計一些增進使用者之行為的
地方。薩達爾和克里斯坦森（Samdahl & Christensen, 1985）研究華盛頓州
三個露營區當中190張野餐桌上的刻痕。他們的發現與預期相符，也就是
桌上原有的刻痕鼓勵更多人雕刻。他們也發現，有偉人畫像的露營區多少
可以減少刻痕。

# ❖與健康有關的環境問題❖

不幸的是，我們的環境問題不只涉及美觀。各種汙染所造成的環境危
害可能產生有致命效果的副作用。

噪音是都市居民經常抱怨的問題（Cohen et al., 1981）。根據估
計，每年有30萬以上的美國人因為噪音而遭受聽力損失（Environmental
Protection Agency, 1972）；企業和社區調查也顯示，長期暴露於噪音與性
功能、焦慮和核子輻射問題都有關。噪音的行為和健康影響先前已經討論
過。在此，我們的重點是空氣和水汙染的威脅。

空氣和水的汙染是人類行為直接造成的後果，河流、湖泊和海洋被
含有殺蟲劑的雨水、汙水，工業廢水、漏油和傾倒的垃圾所汙染。曾有整
個社區因為有毒廢水的滲流而被破壞（Edelstein, 1988）。田納西大學的
經濟學家於1991年進行一項研究。他們估計，在未來30年當中，清除美國
各種有毒廢料的費用將超過一兆美元。空氣和水中的輻射及致癌因子的傷
害是我們剛開始知曉的。根據米勒（1990）的說法，每三個美國人當中就
有一人會罹患癌症，每66秒鐘就有一個美國人死於癌症。世界衛生組織指
出，80%到90%的癌症可以追溯到環境因素。

環境汙染對健康的影響可以分為短期或長期。汙染的**短期效果**

（Acute Effects of Pollution）很快就出現，其症狀從頭痛、發疹和易怒、到痙攣和死亡。**長期效果**（Chronic Effects of Pollution）出現得較晚，通常相當嚴重。癌症、心肺疾病、基因缺陷和神經系統疾病都是長期效果。許多接觸除草劑的越戰病人所經歷的健康問題就是典型的例子。

到目前為止，我們對空氣汙染的了解比水汙染更多。空氣汙染影響了大多數美國人，其健康損失超過數億元（Evans & Jacobs, 1981）。儘管沒有確定的數據，但一般人都相信世界上其他地方的情況更糟。空氣汙染源有數百種，包括一氧化碳等氣體、懸浮塵、煤灰，石綿、鉛和許多輻射物質。當然，這些汙染源的影響也各不相同。呼吸問題是最常見的，但心臟血管問題也和空氣汙染有關（Coffin & Stokinger, 1977; Goldsmith & Friberg, 1977; Lebowitz, Cassell, & McCarrol, 1972; Sterling, Phair, Pollack, Schumsky & DeGroot, 1966; Zeidberg, Prindle, & Landau, 1964）。在美國，每年至少有140,000人的死亡可以歸咎於空氣汙染（Mendelsohn & Orcutt, 1979）。即使低度的空氣汙染也對心情、反應時間和注意力的集中有負面影響（Bullinger, 1989）。伊凡斯和賈可布斯（1981）回顧有關空氣汙染對健康之影響的文獻，並且下結論說：雖然空氣汙染和健康不佳之間的關聯是無法否認的，但是環境心理學家卻無法確定汙染源就是造成疾病的原因。

空氣汙染也會影響工作和社會行為。在中西市進行兩年的研究顯示，煙霧濃度較高和家庭糾紛事件的增加有關（Rotton & Frey, 1985）。實驗室研究已經證實，臭味會使人對周遭環境和其他在場者的感受更趨於負面（Rotton, Frey, Barry, Millgram, & Fitzpatrick, 1979）。相反地，令人喜愛的氣味可以增進實驗室中文書作業的表現，並且推動人們設定更高的表現目標（Baron, 1990）。

**一氧化碳**（Carbon Monoxide）是汽車排氣的主要成分，它也和注意力及學習能力的降低有關（Evans & Jacobs, 1981; National Academy of

Sciences, 1977）。其他因為一氧化碳而受損的能力包括時間判斷、反應時間、手的靈巧度和警覺性（Beard & Grandstaff, 1970; Beard & Wertheim, 1967; Breisacher, 1971; Gliner, Raven, Horvath, Drinkwater, & Sutton, 1975）。在英格蘭進行的研究顯示，如果讓受試者呼吸由交通繁忙的公路上方15英吋處所蒐集的空氣，則對其作業表現有負面影響，空氣汙染也與高中越野賽跑選手的速度減慢有關（Evans & Jacobs, 1981; Wayne, Wehrle, & Carroll, 1967）。

另一個嚴重的問題是使用**氟氯碳化物**（Chlorofluorocarbons，簡稱CFCs）所造成的臭氧層破裂。CFCs是冷氣和冰箱的冷媒和噴霧器的推進劑（這在美國是被禁止的，但其他國家則否）。它們也用於聚苯乙烯和聚氯乙烯塑膠的製造。當CFCs擴散到大氣中，並且接觸紫外線輻射之後，會加速臭氧分解為氧的歷程。美國航空暨太空總署（NASA）在1988年所公布的報告顯示，全世界臭氧層的消耗大約是5%。這種情形最終會導致皮膚和眼睛的癌症、白內障、免疫系統障礙、煙霧以及農作物和水生植物的損害。到目前為止，可偵測到的最大臭氧層破洞在南極大陸上空，因為當地獨特的氣候條件，造成冷空氣漩渦捕捉大氣中的臭氧。最近有一位南極探險隊的領隊將它比喻為「一天二十四小時不間斷的巨大紫外線燈泡」。探險隊隊員必須將身體表面完全覆蓋。有一位一時疏忽，曝曬了數小時，結果他被嚴重地灼傷，而且嘔吐數天（Gorner, 1990）。

臭氧層破裂也造成**溫室效應**（Greenhouse Effect）。溫室效應會因為大量使用石油，以及大氣中二氧化碳的增加而更加惡化。二氧化碳不只會捕捉熱能，也造成全世界溫度上升。目前所知南北兩極冰帽區的融化速度已經到達令人警覺的地步（Brownstein & Easton, 1982）。如果溫室效應持續，則地球的氣候將會大幅度地改變；海岸會被洪水淹沒，而且出現廣大的沙漠。

空氣汙染不只出現在戶外。現在人們也開始逐漸關心在室內所呼吸

的空氣品質。這種關切的必然結果就是公共場所中吸菸者和非吸菸者的權益之爭。現有證據不斷指出，二手菸對健康的威脅相當嚴重（Baron & Byrne, 1987）。研究結果壓倒性地顯示，非吸菸者對香菸的情緒和行為反應都是負面的。當非吸菸者與吸菸者靠得很近的時候，他們覺得易怒、焦慮、具攻擊性和疲倦（Jones, 1978）。坐在公共長凳上的人如果發現吸菸者侵入其個人空間，則比較可能會離開，而且離開的速度較快（Bleda & Bleda, 1978）。非吸菸者被迫與吸菸者互動時有較負面的感受，即使吸菸者試圖表現得有禮貌。這些互動通常導致沮喪和敵意（Bleda & Sandman, 1977; Zillman, Baron, & Tamborini, 1981）。吸菸者主張，他們有抽菸的權利；非吸菸者也認為他們有免於暴露在香菸當中的權利。就這一點來說，室內的空氣汙染問題似乎比傳統的空氣汙染問題更難解決。

　　基於全世界所面臨的危機，可能有人會懷疑：為什麼我們扭轉危機的速度如此緩慢？這並非因為知識不足的緣故。米勒（1990）曾舉出目前已採取的步驟。空氣汙染可以說是一個詭詐的難題。因為人們可能習以為常，過了一段時間後就不再察覺（Evans, Jacobs, & Frager, 1982）。梭摩（1972）指出，人們最可能察覺剛發生的空氣汙染──當他們搬到新的地方或汙染程度突然增加的時候。即使如此，除非人們可以看到或聞到汙染，或是汙染已導致危險時，他們才會察覺（Barker, 1976）。最近的蓋洛普民意調查顯示，每三個美國人當中就有兩個人認為汙染是嚴重的威脅（U.S. News and World Report, April 23, 1990），但是很少有人主動抱怨空氣汙染或是把它當做一個問題，除非有人特別詢問這一點（Barker, 1976; Heimstra & McFarling, 1978）。人們也相信他們目前所在的地理區域比附近的汙染情形更輕微，尤其是當他們很少旅行而把自己的狀況視為正常的時候（DeGroot, 1967; Rankin, 1969; Swan, 1970）。

圖12-4 雖然空氣汙染嚴重地危害健康,但人們習以為常,過了一段時間便不再察覺

　　由於汽車占都市中空氣汙染的50%,所以測量某地的汽車集中程度便可以大略估計空氣汙染的程度(Hummel, Loomis, & Hebert, inBell et al., 1990);這是研究者用來向社區居民警示空氣汙染問題的方法。不幸的是,大眾的關切通常並不會造成政治活動或解決空氣汙染問題的作為(Sharma, Kivlin, & Fliegel, 1975)。人們通常覺得無能為力,只好認命地接受它(Campbell, 1983; Wohlwill, 1974)。更糟的是,人們經常不願意以法律來改變造成空氣和水汙染的行為,而且抵制外界團體所描述的個人習慣(Mazis, 1975)。

# ❖資源問題：回收和節約❖

## 公有地的悲劇

滿足我們大部分需求的燃料（石油、煤炭和天然氣）正嚴重地短缺。如果繼續目前的趨勢，則水、樹木和金屬等資源未來也將逐漸匱乏。我們雖然已經了解，但卻很少因此而改變日常行為。為什麼人們有意地堅持這些自我毀滅的行為？

我們無法有效率地管理自然資源的原因可以追溯到哈定（Hardin, 1969）所謂的**公有地悲劇**（Tragedy of the Commons）。原本，公有地意指任何人都可以放牧牲畜而不必付費的公有土地。結果卻逐漸演變為，人們在公共土地上牧羊，而保留自己土地資源的趨勢。悲劇的產生是由於公有地的有限資源被只為自己利益打算的個人所利用。這種群體資源的消耗會危及資源的存續。上述例子正類似於我們目前所面臨的資源短缺問題。

個人和團體利益之間的衝突稱為**公有地兩難**（Commons Dilemma）（Dawes, 1973）。如果選擇眼前的利益而付出嚴重的長期代價，會使情形更加惡化，也就是（Platt, 1973）所說的**社會性陷阱**（Social Trap）。道威（Dawes, 1980）以更廣泛的**社會性兩難**（Social Dilemma）來涵蓋所有與資源有關的不適應行為。

許多探討人類面臨社會性兩難時之行為的實徵研究，都是在實驗室中利用模擬遊戲，來觀察人們如何管理公共資源（Edney, 1979; Mintz, 1951）。艾德尼（1979）的「堅果遊戲」就是一個很好的例子。在遊戲中，三位以上的受試者坐在淺的開口碗周圍，碗中有10個金屬做成的六角形堅果。每位遊戲者都要儘量取得較多堅果。遊戲者可以隨時由碗中取走堅果，而實驗者每隔10秒鐘會再加入與碗中剩餘數目相同的堅果。遊戲一直持續到時限結束或碗中空無一物為止。當然，最佳策略是表現出自

制——每次只拿一到兩個，然後逐漸累積儲存量。不過，艾德尼指出，大約65%的人甚至沒有等到實驗者再補充！通常他們貪心地搶奪，立刻就破壞了可以自行補充的資源。

根據艾德尼的看法，碗中的堅果象徵任何有限的資源庫（例如鯨魚或石油）。儘管人們都明白資源有限的事實，但在情境中的社會壓力會鼓動破壞資源的行為。這些研究證實，自利傾向隨著團體大小而增加（Dawes, 1980）；如果資源的價值愈高，合作管理就愈少（Bonacich, 1976; Kelley, Condry, Dahlke, & Hill, 1965）。但是處理公有物（Allison & Messick, 1985）和溝通（Cass & Edney, 1978）的經驗的確可以增加合作的情形。

接著，我將討論資源問題的可能對策。為了維持心理學的傳統，我將強調兩種個人層次的研究取向：回收和節約。

# 回收

個人可以對抗資源稀少的措施就是儘可能回收已使用的資源。資源再生的基本形式有兩種：再製和回收（Cone & Hayes, 1980; Geller, Winett, & Everett, 1982）。**再製**（Reclamation）意指以新方法使用舊產品。例如，舊汽車輪胎可以當作鋪路的材料、能源（比煤炭的效率更高30%），以及建築人工建築暗礁。**回收**（Recycling）意指回收和再利用物質，以供作原始用途。你最熟悉的可能是回收鋁罐和廢紙以製造新的鋁罐和再生紙。

回收的好處很明顯。美國每年單單處理固體廢物的費用就超過40億美元（Purcell, 1981）。康恩和海耶斯（Cone & Hayes, 1981）也指出，回收不只是要減少廢物，還會增加能源的儲存和減輕汙染。米勒（1990）曾描述鋁罐所造成的問題。每天，美國人要購買將近兩億罐啤酒或汽水。以1988年為例，其中56%的鋁罐都被回收。雖然這似乎令人振奮，但也表示有44%的鋁罐被丟棄——這比世界上大多數國家使用於所有用途的鋁罐更

多。如果把所有丟棄的鋁罐首尾相連，可以繞地球赤道164圈！紙類也有相似的問題。儘管有些國家回收了50%的廢紙，但在美國只有29%。以回收的廢紙來造紙比用木材更節省能量，可以減少造紙工廠60%到73%的空氣汙染，並且減少固體廢物和水汙染。

　　有關回收行為的研究比控制垃圾的研究更少（Stern & Oskamp, 1987）。環境心理學家才剛剛開始探討人們不回收的原因。由於個人對回收的態度與他們主動參與回收行為的可能性之間似乎並無關聯，所以問題變得更加複雜（Diamond & Loewy, 1991）。不幸的是，消費者的回收沒有任何金錢誘因，因為租稅結構和政府法令並不鼓勵回收。就連白宮也漠視哥倫比亞特區的紙類回收法（Atlas, 1990）。結果，回收的費用事實上比從頭製造紙和其他貨品的成本更高（Bidwell, 1977; Cone & Hayes, 1980; Miller, 1990）。回收的成本大部分在於將可回收的項目和其他廢物分開。現在有愈來愈多的社區強制執行回收物的區分，結果造成極有利的影響。

　　當然，使回收過程更便利會增加其頻率（Reid, Luyben, Rawers, & Bailey, 1976），而且在某種情況下，結帳櫃台上的提示也可以增加可回收瓶的購買量（Geller, Farris, & Post, 1973; Geller, Wylie, & Farris, 1971）。有些研究顯示，抽獎可以有效地增加紙類回收和清理垃圾的行為（Couch, Garber, & Karpus, 1978; Geller, Chaffee, & lngram, 1975; lngram & Geller, 1975; Witmer, 1976）。事實上，戴蒙德和洛威（Diamond & Loewy, 1991）發現，大學生比較可能回收玻璃和報紙去換取能中大獎的彩券而非小額現金。伯恩斯（Burns, 1991）的研究證實，如果在社區中指定某個人做「回收站負責人」（分發指導語和回收袋的人）比僅僅將指導語和回收袋放置在前門，更能夠回收更多資源。

　　或者能夠最有效地刺激回收的是1991年在大約12個州所實施的「押瓶費制度」。這些法律要求在該州所購買的飲料鋁罐或鋁瓶都要付押金，雖然飲料業者強烈反對，但是它的確發揮了作用。如果每個空罐可以退回5

分錢，則可以回收90%的瓶罐。這些法律為消費者節省費用、減少了65%到75%的垃圾、節省能源、減少鋁礦的開採，而且增加了當地的就業機會（Knapp, 1982; Levitt & Leventhal, 1984; Miller, 1990; Osborne & Powers, 1980）。

## 節約能源

我們的能源和汙染問題大多可以回溯到工業社會對能源永不滿足的胃口。雖然在近期之內，這種需求不太可能縮減，但是我們可以減緩它對地球資源的衝擊。蘇可羅（Socolow, 1978）估計，我們可以經由家庭中的技術改進和節約而減少50%的住宅能源。僅僅節約便可以節省大量的金錢，本身就可以當作一種能源（Stern & Oskamp, 1987）。但是史坦恩和歐斯坎普（Stern & Oskamp）也指出，家庭並非主要的能源使用者，所以也不應該是主要的能源節約者。重要的是，工商界和政府應該更積極地扮演節約能源的角色。

個人和團體的行為改變是社會因應能源危機的途徑之一（Oskamp, 1984），但是對抗節約能源之行為技術的阻力也很強（Winett, 1976）。許多人反對節約能源的原因是他們正是利用能源的製造和銷售來維生。

教育或有意的請求似乎對住宅的能源節約沒有任何真正的效果（Cone & Hayes, 1980; Geller, Winett, & Everett, 1982; Heberlein, 1975; Palmer, Lloyd, & Lloyd, 1978）。使用節約能源的提示只是稍微好一些，而且當提示相當明確，並且在時間和空間上都接近目標行為時最有效（Ester & Winett, 1982; Geller, Winett, & Everett, 1982）。將教育和示範及詳細回饋的計畫合併已經產生很好的效果（Winett, Hatcher, Fort, Leckliter, Love, Riley, & Fishback, 1982）。使個人公開承諾節約能源似乎比教育或提示更有效，而且和鄰居、同事談論節約能源問題也可以增加對家用能

源效率技術的接受程度（Becker, 1978; Darley, 1978; Leonard-Barton, 1980; Pallak, Cook, & Sullivan, 1980; Pallak & Cummings, 1976）。示範和鄰居參與節約能源的順從壓力也相當重要（Florin & Wandersman, 1983; Nielsen & Ellington, 1983）。

經濟因素可能是節約能源的最有效催化劑（Winkler & Winett, 1982）。如果人們經常被提醒：他們正在節省金錢和能源，則能源消耗量也會比較低。回饋是這種歷程中重要的一部分，而且如果以金錢而非能源單位來顯示時最有效（Kempton & Montgomery, 1982）。當家庭能源消耗超過某個水準時便呈現訊號，則可以有效地減少能源的使用，如果配合為達到特定節約目的之誘因會更有效（Kohlenberg, Phillips, & Proctor, 1976; Zarling & Lloyd, cited by Cone & Hayes, 1980）。貝克爾和希利曼（1978）提出一個住宅能源節約之回饋的例證。新澤西州的居民獲得一項裝置，每當室外的溫度降到某一點時，便點亮廚房裡的一個燈，如此一來可以將冷氣關掉並打開窗戶使屋內涼爽。這項簡單的裝置能夠節省大量的能源。

有些文獻回顧中摘要地列出使節約能源的回饋最有效果的條件（Cone & Hayes, 1980; Stern & Oskamp, 1987）。經常的回饋相當重要，因為它能具體地呈現消費者的行為和結果之間的關係。設定測量回饋的標準或目標也很重要，例如以過去的表現或未來的目標為參考。當家庭能源費用一開始就很高的時候，回饋的效果最好，因為這會促使消費者減少能源的消耗。

有些實驗計畫直接使用金錢來酬賞能源的節約。這種酬賞系統明顯地有效，但是所花費的成本多於所節省的能源（Geller, Winett, & Everett, 1982; Stern & Oskamp, 1987）。

到目前為止，我們只集中在家庭中的節約能源。不過，運輸占美國所消耗之燃料的30%到40%（Everett, cited by Cone & Hayes, 1980）；任何可以減少動力化旅行的事都可以節省能源。康蒙納（Commoner, 1972）指

出，大眾運輸工具在能源效率上是私人汽車的三到六倍。許多強化方案都嘗試鼓勵人們搭乘大眾運輸工具而不要自己開車。這些計畫通常提供少量金錢或代幣，可以免費搭乘公車或火車。雖然某些特定地區的計畫的確增加大眾運輸工具的使用，但是它們的整體效果有限（Deslauriers & Everett, 1977; Everett, Hayward, & Meyers, 1974）。美國人似乎很喜歡自己開車的控制感和便利性，所以寧願忍受額外的支出。另一種做法是以提供免過橋費、專用車道和減少運費等措施來鼓勵共乘。這些方案的成果也很有限，而且造成以假人當作乘客或者在公車站搶客等有趣的行為，這表示駕駛人既想要獲得酬賞，又不願放棄自己開車（Cone & Hayes, 1980）。

## 環境關懷和行動的個別差異

為什麼有些人會致力於環境保護，而有些人卻連稍微改變生活型態都不願意？在思考這個問題的答案時，必須區分表達對環境的關心和實際的行為（Manzo & Weinstein, 1987）。這兩者未必同時發生，即使是關心環境的人通常也會追求最簡便的行動（Black, Stern, & Elworth, 1985; Kantola, Syme, & Campbell, 1984; Olsen, 1981; Simmons, Talbot, & Kaplan, 1984-1985）。

最初的研究在於描繪出主動參與環境行為者的人口變項特徵。一般來說，表現環境關切的人傾向於年輕、女性、接受良好教育和居住在都市（Arbuthnot, 1977; Buttel & Flinn, 1974, 1978; Milbrath, 1984; Mohai & Twight, 1986）。然而，後來的研究卻獲得不一致的結果。現在的研究者認為，這些人口特徵只是資料蒐集的時代和方法學所產生的加工品（Samdahl & Robertson, 1989）。通常黑人較少表現出對環境的關懷和行動，但是對這一點有許多種可能的解釋（Kellert, 1984; Kreger, 1973; Mitchell, 1980）。許多黑人覺得和上等階級、從事專業工作的白人相當疏

遠，但後者通常是環境行動組織的主要成員（Taylor, 1989）。曼若和溫史坦（Manzo & Weinstein, 1987）嘗試找出山脈俱樂部（一個國際保護組織）中積極和消極成員的系統性差異。結果他們只發現，積極成員與其他人的社會涉入較多，而且較喜歡組織中的活動。

有些研究探討個人特徵和回收或節約能源等特定環境行為之間的關係。拉貝和金尼爾（Labay & Kinnear, 1981）發現，收入極高和極低的人最可能節約能源，但其原因或許不同。貝爾克等人（Belk, Painter, & Semenik, 1981）也發現，如果個人將能源危機歸咎於其他人，則較不可能採取任何行動。我們也知道內控者和相信自己的行為確實有所成果的人較可能參與反汙染活動，因為他們對於未來的汙染情形仍然很樂觀（Trigg, Perlman, Perry, and Janisse, 1976）。最近的回收研究無法找出回收者和不回收者的任何人口變項或性格差異（Oskamp, Harrington, Edwards, Sherwood, Okuda, & Swanson, 1991）。不過，這些研究也肯定，不回收的人較關心便利性和金錢誘因，回收者則對當地的回收細節比較了解（Arbuthnot, 1977; Oskamp, et al., 1991; Vining & Ebreo, 1990）。

> 試試看：改變你的行為以拯救地球
>
> 　　在讀完這一章之後，你應當更了解我們在地球上面臨的生態問題。你可以承諾做一些改善情況的事。選擇一項你目前尚未參與的生態行為。它不一定要是很龐大的──如果每個人都只改變自己行為模式的一小部分，生態系統就可以得到驚人的益處。回收報紙或鋁罐；短程時騎腳踏車或步行而不要開車；參加環境組織或者志願參加社區清潔計畫。為了幫助你更進一步了解自己的行為所造成的影響，你可以分析每年因為生活改變所帶來的財務、健康和能源節約的收益。誰知道呢，或許你能對周圍的人產生正面影響！

## 專有名詞解釋

汙染的短期效果（Acute Effects of Pollution）　汙染迅速造成的影響。

行為改變的事前策略（Antecedent Strategies of Behavior Change）　在目標行為發生之前所使用的行為改變技術。

應用行為分析（Applied Behavior Analysis）　將操作條件化制約應用於真實情境中的人類行為。

基準線（Baseline）　行為的自然發生頻率。

行為技術（Behavioral Technology）　影響重要的人類社會行為之科學、藝術、技能或工藝。

一氧化碳（Carbon Monoxide）　汽車排放廢氣中的主要氣體。

氟氯碳化物（Chlorofluorocarbons，簡稱CFCs）　用於冷媒、推進劑和製造聚苯乙烯塑膠的空氣汙染源，它釋放到大氣中會造成臭氧層的嚴重危害。

汙染的長期效果（Chronic Effects of Pollution）　需要一段長時間才會出現的汙染效果。

公有地兩難（Commons Dilemma）　個人和團體利益之間的衝突。

行為改變的事後策略（Consequence Strategies of Behavior Change）　當目標行為發生之後所使用的行為改變技術。

連續強化（Continuous Reinforcement）　一種強化時間表，其中每次行為
　發生都被強化。

固定個人間距（Fixed Person Interval，簡稱FPI）　一種強化時間表，當上
　一次強化之後經過固定的時間間距，便強化團體中某個人的行為。

固定個人比率（Fixed Person Ratio，簡稱FPR）　一種強化時間表，在固定
　數目的反應之後，便強化團體中某個人的行為。

溫室效應（Greenhouse Effect）　因為大氣中二氧化碳濃度增加而導致全球
　溫度上升。

間歇強化（Intermittent Reinforcement）　任何並非強化每個反應的強化時
　間表。

項目標示技術（Item-Marking Technique）　將標示的垃圾置於髒亂的地
　方；將標示項目和其他垃圾一起交回的人可以獲得酬賞。

多重基準程序（Multiple Baseline Procedure）　用來評估強化物之有效性的
　技術，其中需使用一系列不同的目標行為。

負強化（Negative Reinforcement）　在目標行為發生之後除去嫌惡刺激。

正強化（Positive Reinforcement）　在目標行為發生之後給予酬賞刺激。

懲罰（Punishment）　在目標行為發生之後給予嫌惡刺激。

再製（Reclamation）　以新方式使用舊產品。

回收（Recycling）　以原先用途來回收和再利用材料。

社會性兩難（Social Dilemma）　指稱任何與資源有關之不適應行為的一般
　詞彙。

社會性陷阱（Social Trap）　選擇立即酬賞而忽略長期負面後果的傾向。

公有地悲劇（Tragedy of the Commons）　個人只為了自己的利益而利用團
　體資源。

不定個人間距（Variable Person Interval，簡稱VPI）　一種強化時間表，在
　上一次強化之後，經過大約的時間間距便強化團體中某個人的行為。

不定個人比率（Variable Person Ratio，簡稱VPR）　一種強化時間表，在大
　約某個數目的反應之後，便強化團體中某個人的行為。

撤銷設計（Withdrawl Design）　一種評估強化物之有效性的技術，做法是

除去強化物之後，看看目標行為是否回到基準線，然後再給予強化，看看行為是否相應地改變。

國家圖書館出版品預行編目資料

環境心理學／Frank T. McAndrew著；危芷芬
譯. -- 三版. -- 臺北市：五南圖書出版股
份有限公司, 2023.03
　面；　公分

ISBN 978-626-343-807-1 (平裝)

1.CST: 環境心理學

541.75                    112001312

1B55

# 環境心理學

作　　者 ― Frank T. McAndrew

譯　　者 ― 危芷芬

發 行 人 ― 楊榮川

總 經 理 ― 楊士清

總 編 輯 ― 楊秀麗

副總編輯 ― 王俐文

責任編輯 ― 金明芬

封面設計 ― 姚孝慈

出 版 者 ― 五南圖書出版股份有限公司

地　　址：106台北市大安區和平東路二段339號4樓

電　　話：(02)2705-5066　　傳　　真：(02)2706-6100

網　　址：https://www.wunan.com.tw

電子郵件：wunan@wunan.com.tw

劃撥帳號：01068953

戶　　名：五南圖書出版股份有限公司

法律顧問　林勝安律師

出版日期　2020年9月二版一刷
　　　　　2021年8月二版二刷
　　　　　2023年3月三版一刷

定　　價　新臺幣500元

# 經典永恆・名著常在

## 五十週年的獻禮 ── 經典名著文庫

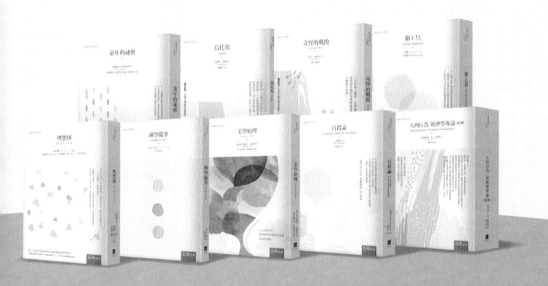

五南，五十年了，半個世紀，人生旅程的一大半，走過來了。

思索著，邁向百年的未來歷程，能為知識界、文化學術界作些什麼？

在速食文化的生態下，有什麼值得讓人雋永品味的？

歷代經典・當今名著，經過時間的洗禮，千錘百鍊，流傳至今，光芒耀人；

不僅使我們能領悟前人的智慧，同時也增深加廣我們思考的深度與視野。

我們決心投入巨資，有計畫的系統梳選，成立「經典名著文庫」，

希望收入古今中外思想性的、充滿睿智與獨見的經典、名著。

這是一項理想性的、永續性的巨大出版工程。

不在意讀者的眾寡，只考慮它的學術價值，力求完整展現先哲思想的軌跡；

為知識界開啟一片智慧之窗，營造一座百花綻放的世界文明公園，

任君遨遊、取菁吸蜜、嘉惠學子！